위기는 치유입니다

당신이 하나님을 더 깊이 알아 가고 더 널리 알리는 사람이 되는 것, 이 책에 담겨진 예수전도단의 마음입니다. 말씀을 통해 저자가 깨닫고, 원고를 통해 저희가 누릴 수 있었던 그 감동이 책을 통해 당신에게도 전해지기 원합니다. 그리고 당신을 통해 그 기쁨과 은혜가 더 많은 이들에게 계속해서 흘러가기를 기도하겠습니다. 이 책을 통해 당신이 받은 은혜를 다른 분들에게도 나눠 주십시오. 사랑하고 축복합니다.

© 김형준, 2013

본 저작물의 한국어판 저작권은 도서출판 예수전도단에 있습니다.
저작권법에 의해 보호받는 저작물이므로 무단 전재와 복제를 금합니다.

고통과 상처에 깃든 하나님의 힐링

위기는 치유입니다

김형준 지음

예수전도단

내 형제들아 너희가 여러 가지 시험을 당하거든 온전히 기쁘게 여기라
이는 너희 믿음의 시련이 인내를 만들어 내는 줄 너희가 앎이라
_ 약 1:2-3

*Consider it pure joy, my brothers, whenever you face trials of many kinds,
because you know that the testing of your faith develops perseverance.
_ James 1:2-3, NASB*

목차

저자 서문
위기를 통해 인생을 치유하시는 하나님　9

1장　위기는
속사람을 보게 하는
치유의 기회입니다　13

2장　위기는
하나님을 보게 하는
치유의 기회입니다　35

3장　위기는
주님 앞에 낮아지는
치유의 기회입니다　55

4장　위기는
두려움을 씻어 내는
치유의 기회입니다　85

5장　위기는
삶의 의미를 되찾는
치유의 기회입니다　105

6장　위기는
자기 자신과 만나는
치유의 기회입니다　133

7장	위기는 기다림으로 변화되는 치유의 기회입니다	155
8장	위기는 신뢰함으로 응답받는 치유의 기회입니다	181
9장	위기는 옛사람의 옷을 벗는 치유의 기회입니다	209
10장	위기는 새로운 미래를 여는 치유의 기회입니다	237
11장	위기는 하나님 앞에 머무는 치유의 기회입니다	267
12장	위기는 깨달음으로 자라 가는 치유의 기회입니다	293
13장	위기는 축복으로 이어지는 치유의 기회입니다	317

저자 서문

위기를 통해 인생을 치유하시는 하나님

인생을 그리 오래 산 것은 아니지만, 살다 보면 가끔씩 지나온 여정을 돌아보게 될 때가 있습니다. 생각해 보면 셀 수 없을 만큼 다양한 사람과 사건이 제 삶에 등장했다 사라졌고, 또 지금도 '김형준'이라는 사람의 역사를 함께 써 가고 있는 것 같습니다. 하나같이 고마운 사람들이고, 의미 있는 경험들이지요. 그렇지만 아직도 위기와 고통의 기억에 대해서 만큼은 온전히 감사하기가 어렵습니다. 부지불식간에 닥쳐오는 위기와 고통은 누구도 피해 갈 수 없습니다. 위기는 예상하지 못한 때에 다양한 모습으로 나타나 우리를 주저앉게 하고, 행복한 시간을 파괴하고, 삶을 포기하게 합니다.

그래서 분명 그 시간을 통해 배우고 얻은 것이 있음에도, 되돌릴 수만 있다면 피하고 싶은 것이 솔직한 우리 마음일 것입니다. 야고보는 고난 앞에서 오히려 기뻐하라고 권면했지만(약 1:2), 위기가 주는 긴장과 불안, 고통을 견뎌 내기란 절대로 쉬운 일이 아닙니다.

그러나 아무리 위기가 두렵고 싫어도 부인할 수 없고, 부인해서는 안 되는 하나의 진리가 있습니다. 위기와 고통 덕분에 우리가 성장할 수 있었으며, 이전에는 보지 못하고 알지 못하던 것을 깨달을 수 있었다는 사실입니다. 사람의 내면은 위기를 통해 더 깊어지고 넓어집니다. 고통은 예전에 품을 수 없었던 것을 품게 하고, 이해하지 못한 것도 받아들이게 합니다. 힘들고 아픈 만큼 더 멀리 보고, 더 높이 볼 수 있습니다. 모든 위기와 고통이 상처로 남는 것은 아닙니다. 지혜롭고 건강하게 매듭지으면, 위기도 따뜻하고 향기로운 추억이 됩니다.

문제는 위기를 추억으로 삼을지 상처로 품을지 판가름하는 우리의 관점과 선택입니다. 세상을 어떻게 바라보느냐에 따라, 어떤 삶을 선택하느냐에 따라 전혀 다른 결과가 나타나는 것입니다.

그래서 저는 이 책에서 위기와 고통을 다른 관점으로 살펴보려고 합니다. 위기를 새로운 성장과 회복이 이루어지는 치유의 기회로 바라보기 원합니다. 하나님이 위기와 고통을 통해 우리 삶에 어떤 일을 행하시는지, 어떻게 위기를 추억의 사건으로 바꿔 주시는지 이해하고 통찰할 수 있는 지혜를 나누기 원합니다.

누구도 위기와 고통을 피할 수 없으며 그것이 인생을 변화시키려고 사용하시는 하나님의 도구가 된다면, 위기와 고통에서 도망치는 대신 오히려 끌어안고 극복할 수 있도록 여러분을 격려하고 용기를 드리고 싶습니다.

위기와 고통을 잘 피하거나 원만히 극복하는 것은 재능이나 은사가 아닙니다. 타고나는 것도 아닙니다. 그런 사람이 따로 있지 않습니다. 다만 위기 가운데 하나님이 베푸시는 치유의 은혜를 깨닫는 사람은 누구나 그렇게 될 수 있습니다. 부디 위기와 고통 중에 있는 모든 분이 이 책을 읽는 가운데 고통과 아픔 이면에 있는 하나님의 치유와 보석처럼 아름다운 삶의 진실을 발견하는 기쁨을 맛보게 되기를 소망합니다.

책을 낼 때마다 최선을 다해 수고하는 홍지욱 팀장님과 도서출판 예수전도단 식구들, 만날 때마다 예수전도단에 대한 사랑이 가득 느껴지는 이창기 목사님께 감사드립니다. 그리고 위기와 고통을 함께 이겨 내 온 어머니와 아내, 딸 지현에게 사랑과 감사를 전하고 싶습니다. 아울러 위기와 고통 중에도 삶의 지혜를 찾아 순례하는 동안교회 동역자와 교우들에게도 감사드립니다.

동안교회 목양실에서
김형준 목사

1장

위기는

속사람을 보게 하는 치유의 기회입니다

어린 외동아들을 둔 부부가 있었습니다. 어느 날, 아빠와 굳게 맺은 약속을 아들이 어기고 말았습니다. 일전에도 그 약속을 여러 번 어긴 터라, 아빠는 아들의 나쁜 버릇을 고쳐 주기로 마음먹었습니다. "이번 한 번만 더 기회를 주마. 또다시 약속을 어기면, 그 날은 추운 다락방에 혼자 재울 테니 그리 알거라."

하지만 아들은 아빠의 마지막 경고를 대수롭지 않게 여겼습니다. 이에 아들은 얼마 지나지 않아 또 약속을 어기고 말았습니다. 그날 밤, 아빠는 경고했던 대로 아들을 다락방으로 보냈습니다.

한겨울 밤에 어린 아들을 추운 다락방으로 올려 보낸 아빠는 잠을 이룰 수 없었습니다. 아빠는 마냥 뒤척이며 혼자 생각했습니다. '너무 심한 벌을 준 건 아닌가? 지금이라도 그냥 데리고 내

려올까? 오늘 밤은 특히 더 춥다고 하던데…. 감기라도 된통 걸리면 어떻게 하지?'

이때 남편의 마음을 헤아린 아내가 조용히 말했습니다. "여보, 너무 걱정하지 마세요. 당신 마음이 아픈 건 잘 알지만, 지금 데려오면 우리 아들은 누구의 말도 절대로 듣지 않는 고집불통으로 자랄 거예요."

"당신 말이 맞아. 하지만 지금 그 애 혼자 얼마나 춥고 무서울지 생각하니 그냥 잘 수가 없네."

결국 아빠는 자리에서 일어나, 아들이 혼자 있는 다락방으로 올라갔습니다. 아들은 차갑고 딱딱한 바닥에서 이불도 덮지 않은 채, 웅크린 자세로 잠들어 있었습니다. 아빠는 아들 곁에 조용히 누워 팔베개를 해주었습니다. 그리고 아들을 꼭 안아 주었습니다. 잠에서 깬 아들은 자신을 향한 아빠의 사랑을 느꼈습니다. 평소 팔베개를 자주 해주시긴 했지만, 이날만큼 따뜻하고 포근한 적은 없었습니다.

그제야 아들은 아빠를 원망했던 자신이 부끄러워졌습니다. '약속 좀 어겼다고 지독하게 군다'고 생각했던 것을 말입니다. 하지만 한겨울 다락방의 차가운 바닥에 누운 뒤에야, 아들은 비로소 자신이 얼마나 큰 사랑을 받고 있는지 알게 되었습니다.

우리 삶에는 늘 경험할 수 있고 언제든 쉽게 누릴 수 있으며, 애쓰지 않아도 얻을 수 있는 것들이 있습니다. 하지만 어느 날 문득, 그것이 얼마나 귀하고 소중한지 깨닫는 순간이 찾아옵니다. 당신은 언제 그런 경험을 해보았습니까? 귀한 줄 모르고 당연하게만 여겼던 것의 진면목을 가슴 저리게 느껴 본 적 말입니다.

  모두 똑같지는 않겠지만, 대부분 추운 다락방에서 홀로 잠든 아이처럼 외롭고 지치고 힘들 때 평소 누리던 것의 소중함을 깨닫는 것 같습니다. 외로움과 걱정, 두려움에 시달리다가도 따사로운 한 번의 포옹으로 마음이 편안해집니다. 사는 게 고달파서 잠 못 이루는 밤, 누군가 감싸 안은 팔베개로 달콤한 잠에 빠져듭니다. 만사형통할 때는 대수롭지 않았던 것들이, 인생의 위기 앞에서는 이전과 다른 위로와 격려로 다가오는 것입니다.

인 생 의 위 기 앞 에 서

살다 보면, 미처 예상치 못한 비극과 슬픔에 끊임없이 직면하게 됩니다. 바라던 것을 얻지 못하거나 중요한 것을 잃게 되는 사건들, 신체적인 위협에서부터 생을 포기하고 싶을 만큼 심각한 실패와 절망에 이르기까지, 우리는 이 모든 것을 '위기'라고 부릅니다. 위기가 닥쳐오면 긴장과 스트레스, 두려움에 사로잡히며, 심한 경우에는 질병까지 얻게 됩니다.

  하지만 위기를 만난다고 무조건 무너지고 망가지는 것은 아닙니다. 위기를 통과하는 가운데 잊고 있었거나 몰랐던 사실을 깨달아 새롭게 변화되는 사람도 있습니다. 그래서 《웹스터 사전》은 위기를 '위험한 고비'(crucial time) 혹은 어떤 일의 '전환점'(turning point)이라고 정의합니다. 한편, 위기를 '위험한'(危) '기회'(幾)라고 말하는 사람도 있습니다. 이 역시 동일한 의미입니다.

마찬가지로 교회에서도 위기의 긍정적인 면을 부각하는 경향이 있습니다. 신앙생활을 어느 정도 해본 성도라면 누구나 '고난이 오히려 유익'이라는 메시지를 자주 접해 봤을 것입니다. 아예 이런 성경 구절까지 있으니 말입니다.

> 고난 당한 것이 내게 유익이라 이로 말미암아 내가 주의 율례들을 배우게 되었나이다 시 119:71

시편 기자는 인생의 위기가 자신에게 큰 도움이 되었다고 말합니다. 무슨 말도 안 되는 소리인가 싶으면서도, 위기 덕분에 하나님이 원하시고 명하신 바를 배울 기회를 얻었다니 부럽기도 합니다. 하지만 이것은 어디까지나 성경 인물들의 이야기일 뿐, 우리네 현실에서 위기를 긍정적인 시각으로 바라보기란 적용하기도 어렵고, 또 굳이 적용하고 싶지도 않은 말장난처럼 여겨집니다. 위기 가운데 역사하시는 하나님을 믿음으로 인정해야 함을 머리로는 잘 알지만, 위기를 긍정적인 삶의 요소로 자연스럽게 받아들이는 일은 분명 달갑지 않습니다.

모세와 함께 이집트를 탈출한 이스라엘 백성도 그랬을 것입니다. 성경 여기저기를 살펴봐도, 이스라엘 백성만큼 숱한 위기를 겪은 이들도 없는 듯합니다.

천신만고 끝에 자유를 얻었지만, 그들은 먹을 것이 전혀 없는 광야에서 주린 배를 움켜쥐어야 했습니다. 이에 하나님이 만나를 내려 주셨습니다. 그러나 이번에는 식수난이 찾아왔습니다. "어서 마실 물을 내놓으시오! 이집트에서 잘 살고 있던 우리를 꼬여내서 이런 곳에서 목말라 죽게 하는 이유가 뭐요?"(출 17:2-3)

그들은 물을 내놓기 전에는 죽어도 따라가지 않겠다며 아우성쳤습니다. 이성을 잃은 채 원망하며 떼를 쓰는 백성 앞에서 하나님은 모세에게 반석을 쳐 물이 흘러나오게 하라고 명하셨습니다.

하지만 위기는 끝나지 않았습니다. 이젠 괜찮을 것이라고 안심하던 그때, 전혀 예상하지 못한 일이 벌어졌습니다. 광야의 유목민이자 약탈자인 아말렉 족속이 공격해 온 것입니다. 400년이 넘도록 노예로만 살다가 이제 막 자유를 얻은 이스라엘이 전쟁을 치를 수 있을 리 만무합니다. 군대는커녕 변변한 무기조차 없었을 그들입니다.

이런 일련의 위기에 처한 이스라엘 백성은 어떤 심정이었을까요? 음식과 물을 얻고 나니 '안보'라는 문제가 고개를 쳐들었습니다. 먹고살 만해진 그때, 원하는 것을 이루었으니 이제는 평안하겠구나 싶어진 그때, 고민하고 걱정하던 문제를 해결했으니 만사형통하리라고 생각하며 방심했더니 400년이 넘도록 한 번도 경험해 보지 못한 전쟁을 겪게 된 겁니다.

하나님은 인생에서 예상치 못한 위기를 만났을 때 승리하는 법을 이스라엘에게 보여 주기 원하셨습니다. 하지만 그들은 이런 '위기 수업'을 결코 기대하거나 기뻐할 수 없었습니다.

하나님의 의도를 의심하다

수많은 설교와 책에서 광야의 이스라엘 백성은 '신앙의 실패자'들로 일컬어집니다. 하지만 인생의 위기가 가져오는 압박감과 부담감이 얼마나 끔찍하고 고통스러운지 안다면, 그들을 무조건 실패자로만 치부할 수는 없습니다. 목숨이 왔다 갔다 하는 위기가 끊이지 않고 계속해서 닥쳐온다면, 그 순간 당신은 어떻게 하시겠습니까? 그러한 순간에도 이스라엘 백성은 하나님의 말씀을 따라 그동안의 삶을 정리하고 광야로 들어섰습니다. 당신은 지금까지 살아오면서 이들처럼 순종해 본 적이 몇 번이나 있습니까?

이스라엘 백성은 아무 생각 없이 즉흥적으로 모세를 따라나선 것이 아니었습니다. 비록 노예의 신분이긴 했으나, 그들은 몇 대에 걸쳐 이집트에서 살아왔습니다. 즉, 그곳은 나름대로 정든 고향 땅이었던 겁니다. 그들 중에는 다른 나라에 한 번도 가 본 적이 없는 사람이 많았을 것입니다. 게다가 그들을 부른 대상은 이집트의 다른 우상들과 달리 도무지 정체를 알 수 없는 신이었습니다. 이른바 '스스로 있는 자'라는 신입니다. 이처럼 불합리하고 비현실적인 조건에도 그들이 출애굽과 광야 행을 선택한 것은 큰마음 먹고 내린 결단이었습니다. 결국 약속의 땅에 들어가지 못한 채 광야에서 사라지고 말았지만, 이스라엘 백성은 나름대로의 믿음과 신앙관을 따라 행동했던 것입니다.

그런데 이상한 점이 있습니다. (믿음과 신앙을 따라 행동했던) 그들이 위기에 봉착할 때면, 전혀 '신앙인'이라고 할 수 없는 언행으로 일관했다는 사실입니다. 하나님만이 하실 수 있는 초자연적인 역사로 매번 문제를 해결받았음에도, 그들은 조금도 달라지지 않았습니다. 왜 그랬던 것일까요? 그들이 유난히 영적으로 모자라고 미숙했기 때문일까요?

그 답은 성경에 나와 있습니다. 물을 내놓으라고 모세를 위협하던 상황에서 이스라엘 백성이 떠들어 대던 아우성을 주목해 보십시오. "하나님이 진짜 우리랑 함께하시는 거 맞소? 하나님이 우리 편이라면 어떻게 이런 일이 계속 일어날 수 있는 거요? 혹시 하나님이 우리를 떠나거나 버리신 것 아니오? 대답 좀 해보시오, 모세!"(출 17:7)

깊고도 거친 홍해가 갈라져 그 사이에 드러난 마른 땅을 건너는 기적과 그 뒤를 쫓아오던 바로의 군대가 수장되는 장면을 목도했을 때, 이스라엘 백성은 하나님이 얼마나 놀랍고 전능하신 분인지 깨달았습니다. 비록 하나님을 거역한 죄로 광야를 떠돌긴 했지만, 그들은 이 사실을 단 한 번도 의심하지는 않았습니다. 다만 그들이 받아들이지 못한 것은 그들을 향한 하나님의 '의도'였습니다.

> 이스라엘 자손이 그들에게 이르되 우리가 애굽 땅에서 고기 가마 곁에 앉아 있던 때와 떡을 배불리 먹던 때에 여호와의 손에 죽었더라면 좋았을 것을 너희가 이 광야로 우리를 인도해 내어 이 온 회중이 주려 죽게 하는도다 출 16:3

> 거기서 백성이 목이 말라 물을 찾으매 그들이 모세에게 대하여 원망하여 이르되 당신이 어찌하여 우리를 애굽에서 인도해 내어서 우리와 우리 자녀와 우리 가축이 목말라 죽게 하느냐 출 17:3

> 백성이 모세가 산에서 내려옴이 더딤을 보고 모여 백성이 아론에게 이르러 말하되 일어나라 우리를 위하여 우리를 인도할 신을 만들라 이 모세 곧 우리를 애굽 땅에서 인도하여 낸 사람은 어찌 되었는지 알지 못함이니라 출 32:1

이스라엘 자손이 다 모세와 아론을 원망하며 온 회중이 그들에게 이르되 우리가 애굽 땅에서 죽었거나 이 광야에서 죽었으면 좋았을 것을 어찌하여 여호와가 우리를 그 땅으로 인도하여 칼에 쓰러지게 하려 하는가 우리 처자가 사로잡히리니 애굽으로 돌아가는 것이 낫지 아니하랴 민 14:2-3

이스라엘 백성은 자신들이 '스스로 있는 자' 덕분에 이집트를 무사히 빠져나와 자유의 몸이 되었다는 사실을 잘 알았습니다. 그리고 그 존재가 이집트의 여러 신은 물론이고, 바로와 그의 군대보다도 월등하게 강하고 전능하다는 사실 또한 생생한 사건을 체험함으로써 믿게 되었습니다. 하지만 그 하나님이 어떤 생각과 마음을 품고 있는지에 대해서는 알지 못했습니다. '스스로 있는 자'가 자신들을 어떻게 생각하고 있는지 몰랐던 것입니다. 그런 상태로 광야에 들어선 이스라엘 백성은 끊임없는 위기의 복판으로 자신들을 데리고 나온 신의 '의도'를 의심하기 시작합니다.

'스스로 있는 자는 정말 우리 편인가?'

'스스로 있는 자는 정말 우리와 함께하시는가?'

'그분이 정말 우리와 함께하신다면 어떻게 이런 일이 계속해서 일어날 수 있는가?'

'모든 고통과 문제를 간단하게 해결할 수 있는 하나님이 대체 왜 우리를 그냥 내버려 두는가?'

'도대체 하나님은 무슨 속셈이신 건가?'

하나님의 마음과 뜻을 헤아리지 못하는 사람은 그분이 행하시는 바를 전적으로 신뢰할 수 없습니다(히 4:2). 제아무리 하나님이 계신 것과 그분의 전능하심을 안다 해도 소용없습니다. 그저 '믿으면 잘되게 도와주는' 존재로만 신을 인식하는 샤머니즘의 신앙 수준을 넘어서지 못하는 것입니다.

이스라엘 백성도 하나님의 존재와 능력을 믿고 붙들었습니다. 그러니까 광야까지 나온 겁니다. 하지만 그들을 향한 하나님의 사랑과 계획에 무지한 상태에서 거듭되는 위기를 만나자, 그분을 의심해 버리고 맙니다. 하나님을 의심하기 시작하면, 믿음이 흔들립니다. 신앙생활이 피곤해집니다. 인생의 위기 속에서 하나님의 은혜와 약속을 기억하는 대신, 원망과 불평을 일삼으며 그분이 행하신 일을 부인하게 됩니다.

아빠의 따뜻한 품에 안겨 있어도 차가운 다락방의 냉기만 느낄 뿐입니다. 고통과 아픔을 통해 치유하고 싸매시는 은혜는 느끼지 못한 채 고통 자체에 빠져 허우적댈 뿐입니다.

야곱, 위기 앞에 서다

예고 없이 찾아오는 인생의 위기에 압도되지 않고, 그 안에 담긴 하나님의 마음과 뜻을 헤아리기란 무척 어렵습니다. 하지만 "위기 속에서 어떻게 하나님을 바라볼 수 있느냐?"는 질문에 돌아오는 답변은 대부분 이렇습니다.

"믿음으로 하나님을 붙잡아야죠. 머리로 이해하려 하지 말고 '전심으로' 하나님을 신뢰하고 기도하세요."

"두려워하거나 걱정하지 마세요. 하나님이 도와주실 것을 믿고 견디세요."

"살다 보면 알게 됩니다. 이런저런 아픔을 겪다 보면 정금과 같이 나오게 될 것입니다!"

맞습니다. 모두 '아멘'으로 화답해야 할 훌륭한 고백이자 영적 조언입니다. 하지만 안타깝게도 이 모든 것은 수학 공식처럼 기계적인 답변으로만 여겨집니다. 몰라서 못하는 줄 아나 싶어 짜증이 나고 허탈해집니다. 결정적으로 이 답변들은 정작 중요한 사실을 간과하고 있습니다. 하나님은 자녀인 우리에게 그분이 일하는 방식을 숨기지 않고 오히려 명확하게 보여 주고 알려 주시는 '좋은 아버지'라는 진리에 대해서는 침묵하고 있는 것입니다.

성경을 보십시오. 무턱대고 믿으라거나 일단 한번 견뎌 보라거나 살다 보면 알게 될 거라는 구절이 어디에도 나와 있지 않습니다. 성경에 등장하는 신앙의 선배들 중에도 그런 식으로 하나님을 바라보며 위기를 겪은 사람은 없습니다. 하나님은 위기 속에서 끊임없이 말씀하셨고, 사람들은 위기 속에서 치열하게 의심하고 원망하고 슬퍼하다가 그분을 만났습니다.

야곱도 그랬습니다. 믿음의 조상 아브라함의 손자, 하나님이 주신 기적의 후사 이삭의 아들, 외국인 노예 신분에서 이집트의 총리에까지 오른 요셉의 아버지 야곱 말입니다.

> 야곱이 브엘세바에서 떠나 하란으로 향하여 가더니 한 곳에 이르러는 해가 진지라 거기서 유숙하려고 그곳의 한 돌을 가져다가 베개로 삼고 거기 누워 자더니 창 28:10-11

캄캄한 한밤중, 광야 외딴 곳에 돌멩이를 베개 삼아 잠을 청하고 있는 한 사람이 있습니다. 바로 야곱입니다.

야곱은 출생 전부터 하나님께 각별한 사랑을 받았습니다. 야곱의 모친 리브가가 임신 중이었을 때, 야곱과 그의 쌍둥이 형제 에서가 배 속에서 다투는 것을 느꼈고, 이게 도대체 어떻게 된 일인지 하나님께 물었습니다. 그때 하나님은 이렇게 말씀하셨습니다.

> 여호와께서 그에게 이르시되 두 국민이 네 태중에 있구나 두 민족이 네 복중에서부터 나누이리라 이 족속이 저 족속보다 강하겠고 큰 자가 어린 자를 섬기리라 하셨더라 창 25:23

야곱의 인생이 더 크고 강성할 것이라는 말입니다. 사도 바울은 하나님이 "내가 야곱은 사랑하고 에서는 미워하였다"(롬 9:13)라고 말씀하셨다고 기록합니다.

하나님이 말씀하신 대로 쌍둥이는 정반대의 삶을 살았습니다. 뛰어난 사냥꾼인 에서는 산과 들로 쏘다녔고, 조용한 성격의 야곱은 집에만 틀어박혀 살았습니다. 그런데 20세기의 위대한 설교자이자 성경 연구가인 데오도르 에프(Theodore H. Epp)는 에서는 교활하며 닳고 닳은 사람, 그리고 야곱은 순전하고 정직한 사람으로 묘사한 흠정역 성경을 인용하며, 야곱이 하나님과 올바른 관계를 맺고 있었다고 설명합니다. 물질적이고 육신적인 것만 탐닉하던 에서와 달리, 야곱의 '영적 종자' 자체가 달랐다는 이야기입니다. 그래서 말도 안 되는 팥죽 거래를 벌이고, 아버지께 거짓말까지 하면서 하나님께 복 받고 싶어 했던 것입니다.

그런데 이토록 하나님께 사랑받으며 그분의 복을 사모하던 야곱이 황량한 광야에서 돌멩이를 베개 삼아 노숙을 하고 있는 이유는 무엇일까요?

야곱이 갖고 있는 내면의 결핍

지금 야곱은 자신이 살던 브엘세바를 떠나 외삼촌이 있는 하란으로 가는 중입니다. "아버지가 돌아가시는 날이 네 제삿날이다!"(창 27:41)라면서 복수의 칼날을 가는 에서를 피해, 무려 600km나

떨어진 외삼촌 라반의 집으로 가는 중입니다. 야곱이 잠들어 있는 벧엘은 브엘세바에서 약 64km 정도 떨어진 곳입니다. 그런데 성경을 보면, 야곱이 집을 떠난 지 하루 만에 벧엘에 도착했음을 알 수 있습니다. 64km나 되는 거리를 단 하루 만에 주파한 것입니다. 이는 야곱이 걷지 않고 달려갔다는 말입니다. 어떻게 그럴 수 있었을까요? 형의 칼과 창이 언제 자신의 뒤통수로 날아올지 몰라 혼비백산해서 도망쳤기 때문입니다.

돌멩이를 베고 누운 야곱은 기가 막혔을 것입니다. 아버지를 속이고 형과의 관계를 깨뜨리고 어머니를 떠나고…. 가족에게 못할 짓만 일삼다가 결국 남은 것이 무엇입니까? 광야에서 돌멩이를 베고 자는 노숙자 신세가 되고 말았습니다. 아무것도 없는 광야에서 그는 처절한 실패감에 잠겨 고통스러웠을 것입니다.

바로 그때, 하나님이 야곱을 찾아오십니다. 할아버지 아브라함과 아버지 이삭의 하나님으로만 알았던 분이 직접 찾아오십니다.

꿈에 본즉 사닥다리가 땅 위에 서 있는데 그 꼭대기가 하늘에 닿았고 또 본즉 하나님의 사자들이 그 위에서 오르락내리락 하고 또 본즉 여호와께서 그 위에 서서 이르시되 나는 여호와니 너의 조부 아브라함의 하나님이요 이삭의 하나님이라 네가 누워 있는 땅을 내가 너와 네 자손에게 주리니 네 자손이 땅의 티끌 같이 되어 네가 서쪽과 동쪽과 북쪽과 남쪽으로 퍼져 나갈지며 땅의 모든 족속이 너와

네 자손으로 말미암아 복을 받으리라 창 28:12-14

땅과 하늘을 잇는 사다리 위에서 하나님이 말씀하셨습니다. 아브라함에게 주신 것과 똑같은 복을 야곱에게 약속해 주신 것입니다. 그런데 하나님이 야곱에게 주신 약속에는 새로운 문장이 하나 더 추가되어 있습니다.

내가 너와 함께 있어 네가 어디로 가든지 너를 지키며 너를 이끌어 이 땅으로 돌아오게 할지라 내가 네게 허락한 것을 다 이루기까지 너를 떠나지 아니하리라 하신지라 창 28:15

야곱이 어디서 무엇을 하든 언제나 '함께'하며 지키고 돌봐 주시겠다는 것입니다. 그분이 하신 약속이 이루어질 때까지 말입니다. 두려움과 죄책감, 불안감, 외로움에 온통 사로잡혀 광야 한복판에 서 있는 사람에게는 이 말씀이 귀에 쏙 들어올 것입니다.

그의 아버지 이삭도 이런 약속을 받은 적이 있습니다(창 26:24). 하지만 그것은 '내가 너와 함께 있다'는 간결한 내용이었습니다. 야곱에게 주신 새로운 약속은 그보다 훨씬 촘촘하고 꼼꼼했습니다. 아브라함의 하나님이며 이삭의 하나님이신, 동일하고 신실하신 분이 왜 야곱에게는 이렇게 다른 약속을 주신 걸까요?

하나님은 야곱이 무엇을 바라보며 살아왔는지, 그가 일평생 가슴속에 품어 왔던 것이 무엇이었는지 정확히 아셨습니다. 그리고 야곱이 그 소망을 사람이나 소유물이 아닌 '하나님'을 통해 성취하기를 원하셨습니다. 야곱은 안전하고 안정된 삶의 기반을 간절히 원했던 사람입니다. 훗날 130세의 나이로 아들 요셉을 따라 이집트의 왕 바로 앞에 섰을 때, 야곱은 이렇게 고백합니다.

> 야곱이 바로에게 아뢰되 내 나그네 길의 세월이 백삼십 년이니이다 내 나이가 얼마 못 되니 우리 조상의 나그네 길의 연조에 미치지 못하나 험악한 세월을 보내었나이다 하고 창 47:9

야곱은 자신의 인생을 '나그네 길'이라고 표현했습니다.

여행자와 나그네의 차이점을 아십니까? 여행자는 돌아갈 곳이 있지만, 나그네는 그렇지 않습니다. 나그네는 정처 없이 떠돌아다닐 수밖에 없는 존재입니다. 누군가 인생의 마지막 날 자신이 '나그네'였다고 고백한다면, 그 사람은 일평생 무엇을 추구하며 살았던 것일까요? 나그네가 가족과 집을 바라듯, 변함없는 안정감과 안전함을 얻기 위해 최선을 다했을 것입니다.

일생토록 야곱은 '안정감의 결핍'이라는 문제를 지녔던 사람입니다. 엄마 배 속에서부터 쌍둥이 형제를 적대시할 만큼 그는 '자기 몫'을 확실하게 챙기고 싶어 했습니다. 물론 하나님을 향한 신앙 때문이었지만, 장자권을 손에 넣기 위해 어떠한 수단과 방법도 가리지 않았습니다. 사랑하는 라헬과의 결혼을 빌미로 14년 동안 외삼촌 라반의 집에서 일꾼으로 무료 봉사하기도 했습니다. 얼핏 보면 라반에게 철저히 이용당한 것 같지만, 그는 오랜 숙원이던 라헬과의 결혼 이후 자신의 몫을 확실하게 챙겼습니다.

야곱은 '나는 이 세상에 홀로 던져진 존재야. 그러니 내가 살 길은 내가 열어야 해'라는 일념으로 똘똘 뭉쳐 있었습니다. 자신을 돌봐 주고 챙겨 줄 사람이 아무도 없으니, 어떻게 해서든 스스로 소유를 늘리고 원하는 바를 이루어야 한다고 생각했습니다. 그래야만 행복해질 수 있다고 믿었지요. 이는 친히 광야에 찾아오신 하나님께 반응하는 그의 모습에서 분명하게 드러납니다.

> 야곱이 서원하여 이르되 하나님이 나와 함께 계셔서 내가 가는 이 길에서 나를 지키시고 먹을 떡과 입을 옷을 주시어 내가 평안히 아버지 집으로 돌아가게 하시오면 여호와께서 나의 하나님이 되실 것이요 내가 기둥으로 세운 이 돌이 하나님의 집이 될 것이요 하나님께서 내게 주신 모든 것에서 십분의 일을 내가 반드시 하나님께 드리겠나이다 하였더라 창 28:20-22

하나님이 평생토록 동행하며 든든한 버팀목이 되어 주겠다고 약속하신 것은 다른 이유 때문이 아니라 그가 바로 야곱이기 때문입니다. 하나님이 복 주기로 선택하신 '아브라함과 이삭의 후계

자' 야곱이기 때문입니다. 그런데 야곱은 조건을 내걸고 하나님과 '거래'를 시도하고 있습니다. 하나님이 이행하셔야 할 내용, 그리고 자신이 감당해야 할 보상 조치를 계약서 작성하듯 구체적으로 제시합니다. 하나님이 친히 안정감을 주겠다고 말씀하셨음에도, 그조차 믿지 못해서 모든 것을 확실히 해 두고 싶어 합니다. 안타깝게도 그의 내면은 안정감이 철저히 결핍된 상태였습니다.

하나님은 야곱에게 어떤 문제가 있는지 잘 아셨고, 그가 그토록 간절히 원하는 안정감을 허락해 주기 원하셨습니다. 그래서 인생의 위기를 맞아 광야에서 잠을 청하고 있는 그를 직접 찾아 가신 것입니다. 비록 야곱은 위기 가운데 보여 주시는 하나님의 뜻과 마음을 깨닫지 못했지만, 하나님은 그가 다시 벧엘로 올라와 하나님이 진정한 안정감이 되어 주셨음을 고백하기까지 변함없이 그와 동행하고 지켜 주셨습니다(창 35:1-5).

치유 가운데 담긴 하나님의 손길을 기대하라

만일 야곱이 집을 떠나 광야로 쫓겨 가지 않았다면, 그는 절대로 하나님을 바라보지 않았을 것입니다. 자신의 힘과 꾀밖에는 기댈 언덕이 없다고 믿는 인생은 아무것도 없는 '광야'에 들어가야만 하나님을 바라보게 됩니다. 내면의 어려운 문제 때문에 광야로 내몰린 야곱은 바로 그 위기 덕분에 자신을 치유하고 회복시켜 주시는 하나님의 손길을 경험하기 시작합니다. 인생의 위기 덕분에 그는 헛되고 엉뚱한 것에 거짓 안정감을 구하는 일을 그쳤으며, 늘 불안해하고 쫓기는 삶에서 벗어날 수 있었습니다.

하나님은 하나님의 사람에게 복을 주고 그를 복의 근원으로 삼기 위해 '인생의 위기'를 사용하십니다. 아브라함, 모세, 다윗, 그리고 구약의 선지자와 신약의 사도들 등 수많은 믿음의 조상이 위기 가운데 하나님의 뜻과 마음을 깨달았습니다. 심지어 예수님도 위기를 통과하셨습니다.

인생의 위기 속에는 선교사 짐 엘리엇(Jim Eliot)이 '사탄의 3가지 무기'라고 일컬었던 소음, 성급함, 군중이 없습니다. 그렇기 때문에 하나님의 음성을 분명하게 들을 수 있고, 우리가 갖고 있는 내면의 문제를 정확하게 볼 수 있습니다. 이는 성숙하고 건강한 그리스도인이자 인간으로 살아가는 데 꼭 필요한 부분인데, 어떤 이유에서인지 채워지지 않고 공급받지 못해 결핍 상태로 굳어진 내면을 여는 것입니다.

저마다 대상은 다르지만, 우리는 모두 내면에 결핍의 문제를 안고 살아갑니다. 그리고 그 문제를 해결하기 위해 각자 자신이 보기에 좋고 옳으며 행복해 보이는 길을 찾아 헤맵니다. 우리의 결핍을 자극하며 거짓 위로와 거짓 만족에 빠뜨리는 사탄과 세상의 음성을 선택합니다. 하지만 그것은 우리를 살리는 생명의 길이 아닙니다. 도리어 굶주림과 갈증만 더해 주는 헛된 길, 우리를 죽이는 사망의 길일 뿐입니다. 그래서 하나님은 우리에게 치유와 회복의 길, 부활하신 예수 그리스도의 생명의 능력을 보여 주기 원하십니다. 이는 성경에 등장하는 위대한 믿음의 선배들뿐만 아니라 우리처럼 평범한 그리스도인들에게도 동일하게 해당되는 이야기입니다.

이 책의 내용은 그 길을 찾아가는 고민과 궁리의 결과물입니다. 또한 인생의 위기 속에서 드러나는 우리 내면의 문제와 그것을 치유하시는 하나님의 방법과 원칙에 대한 성경적 탐구입니다. 이제부터 나누게 될 인생의 위기들은 살아가는 동안 누구나 겪는 가장 고통스러운 순간들입니다. 그리고 그와 동시에 하나님의 은혜로 자유를 누리는 가장 행복한 시간들이기도 합니다.

이 책은 원인 모를 분노와 증오, 미래에 대한 불안과 두려움, 상처와 외로움에 맞닥뜨리게 되는 상황 속에서 어떻게 하면 치유와 회복의 길을 걸을 수 있는지 꼼꼼히 살펴볼 것입니다. 사람들의 배신과 원망, 깊은 한숨 속에서도 하나님의 손길에 마음을 여는 길을 구체적으로 살펴볼 것입니다. 위기의 참 의미를 알지 못해 그저 아파하기만 하는 평범한 성도들이 건강하고 성숙한 속사람을 갖도록 돕는 것, 바로 그것이 이 책의 목적입니다.

이제 당신은 치유의 길을 찾아 고통스러운 위기의 풍랑을 기꺼이 들여다볼 준비가 되셨습니까?

2장

위기는

하나님을 보게 하는
치유의 기회입니다

옛날에 중국의 한 여인이 외동아들과 함께 살고 있었습니다. 그러던 어느 날, 갑작스러운 사고로 아들이 죽고 말았습니다. 눈에 넣어도 아프지 않을 만큼 아들을 지극히 사랑했던 여인은 그 죽음을 도저히 받아들일 수 없었습니다. 무슨 짓을 해서든 아들을 살려 내겠다는 일념으로, 성자(聖者)로 알려진 수도승을 찾아갔습니다. 여인은 "제발 우리 아들을 살려 주세요. 아들이 살아날 수만 있다면 뭐든지 하겠습니다"라며 애원했습니다. 그러나 수도승은 고개를 절레절레 흔들 뿐이었습니다. "사정은 딱하지만, 이미 죽은 사람을 살려 낼 방법은 세상 어디에도 없습니다."

아무리 설명해도 여인은 막무가내로 매달렸습니다. 결국 수도승은 슬픈 일을 단 한 번도 겪어 보지 않은 사람을 찾아가 겨자씨

한 알을 받아 오면 아들을 살릴 수 있다고 일러 주었습니다. 여인은 아들을 살릴 수 있다는 마법의 겨자씨를 찾아 즉시 길을 떠났습니다. '한 번도 슬픔을 겪어 보지 않은 사람이라고? 정말 기쁘고 행복해 보이는 사람을 찾으면 되겠지?'

한참을 걷다 보니 눈앞에 큰 저택이 나타났습니다. 이렇게 멋지고 훌륭한 집에 사는 사람이라면 슬픔 따위는 겪지 않으리라고 생각한 여인은 다짜고짜 집주인을 찾아가 사정을 설명하며 간청했습니다. "죽은 아들을 살리기 위해 정처 없이 헤매는 중입니다. 부탁드립니다. 이 집의 겨자씨 한 알만 얻을 수 있을까요?"

처음에는 여인을 정신 나간 사람으로 생각했던 집주인은 사정을 듣더니, 안 됐다는 듯이 말했습니다. "저런, 저런…. 정말 딱하게 됐네요. 하지만 저는 아주머니가 찾으시는 사람이 아닙니다."

주인은 이내 자신의 아픈 과거를 털어놓았습니다. 으리으리한 저택에 살고 있는 사람이라 슬픈 일과는 거리가 멀 것이라고 짐작했지만, 그에게도 가슴속에 묻어 놓은 슬픈 기억이 있던 것입니다. 오히려 여인이 그를 위로해 주어야 할 정도였습니다.

여인은 다소 실망한 마음으로 저택을 나왔습니다. 그 후에도 여인은 행복해 보이는 사람들을 백방으로 찾아다녔습니다. 하지만 슬픈 사연을 갖고 있지 않은 사람은 그 누구도 없었습니다. 누구에게도 털어놓지 않았던 슬픔과 아픔을 나누며 지난 이야기를 주고받는 가운데, 여인은 이 세상에 슬픔을 겪어 보지 않은 사람은 아무도 없다는 사실을 깨달았습니다. 결국 여인은 아들을 다시 살려 보겠다는 다짐을 포기하기에 이르렀습니다. 그리고 이내 슬픔을 이겨 내고 새로운 삶을 살게 되었습니다.[1]

구약 성경에서 아브라함 못지않은 성공 모델로 꼽힐 만한 인물은 누구일까요? 바로 '욥'입니다. 일단 자녀의 수로만 따져도, 아브라함을 훨씬 능가합니다. 욥은 엄청난 거부였으며 '동방의 의인'이라는 별명까지 얻을 만큼 훌륭한 신앙인이었습니다. 그렇지만 전 재산을 비롯하여 사랑하는 10명의 자녀와 아내, 건강을 한 순간에 잃어버리고 맙니다(욥 1-2장).

하나님과 사람 앞에 아무 흠이 없어서 평안하고 문제없이 살 것 같은 사람에게도 모든 것을 빼앗기는 '환난'이 찾아옵니다. 욥뿐만이 아닙니다. 성경에는 인생의 고난과 사투를 벌이며 살아가는 사람들의 이야기가 가득합니다. 화려하고 편안하게 사는 것 같지만 아픔과 고통에 매여 있는 우리의 인생처럼 말입니다.

무엇을 어떻게 보는가?

1장에서 살펴본 이스라엘 백성의 '갈증 문제'로 돌아가 봅시다.

이스라엘 백성은 홍해의 감동이 사라지기도 전에 중동의 뜨거운 태양 아래에서 가장 지독한 갈증의 고통을 겪습니다. 사흘 동안 물 한 잔 마시지 못한 채 광야를 걷던 그들은 마라라는 곳에서 겨우 물을 찾았습니다. 하지만 그곳의 물은 지독하게 '쓴 물'이었기 때문에 마실 수가 없었습니다(출 15:22-23). 순간의 고통을 피하려고 들이킨 물 때문에 더 큰 고통을 얻고 말았습니다.

이 대목에는 이상한 점이 하나 있습니다. 이스라엘 백성이 물이 없는 수르 광야로 들어가서 쓴 물이 있는 마라에 이르게 된 것은 길을 잃어버려서가 아니라는 사실입니다. 성경은 분명히 "모세가 홍해에서 이스라엘을 인도"(출 15:22)했다고 말합니다. 모세는 마치 정해진 코스를 따라 이동하듯 이스라엘 백성을 이끌어 간 것입니다. 하필이면 왜 그런 길로 백성을 인도한 걸까요?

하나님이 그렇게 인도하셨기 때문입니다. 하나님은 이스라엘 백성을 애굽에서 데리고 나오기 위해 천지만물을 움직이셨습니다. 그렇게 공들여 데려온 사람들에게 이처럼 까닭 없는 고통을 허락하시는 이유는 무엇일까요? 보이지 않는 하나님을 따라 어딘지 모르는 곳에 가겠다고 나선 믿음의 사람들이 쓴 물을 마시게 하신 이유는 무엇일까요?

정도의 차이는 있겠지만, 신앙생활을 하는 성도라면 대부분 하나님의 말씀대로 순종하며 살고자 노력을 기울입니다. 그러한 순종의 여정 중에 마치 광야에서 마라를 만난 것처럼 어려움과 고난을 겪게 되는 경우가 있습니다. 의지할 데 없는 세상에서 위안을 받고 언제 닥칠지 모르는 인생의 폭풍을 피하려고 신앙생활을 시작했는데, 그 선한 동기나 의도와는 달리 오히려 더 심각한 어려움이 닥치는 이유가 무엇일까요?

마라의 쓴 물 같은 만남과 사건을 통해 하나님은 무엇을 말씀하시려는 것일까요? 열심을 다하던 중에 닥쳐온 환난을 통해 어떤 일을 행하려 하시는 걸까요?

아무것도 모른 채 마라의 물을 들이켰던 이스라엘 백성은 고통스러워하며 모세를 원망합니다(출 15:24). "마실 물은 도대체 어디 있소?" "물을 주기는 줄 거요? 여기서 우리를 다 죽이려는 속셈은 아니오?"

이에 모세는 하나님께 엎드려 부르짖습니다. 이때 하나님이 해결책을 제시하십니다. "모세야, 저 나무를 물에 집어넣어라."

모세가 나무를 물에 집어넣는 순간, 물에서 쓴 맛이 사라졌습니다. 단 물로 변화된 것입니다. 하지만 백성은 허겁지겁 물만 들이킬 뿐 아무런 반응이 없습니다. 감사의 고백도 찬양의 노래도 일절 없습니다. 40년 동안 온갖 일을 겪으며 하나님과 함께 광야를 다녔건만, 맨 처음 홍해를 건넜을 때를 제외하고는 하나님께 감사하거나 영광을 돌린 일이 한 번도 없습니다.

광야에서 이스라엘 백성은 속내를 감추지 않았고, 그들의 생각과 느낌을 표현하기 두려워하지 않았습니다. 애굽에서 노예로 살때는 절대로 그렇게 하지 못했던 사람들이 어찌 된 일인지 거침없이 불평과 불만, 거역의 말을 쏟아 냈습니다. 하나님이 함께하신다고 해서 체면을 차리거나 자제하지 않았던 것입니다. 이토록 자아 표출에 충만한 이들이었음에도, 왜 마실 수 없는 쓴 물을 달게 바꿔 주신 하나님의 은혜에는 감사하지 않았을까요?

그것은 바로 그들 자신에게만 시선을 고정하고 있었기 때문입니다. 이스라엘 백성은 언제 어디서든 자신들의 필요와 상황, 문제만을 바라봤습니다. 그 외에는 아무것도 볼 수 없었고, 보려고 하지도 않았습니다. 상하좌우가 꽉 막혀 있는 좁은 시야로는 오로지 자신만 볼 수 있었습니다.

우리의 상식이 깨어질 때

"여호와는 나의 목자시니"로 시작하는 시편 23편을 묵상하노라면, 맑은 시내가 흐르는 넓은 풀밭에 목자와 양떼가 한가롭게 거니는 한 폭의 그림이 떠오릅니다. 이 장면에서 양은 언제나 뽀얗고 탐스러우며 온순한 모습으로 그려집니다. 하지만 현실 속 양의 모습은 우리의 생각과 정반대입니다.

양은 아주 더러우며 냄새나는 동물입니다. 더 심각한 문제는 그럼에도 몸을 씻으려고 하지 않는다는 것입니다. 양은 멀리 떨어진 대상을 보지 못하는 '근시안'을 가졌습니다. 그래서 늘 앞선 양의 꽁무니만 따라가다가 함께 벼랑 아래로 떨어지기도 합니다.

가뜩이나 눈도 안 좋은데 설상가상으로 성격마저 고집불통입니다. 양을 나무에 매어 놓으면, 종종 제멋대로 움직이다가 끈에 목이 졸리는 경우가 있습니다. 그러면 가만히 목자를 기다려야 하는데, 자기가 풀어 보겠다고 발버둥을 치다가 끈이 더 조여들어 그만 질식사하고 맙니다. 정말 대책이 없는 짐승입니다.

그런데 성경은 우리를 '양'에 비유합니다(사 53:6; 요 10:7-10). 어처구니없는 양의 모습이 우리와 똑 닮았다는 의미일 것입니다.

눈앞의 욕구와 이익에만 집착합니다. 하고 싶은 일은 작은 것 하나도 포기하려 하지 않습니다. 자신의 이성과 경험을 바탕으로 이해하고 납득할 수 있는 선까지만 하나님을 믿습니다. 하나님의 말씀에 순종하는 것도 내가 받아들일 수 있는 수준이니까 하는 것이지, 말씀하신 분이 하나님이기 때문에 순종하는 것이 아닙니다. 그렇습니다. 우리도 양처럼 자기 자신밖에 보지 못하고, 자기 자신만 보고 싶어 하는 대책 없는 존재들입니다. 그렇다면 대체 우리는 언제쯤 자기 자신에게로 치우친 눈을 들어 하나님을 바라보게 될까요?

하나님은 모세에게 마라의 쓴 물에 '나무'를 집어넣으라고 말씀하셨습니다. 우리가 살아가는 자연계에서는 나무 하나 넣는다고 쓴 물이 단 물로 바뀌지 않습니다. 이는 개연성도 없고 논리적 근거도 없는 행동입니다. 평소 같으면 말도 안 되는 소리라고 비웃을 것입니다.

모세가 물에 집어넣은 나무가 예수 그리스도의 '십자가'를 상징하는 것이라 보는 사람도 있고, '시냇가에 심은 나무'로 해석하는 사람도 있습니다. 어쨌든 분명한 것은 하나님이 이 나무를 통해 모세와 이스라엘 백성의 시선을 사로잡으셨다는 사실입니다.

민수기 21장에서 하나님은 불만과 불평을 끝없이 늘어놓는 이스라엘 백성에게 '불뱀'을 보내셨습니다. 불뱀의 습격을 받은 이스라엘 백성이 여기저기에서 쓰러져 죽어 갑니다. 잘못을 깨달은 이들이 모세를 통해 회개하자, 하나님은 놋으로 불뱀 모형을 만들어 장대 위에 매달라고 말씀하십니다. 그러면서 그 장대 위에 걸린 놋뱀을 바라보면 살 수 있다고 하십니다(민 21:4-9).

무시무시한 독사에게 물렸다면, 하다못해 약초라도 캐서 붙여야 하는 것 아닙니까? 독이 퍼져 죽어 가는 마당에 장대 위에 걸린 놋뱀을 본다고 살겠습니까? 당신 같으면 믿을 수 있습니까? 이성적이고 합리적인 것만 좋아하는 우리는 말도 안 되는 소리라고 일축할 것입니다. 뭘 좀 제대로 알려 주면서 순종하라고 해야지, 하나님이라는 분의 명령이 이렇게 수준 낮고 유치한데 어떻게 믿을 수 있겠냐고 비웃을지도 모르겠습니다.

하지만 이미 몸에 독이 퍼져 죽어 가는 위급 상황이라면 어떨까요? 아무리 유치하고 이해할 수 없는 이야기일지라도 방법이 그것 하나뿐이라면 따를 수밖에 없겠지요. 아무리 이성과 합리성과 실용성에 들어맞는 것만 신뢰한다 해도 불가항력의 위급 상황에서는 하나님을 바라볼 수밖에 없습니다.

  자신의 능력으로 어떻게 해볼 수 없는 환난 앞에서 인생과 신앙이 뿌리 채 흔들릴 때가 있습니다. 병을 고치려고 최선을 다했지만, 낫기는커녕 죽음의 문턱 앞에 서게 됩니다. 사업의 성공과 명문대 진학, 대기업 입사를 위해 온 노력을 다했는데 원하는 대로 일이 풀리지 않습니다. 소망하는 일을 위해 기도도 열심히 했는데 실패하고 말았습니다. 바로 그럴 때 말 그대로 신앙이 '곤두박질치는' 것을 경험하게 됩니다. '온 힘을 다하면 성공하고, 기도하면 응답받고, 소망하면 이루어진다'는 자기중심적인 전제가 깨졌기 때문입니다. 오직 그럴 때에만 자신을 향해 고정되어 있던 눈을 들어 하나님을 바라보게 됩니다.

태풍 가운데 비로소 예수님을 보다

'빈 들'에서 오병이어의 기적을 행하신 예수님은 제자들에게 배를 타고 갈릴리 호수 건너로 가라고 말씀하셨습니다(마 14:13-22). 예수님을 왕으로 삼자며 환호하는 그 가슴 벅찬 상황을 뒤로 한 채 돌아서는 그들의 발걸음은 몹시 무거웠을 것입니다. 하지만 예수님의 명령이니 어쩔 수 없이 배를 타고 갑니다.

  그런데 한밤중에 바다 위에서 예상하지 못한 태풍을 만납니다.

배가 이미 육지에서 수 리나 떠나서 바람이 거스르므로 물결로 말미암아 고난을 당하더라 마 14:24

이 말씀에서 "물결"은 '쉴 새 없이 연속해서 밀려오는 큰 물결'을 뜻하며 "고난을 당하더라"는 문장은 해산의 고통을 나타낼 때 쓰는 표현입니다. 즉, 격렬한 태풍 앞에서 제자들이 진통을 참지 못해 소리 지르는 산모처럼 반응했다는 것입니다. 그들은 바다 한복판에서 무려 여섯 시간이 넘도록 태풍과 사투를 벌였습니다.

바로 그때, 예수님이 바다 위를 걸어 제자들에게 다가오셨습니다. 하지만 그 모습을 본 제자들은 혼비백산하고 말았습니다. 당시 바다, 특히 밤바다는 귀신이 다스리는 곳이라는 미신이 팽배해 있었는데, 그들은 바다 위를 걸어오는 예수님을 유령으로 본 것입니다.

제자들은 공생애 기간 내내 예수님이 누구이신지 온전히 알지 못했습니다. 그저 자신의 입장으로만 예수님을 바라보고 이해했습니다. 오병이어의 기적을 목도했을 때는 예수님을 그리스도요 살아 계신 하나님의 아들이 아니라 자신들의 육신적 필요를 채워줄 '능력자'로 생각했습니다. 백성의 굶주림을 해결하고 정복자 로마 제국을 물리치며 옛 다윗 왕국의 영광을 회복할 '정치 지도자'로 이해하기도 했습니다. 그리고 그 밤의 태풍 속에서는 예수님을 유령으로 보았습니다. 예수님이 어떤 분이신지에 관해서는 관심이 없고, 늘 자기들 필요와의 상관관계로만 바라보았던 것입니다. 실은 예수님이 태풍이 휘몰아치는 바다 한복판을 걸어오신 것도 제자들의 이런 모습 때문이었습니다.

마가는 이 사건을 이렇게 기록합니다.

> 바람이 거스르므로 제자들의 괴로이 노 젓는 것을 보시고 밤 사경쯤에 바다 위로 걸어서 그들에게 오사 지나가려고 하시매 막 6:48

"지나가려고"로 번역된 헬라어 '파레르코마이'(parevrcomai)는 하나님이 나타나시는 장면에 사용하는 단어입니다. 주로 하나님이 특별한 메시지를 전달하거나 누군가를 불러 사용하기 위해 지상에 나타나실 때의 모습을 의미합니다.

하나님은 "주의 영광"을 보여 달라고 구하는 모세에게 "내 영광이 지나갈 때에 내가 너를 반석 틈에 두고 내가 지나도록 내 손으로 너를 덮었다가"(출 33:22)라고 말씀하셨습니다. 여기서 '지나도록'에 해당하는 히브리어를 헬라어로 번역할 때 사용하는 단어가 바로 '파레르코마이'입니다. 또한 열왕기상 19장에서 하나님은 엘리야를 만나실 때 이렇게 말씀하셨습니다.

> 여호와께서 이르시되 너는 나가서 여호와 앞에서 산에 서라 하시더니 여호와께서 지나가시는데 여호와 앞에 크고 강한 바람이 산을 가

르고 바위를 부수나 바람 가운데에 여호와께서 계시지 아니하며 바람 후에 지진이 있으나 지진 가운데에도 여호와께서 계시지 아니하며 왕상 19:11

이 구절에서 '지나가시는데'라는 대목의 헬라어 번역도 '파레르코마이'입니다.

특별한 메시지를 전달하실 때 하나님은 불타는 떨기나무, 바람과 불 등으로 사람들의 주의를 집중시키셨습니다. 그것을 보고 나아온 사람들은 모두 하나님을 만나 새로운 사명을 받았습니다.

예수님도 하나님과 같은 목적으로 물 위를 걸어 제자들 곁을 지나가셨습니다. 놀라운 묘기를 보여 주기 위함이 아니었습니다. 하나님이신 예수님의 거룩한 임재와 능력을 나타내려 하신 것입니다. 예수님은 두려워하는 제자들에게 이렇게 말씀하십니다.

예수께서 즉시 이르시되 안심하라 나니 두려워하지 말라 마 14:27

이 구절에 "나니"라고 번역된 헬라어는 '에고 에이미'(ego eimi)입니다. NIV와 KJV 영어 성경에서는 이 부분을 'It is I'라고 옮겨 놓았습니다. 지금 물 위를 걷고 있는 존재가 바로 '나', 예수님이니 두려워하지 말라는 의미입니다. 그런데 이 말은 출애굽기 3장에서 하나님이 불타는 떨기나무 가운데서 모세를 부르실 때 "나는 스스로 있는 자이니라"(출 3:14)고 하신 것과 같은 의미입니다.

그렇다면 이것은 무슨 말입니까? 예수님은 그분의 하나님 되심을 제자들에게 나타내셨던 것입니다. 아마 그때 바다의 태풍보다 더 거센 태풍이 제자들의 내면을 뒤흔들었을 것입니다. 혼란과 경이를 동시에 느꼈을 테니 말입니다.

환난 가운데 눈뜨다

이때 베드로가 자신이 누구인지 드러내시는 예수님의 말씀에 응답합니다. 방금까지만 해도 유령이라고 생각했던 대상을 '주님'(Lord)이라고 부릅니다. 그리고 오직 하나님만 하실 수 있는 일을 요청합니다. 하나님이신 예수님이 자신으로 하여금 태풍이 몰아치는 바다 위를 걷게 하실 거라고 믿은 것입니다. 그리하여 베드로는 물 위를 걷습니다. 주님의 말씀대로 안전지대인 배를 떠나, 주님만 의지하며 물 위를 걷는 삶의 개척자가 되었습니다.

그러나 다른 제자들은 하나님의 현현을 함께 목격했으면서도 배에서 바다로 내려서는 베드로의 뒷모습만 지켜보고 있었습니다. 결국 하나님을 믿으면서도 안전지대에 머물러 있는 신앙인의 대표적인 사례가 된 것입니다.

존 오트버그(John Ortberg) 목사는 베드로와 제자들이 타고 있던 배를 다음과 같이 설명합니다.

배는 하나님과 상관없이 우리에게 안전과 안락을 약속해 주는 모든 것이다. 배는 유혹을 받거나 인생의 폭풍이 몰아칠 때 의지하고 싶은 모든 것이다. 배는 매우 편안해서 예수님께 가지 못한다 해도 포기할 수 없는 모든 것이다. 배는 급진적인 제자 훈련의 모험에 뛰어들려는 우리를 붙잡는 모든 것이다.

마가복음 10장에는 예수님이 배 밖으로 초청한 사람이 한 사람 더 등장합니다. 젊고 부유한 한 관리가 예수님 앞에 나타나 '영생을 얻는 방법'을 묻습니다. 예수님은 그에게 배 밖으로 나와 자신을 따르라고 하십니다. 즉, 전 재산을 팔아 가난한 사람에게 나눠 주고 지금까지의 모든 경력을 포기한 채 그분의 열세 번째 제자가 되라고 하신 것입니다. 영생의 길을 추구하는 사람이라면 누구나 감격할 영광스러운 초청입니다. 하지만 부유한 관리는 끝내 예수님의 요청에 응답하지 못하고, 근심 가득한 얼굴로 자리를 피합니다. 그가 탄 배가 화려하고 멋진 '요트'였기 때문입니다.

예수님은 열두 제자도 부유한 관리처럼 자기 안에 갇혀 더 크고 영광스러운 삶으로의 초대에 응하지 못한다는 사실을 아셨습니다. 그들의 좁아터진 시야로는 하나님을 바라볼 수 없었습니다. 그래서 '밤바다에서 만난 태풍'이라는 절체절명의 상황을 통해 그들의 막힌 시야를 여시고, 믿음의 눈을 회복하신 것입니다. 예수님이 베드로와 함께 배 위에 오르시자, 배에 있던 제자들이 모두 엎드려 이렇게 고백합니다.

> 진실로 하나님의 아들이로소이다 마 14:33

예수님을 백성의 굶주린 배를 채워 주고, 민족의 독립과 국가 발전을 이뤄 줄 정치적 지도자 정도로만 바라보던 눈이 이제야 살아 계신 하나님을 알아본 것입니다. 그리고 이 일 후에 그 유명한 베드로의 신앙고백이 등장합니다.

> 시몬 베드로가 대답하여 이르되 주는 그리스도시요 살아 계신 하나님의 아들이시니이다 마 16:16

이 고백은 어쩌다 그냥 나온 것이 결코 아닙니다. 태풍이 몰아치는 밤바다에서의 경험(14장)을 통해 하나님이 깨닫게 하신 것입니다(마 16:17). 태풍과도 같은 환난의 때에 찾아와 구원하시는 하나님을 만난 덕분에 좁아터진 그들의 시야가 열려 '참 구세주'이신 예수님을 알아볼 수 있었습니다.

하나님은 마라의 쓴 물 사건을 통해서도 이스라엘 백성의 좁아터진 시야를 고쳐 주기 원하셨습니다. 그래서 마라에서의 식수

소동을 마무리하며 그분이 어떤 분이신지 가르쳐 주십니다.

> 내가 애굽 사람에게 내린 모든 질병 중 하나도 너희에게 내리지 아니하리니 나는 너희를 치료하는 여호와임이라 출 15:26

하나님이 어떤 분이신지 배우는 과정 가운데 그분을 더욱 심도 깊고 다양하게 알게 됩니다. 그리고 나중에는 자신에게서 눈을 들어 하나님을 바라보게 됩니다. 바로 그럴 때 하나님을 위해 그분이 원하시는 삶을 살게 되는 것입니다.

우리의 인생에서 마라와 같은 환난의 때를 만나게 되는 이유가 무엇인지 우리는 명확히 알 수 없습니다. 그러나 분명하게 고백할 수 있는 사실이 있습니다. 마라는 위대하신 하나님을 바라보기에 가장 좋은 기회라는 사실입니다.

마라는 엘림으로 가는 과정이다

마라의 쓴 물이 식수로 바뀌었습니다. 그런데 하나님은 이스라엘 백성에게 멈추지 말고 계속 나아가라고 말씀하십니다. 아마 그들은 물이 있는 곳에서 머물러 쉬고 싶다며 아쉬워했을 것입니다. 하지만 하나님은 길을 재촉하셨습니다.

이때 이스라엘 백성은 광야의 '물가'를 내버려 두고 떠나라는 비합리적인 명령에 묵묵히 순종합니다. 참으로 놀라운 사실이 아닐 수 없습니다. 예전 같으면 지금 서 있는 '샘물'과 가야 할 '광야'를 번갈아 쳐다보며 불평불만을 마구 터뜨렸을 것입니다. "이게 무슨 소리야? 이제 겨우 물을 찾았는데 어디로 가라는 거야? 제발 우리를 그냥 내버려 두라고요!" 하고 외치고도 남았을 사람들이 아무런 군소리 없이 마라를 떠난 것입니다.

모세는 남쪽으로 방향을 잡고 나아갔습니다. 성경에는 나와 있지 않지만, 엘림은 마라에서 남쪽으로 10km 정도 떨어진 곳에 위치해 있습니다. 그리 먼 거리는 아니었으나, 중동의 뜨거운 태양볕 아래에서 쓴 물 소동 때문에 제대로 쉬지도 못한 이스라엘 백성으로서는 그 정도를 걸어가는 것도 꽤 힘들었을 겁니다. 하지만 그들은 불평 하나 없이 따라갑니다.

드디어 엘림에 도착했습니다. 지금껏 한 번도 보지 못한 낙원이 펼쳐졌습니다. 광야에서는 전혀 상상할 수 없었던 쉼의 장소입니다. 광야에서 한 그루도 찾아볼 수 없었던 종려나무가 무려 칠십 그루나 있고, 한 개만으로 감지덕지했던 샘물이 열두 개나 있습니다. 마치 누군가 사막의 쉼터로 특별히 조성해 꾸며 놓은 것만 같습니다.

모세와 이스라엘 백성은 엘림에서 하나님을 경험했습니다. 하나님이 그분을 바라보는 사람에게 어떤 선물을 베푸시는지 생생하게 체험한 것입니다. 그들은 엘림을 경험하면서 하나님이 얼마나 풍성하고 온전한 분이신지 깨달았습니다. 그리고 오직 마라를 통과해야만 엘림에 이를 수 있다는 사실도 깨달았습니다.

맥아더 장군은 이런 말을 남겼습니다.

전쟁터의 참호 속에는 무신론자가 없다. 포탄이 머리 위를 지나가고 총탄이 비 오듯 쏟아지는 아슬아슬한 위기 속에 서 보라. 그때에는 누가 가르쳐 주지 않아도 영혼 깊은 곳에서 이 말이 저절로 터져 나올 것이다. '오, 하나님!'[2]

마라는 종착지가 아니라 '과정'입니다. 마라를 경험함으로 우리는 깊고 넓고 높고 존귀하신 하나님을 바라보며 복된 삶을 살게 될 것입니다. 그러므로 인생의 마라에 머무는 시간 동안 불평하지 마십시오. 다만 하나님이 우리의 시야를 넓혀 주심으로 그분을 향해 시선을 돌리게 하고 계신 것은 아닌지 돌아보십시오. 지금 당신이 바라보는 대상이 하나님인지, 자기 자신인지 헤아려 보십시오. 환난 자체에 초점을 맞추지 말고, 하나님의 '약속의 말씀'에 시선을 돌리시길 바랍니다.

부디 새 일을 행하실 주님을 신뢰하십시오. 의미 없어 보이는 나뭇가지를, 순종함으로 마라의 쓴 물에 던져 넣으십시오. 그 쓴 물이 놀랍고 거대한 엘림의 축복으로 나아가는 문이 될 것입니다.

3장

위기는

주님 앞에 낮아지는 치유의 기회입니다

18세기 고전파를 대표하는 오스트리아 출신의 천재 음악가 볼프강 아마데우스 모차르트(Wolfgang Amadeus Mozart)는 어린 시절부터 '음악의 신동'이라 불리며, 36년이라는 짧은 생애 동안 무려 600곡 이상의 작품을 남겼습니다. 당대의 수많은 이가 그에게 음악을 배우고 싶다며 찾아왔습니다. 그런데 모차르트는 제자로 삼아 달라고 찾아온 사람에게 늘 이렇게 질문했다고 합니다. "전에 음악 수업을 받은 적이 있습니까?"

그러던 어느 날, 음악적 재능이 뛰어나다고 알려진 한 젊은이가 그를 찾아왔습니다. 모차르트는 그에게도 똑같은 질문을 던졌습니다. "전에 음악 수업을 받은 적이 있는가?"

청년은 자신만만하게 대답했습니다. "예, 어릴 적부터 피아노를 쳤고 바이올린도 10년 이상 배웠습니다."

그러자 모차르트가 말했습니다. "내게 배우고 싶다면 자네는 다른 사람보다 두 배의 수업료를 내야 하네."

그때 또 다른 사람이 제자가 되고 싶다며 모차르트를 찾아왔습니다. 모차르트는 그에게도 같은 질문을 던졌습니다. "전에 음악 수업을 받은 적이 있는가?"

"배운 적은 없습니다. 하지만 제자로 삼아 주시면 열심히 하겠습니다!"

모차르트는 미소를 지으며 그에게 말했습니다. "자네는 다른 사람 수업료의 절반만 내면 되겠군."

두 배의 수업료를 내라는 말을 들었던 청년이 그 광경을 옆에서 지켜보다가 모차르트에게 항의했습니다. "선생님, 이건 좀 이상하지 않습니까? 초보자에게는 수업료를 남들의 절반만 내라고 하시고, 저처럼 기본기를 다 갖춘 사람에게는 두 배나 내라고 하시다니요!"

모차르트가 청년에게 말했습니다. "원래 초보자보다 조금이라도 음악을 배운 사람을 가르치는 것이 훨씬 어렵고 힘이 든다네. 잘못 알고 있는 것을 깨닫게 하고, 고쳐 주는 과정이 필요하기 때문이지. 그래서 자네는 남들 수업료의 두 배를 내야 한다는 걸세. 하지만 초보자는 음악을 향한 순수한 마음만 갖고 있기 때문에 기초부터 제대로 배우고 싶어 한다네. 가르치는 이의 입장에서는 훨씬 쉽고 효과적이지. 그러니 남들과 똑같은 수업료를 낼 필요가 없지 않은가?"

자기만의 것을 갖고 있고 그것을 확신하는 사람에게 새로운 것을 가르치기란 결코 쉬운 일이 아닙니다. 겸손히 귀 기울여 듣고 자신을 돌아보는 대신, 지금까지 잘해 왔는데 뭐가 문제냐는 식으로 반응하기 때문입니다. 오히려 초보자나 실패를 경험해 본 사람은 자신의 한계를 인정하면서 새로운 것을 겸손히 받아들입니다. 자기 속에 굳어진 부분을 제거하고 버리기란 정말 어렵고 힘든 일입니다.

기적과도 같은 여리고 대첩

기원전 1400년경의 일입니다. 지금의 팔레스타인 지역인 요단 강 서편의 여리고에 큰 소동이 일어났습니다. 정체불명의 사람들이 떼거리로 몰려와, 높고 두꺼운 성벽을 자랑하던 여리고를 무너뜨린 것입니다. 그들이 거센 물결을 가르고 요단 강을 걸어서 건넜다는 소문까지 더해지면서, 가나안 사람들의 두려움과 불안감은 커져만 갔습니다. 그들은 바로 여호수아가 이끄는 이스라엘 백성이었습니다.

가나안 땅에 들어가는 과정에서 여호수아와 이스라엘 백성은 그들의 힘과 자원으로 해결할 수 없는 갖가지 문제에 여러 차례 직면했습니다. 하지만 매번 하나님의 도우심으로 문제를 해결해 가며 그들 자신도 생각하지 못한 승리를 맛보았습니다. 그중에서 가장 주목할 만한 사건이 바로 '여리고 함락'입니다.

샘물이 있는 오아시스에 세워진 여리고는 '종려의 성읍'이라는 별명을 갖고 있었습니다. 당시 가나안은 여러 개의 부족 사회로 나뉘어 살다가, 위기 상황이 오면 함께 힘을 합하여 싸웠습니다. 그 방어 체계의 중심이 바로 여리고 성입니다. 그곳은 가나안으로 들어갈 때 거쳐야 하는 길목이자 교통의 요충지였고, 지리적으로도 높은 곳에 위치했기 때문에 연합 전선을 견고히 하는 데 적격인 장소였습니다.

그래서 여리고 성에는 튼튼한 방어 시설이 설치되어 있었습니다. 이 지역을 발굴하고 연구한 고고학자들의 자료에 의하면, 4-5m 정도 되는 돌벽과 견고한 흙 제방이 여리고 성을 둘러싸고 있었음을 알 수 있습니다. 도저히 올라갈 수 없을 만큼 경사가 가파르며 높고 두꺼운 두 개의 벽이 지켜 주는 철옹성, 그게 바로 여리고 성이었습니다. 이토록 단단한 성이 이스라엘 백성을 맞아 물 샐 틈도 없이 문단속을 하고 있었습니다(수 6:1).

고대에는 작은 성 하나 함락하는 데만 최소 3개월 이상 걸렸다고 합니다. 공성전을 하려면 먼저 그 성 높이만큼 흙산을 쌓고 여러 개의 사다리를 준비하고 병사들을 훈련하고 식량을 넉넉히 준비해야 합니다. 이스라엘 백성이 제아무리 강하다고 해도 이 모든 것을 준비하기란 결코 쉬운 일이 아니었을 것입니다. 사실 여리고 성 사람들은 걱정할 필요가 없었습니다. 여리고 안에는 물샘도 많았고, 마침 수확기라 양식도 넉넉했습니다. 굳이 무력 충돌을 하지 않고 버티기만 해도 적군이 나가떨어질 상황이었습니다. 그런데도 여리고 사람들은 이스라엘을 대비하여 최고 단계의 경계경보를 발령했습니다.

이런 판세라면 단시간에 여리고 성을 정복하기란 불가능합니다. 하지만 이스라엘 백성에게 주어진 시간은 그리 많지 않았습니다. 이런 상황에서 하나님은 여호수아에게 특단의 조치를 명령하시는데(수 6:2-7), 그것이 좀 이상합니다.

1. 제사장 일곱 명이 일곱 양각 나팔을 분다.
2. 언약궤 앞에서 행한다.
3. 하루 한 번씩 여리고 성을 돈다.
4. 엿새 동안 같은 방법으로 돈다.
5. 일곱째 날에는 성을 일곱 번 돈다.
6. 이 모든 일은 오직 침묵 가운데 한다. 그 누구도 일체 소리를 내서는 안 된다.
7. 마지막에는 나팔을 길게 울려 불면서 큰 함성을 지른다.

이대로 행하면 성이 무너질 것이라고 말씀하십니다. 상황이나 환경을 떠나 내용 자체만으로도 황당합니다. 먹느냐 먹히느냐의 기로에 선 절체절명의 전쟁터에서 누구도 하지 않을, 완전히 비상식적인 행동을 명하고 계신 것입니다. 그런데 여호수아는 군말 하나 없이 이 내용을 백성에게 그대로 전하고, 성 주위를 돌 준비를 했습니다.

그 명령을 받은 이후 이스라엘 백성은 그 이상한 행동을 시작했고, 자그마치 엿새 동안 '같은 짓'을 반복했습니다. 수많은 사람이 이상한 대열을 지어 똑같은 행동을 매일 한 번씩 한 후에야 진영으로 돌아갑니다.

그리고 드디어 일곱째 날인 '그날'이 왔습니다.

> 일곱째 날 새벽에 그들이 일찍이 일어나서 전과 같은 방식으로 그 성을 일곱 번 도니 그 성을 일곱 번 돌기는 그날뿐이었더라 수 6:15

이날은 성을 일곱 번이나 돌았습니다. 그리고 하나님이 명하신 대로 나팔소리와 함께 큰 함성을 질렀습니다. 그리고 마침내 여리고 성이 무너졌습니다! 이스라엘이 승리를 거둔 것입니다!

아무도 예상하지 못한 승리였고, 누구도 설명할 수 없는 전투였습니다. 이는 세계 전쟁사에서 유례를 찾을 수 없는 형태의 명승부였습니다. 승리를 자축하며 기뻐하던 여호수아와 이스라엘 백성조차 이 일이 어떻게 된 것인지 영문을 몰랐을 것입니다. 어쨌든 그들은 가나안 공략의 첫 전투에서 멋지게 승리했고, 이로써 가나안 부족들의 간담을 서늘하게 만들었습니다.

하지만 여리고 성 함락은 시작일 뿐이었습니다. 이스라엘의 목표는 약속의 땅 가나안을 온전히 취하는 것이었습니다. 그래서 여호수아는 여세를 몰아 다음 목표인 아이 성으로 진격했습니다. 넘을 수 없을 것 같던 여리고 성을 무너뜨린 마당에 작은 아이 성 따위를 두려워할 이유는 전혀 없었습니다. 단번에 쓰러뜨릴 자신이 있었을 것입니다.

실패의 이유를 묻다

여호수아는 정탐꾼을 보내 아이 성을 정탐합니다. 그런데 정탐꾼이 대수롭지 않은 상대라고 보고하자, 여호수아는 주력부대가 아닌 2천-3천 명의 병력만 출전시켰습니다.

그런데 이게 어떻게 된 일일까요? 제대로 싸워 보지도 못한 채 아이 성의 군사들에게 밀려 36명쯤 사상자를 내고 이스라엘 본대까지 후퇴하고 만 것입니다. 여리고 성을 너끈히 무너뜨린 용사들이 여리고와는 비교할 수 없을 만큼 작은 성에 참패하고 만 것입니다(수 7:2-5). 여리고 성에서 홈런을 쳤다가 아이 성에서 바닥을 치고 말았습니다. 이스라엘 백성의 사기는 곤두박질했고, 아무것도 할 수 없을 정도로 극심한 혼란에 빠졌습니다.

고대 전쟁은 병사들의 사기가 가장 큰 무기인데, 이런 상태로는 가나안 정복은커녕 전투 자체를 진행하기 어렵습니다. 여리고의 대승으로 이스라엘을 두려워하던 가나안 사람들도 이제는 다른 눈으로 그들을 바라보기 시작했을 것입니다. '어쩌면 저들도 그렇게 강한 군대가 아닐지도 몰라.' '뭐야 이거, 혹시 여리고는 어쩌다 우연히 이긴 것 아니야?' '패배감에 사로잡혀 있을 때 확 한번 공격해 봐?'

하지만 정말 심각한 것은 이스라엘의 사기나 가나안 민족의 공격이 아닙니다. 예상치 못한 실패 앞에서 여호수아와 이스라엘 백성이 가장 두려워했던 것은 '하나님이 우리를 버리신 것이 아니냐?' 하는 생각이었습니다.

인생을 살다 보면 누구나 크고 작은 실패를 경험합니다. 성공한 것 같다가도 금세 넘어지고 좌절합니다. 대인 관계, 부부 관계, 자녀 양육, 신앙생활, 사업에서 무너지고 쓰러집니다.

실패를 겪은 이후에 대부분 사람이 드러내는 반응이 있습니다. 전에는 할 수 있다고 생각했던 일들까지 어려워하는 것입니다. 손해 자체보다 두려움과 절망이라는 실패의 후폭풍이 훨씬 더 파괴적입니다. 자신감을 잃어버립니다. 가능성을 보지 못합니다. 현실을 올바르게 분별하지 못합니다. 앞으로 나아가지 못합니다. 그래서 새로운 미래를 열지 못하고 실패에 휩쓸려 주저앉는 경우가 많습니다.

그리스도인도 예외는 아닙니다. 구원받은 천국 백성도 실패할 때가 있습니다. 산을 움직이는 믿음이 있어도 실패할 때가 있습니다. 하나님의 뜻을 따라 한다고 했는데 실패하는 경우도 있습니다. 이런 때 많은 사람이 하나님을 원망하고 두려워하며 낙심하여 주저앉습니다.

인생의 모든 실패를 하나님 탓으로 돌릴 수는 없습니다. 우리의 하나님은 패배감과 절망을 주며 즐거워하는 가학적인 신이 아닙니다. 하나님은 그분의 자녀에게 무엇이 필요한지 알아서 채우시며, 구하는 이에게 주시고 찾는 이에게 찾게 하시고 두드리는 자에게 문을 여시는 관대한 하늘 아버지이시기 때문입니다(마 6:25-34; 눅 11:9-13).

하지만 한편으로 하나님이 허락하지 않으시면 참새 한 마리도 땅에 떨어지지 않는다는 것과 하나님이 우리의 머리카락 개수까지 알고 계신다는 예수님의 말씀(마 10:29-30)을 믿는다면, 인생에 찾아오는 아이 성과 같은 실패가 하나님과 모종의 관련이 있다는 사실도 부인할 수 없습니다. 깡그리 지워 버리고만 싶은 우리 인생의 아이 성에서 하나님은 도대체 무슨 일을 행하고 계신 걸까요? 실패와 절망 속에 있는 우리에게 하나님이 원하시는 것은 무엇일까요?

황당하고 어이없는 실패를 겪은 여호수아는 백성의 지도자들과 함께 여호와의 궤 앞에 엎드려 티끌을 뒤집어쓴 채 울부짖기 시작합니다. 그들은 '실패의 이유'를 정확하게 알고 계실 하나님께 엎드렸습니다. 그들은 하나님이 응답하실 때까지 종일 엎드려 기다렸습니다.

전쟁을 하다 보면 한두 번 정도는 당연히 패배할 수 있습니다. 부족 간의 대규모 전쟁이라는 점을 감안하면, 36명쯤이라는 인명 피해도 그리 많다고 할 수 없습니다. 다시 정비해서 싸우면 됩니다. 아무리 노력해도 꺾을 수 없다면, 후퇴했다가 후일을 기약하면 됩니다. 그런데 여호수아와 장로들이 굳이 이렇게까지 해야 할 이유가 있었을까요?

이스라엘 백성에게는 앞으로 나아가는 길밖에 없습니다. 그들에게는 이 싸움을 중단하고 돌아갈 곳이 없습니다. 돌아갈 곳이 없는 이들에게 패배란 곧 '끝'을 의미합니다.

여호수아가 재투성이의 모습으로 땅에 머리를 처박고 울부짖은 이유는 무엇이었습니까? 이대로 포기할 수 없기 때문입니다. 이렇게 주저앉으려고 여기까지 달려온 것이 아닙니다. 지도자인 그를 바라보고 있는 수많은 백성도 있습니다. 결코 여기서 멈출 수는 없습니다. 즉, 여호수아는 하나님 앞에 엎드려, 자신들이 실패한 이유를 찾았던 것입니다.

하나님의 것을 훔친 아간

성공에는 반드시 이유가 있습니다. 마찬가지로 실패에도 원인이 있습니다. 그런데 실패하는 사람들 중에는 그 원인을 찾아내려 하지 않는 사람이 의외로 많습니다. 원인을 철저히 규명하지 않습니다. 겉으로 드러나 보이는 것에서만 이유를 찾습니다. 실망과 낙심, 패배감을 추스르는 것보다 지나온 과정을 되짚어 가며 실패한 원인을 찾는 일이 더 어렵기 때문입니다. 하지만 이는 또 하나의 더 큰 실패를 만들어 내는 어리석은 선택입니다.

결혼 관련 업계 종사자들이 초혼에서 실패할 확률보다 재혼에서 실패할 확률이 더 크다고 말하는 이유도 그 때문입니다. 그런 사람들은 대개 실패의 원인이 무엇인지 모르고 있거나, 엉뚱한 이유를 대며 남 탓을 일삼습니다.

안타깝게도 여호수아와 이스라엘 백성도 그랬던 것 같습니다. 숱한 싸움을 거치는 동안 전쟁터에서 잔뼈가 굵어진 백전노장 여호수아는 분명히 아이 성 패배의 원인을 다양하게 분석했을 것입니다. 그리고 마침내 이번 일이 '영적인 문제'임을 깨달은 그는 하나님 앞에 엎드렸습니다. 그가 하나님께 부르짖는 내용을 한번 주목해 보십시오.

이르되 슬프도소이다 주 여호와여 어찌하여 이 백성을 인도하여 요단을 건너게 하시고 우리를 아모리 사람의 손에 넘겨 멸망시키려 하셨나이까 우리가 요단 저쪽을 만족하게 여겨 거주하였더면 좋을 뻔하였나이다 수 7:7

이 대목에서 "슬프도소이다"로 번역된 단어는 절망적인 심경을 표현할 때 사용하는 말입니다. 열왕기하 6장에는 아람의 군대가 선지자 엘리사를 잡으려고, 그가 머물고 있던 도단을 포위하는 사건이 기록되어 있습니다. 아람의 병사와 말과 병거가 성을 에워싸고 있음을 알게 된 엘리사의 사환은 기겁을 하고 달려 들어가 주인에게 그 사실을 알립니다.

그의 사환이 엘리사에게 말하되 아아, 내 주여 우리가 어찌하리이까 하니 왕하 6:15

이 구절에서 '어찌하리이까'로 번역된 말이 바로 여호수아가 부르짖었던 말과 동일한 단어입니다. "이제 다 끝났습니다! 더는 어떻게 해볼 도리가 없습니다!" 즉, 이제 아무런 돌파구도 없다는 깊은 탄식이었습니다.

그런데 여호수아가 뒤이어 쏟아 내는 말이 이상합니다. "하나님, 저희가 요단 강을 건너게 하신 이유가 대체 무엇입니까? 저희를 왜 여기까지 데려와서 적의 손에 죽게 하시는 겁니까? 그냥 요단 저편에 놔두지 그러셨습니까?"

여호수아는 지금 이스라엘의 패배가 하나님 탓이라고 말하고 있습니다. 여리고 성 전투에서는 이스라엘 백성이 아무것도 하지 못하게 하더니, 왜 이번에는 하나님이 아무것도 하지 않으셨냐며 힐문하는 것입니다.

그때 하나님이 여호수아에게 이렇게 대답하십니다.

이스라엘이 범죄하여 내가 그들에게 명령한 나의 언약을 어겼으며 또한 그들이 온전히 바친 물건을 가져가고 도둑질하며 속이고 그것을 그들의 물건들 가운데에 두었느니라 수 7:11

하나님은 이스라엘이 아이 성을 점령하지 못한 원인을 정확하게 지적하십니다.

여리고 성을 함락하기 전에 하나님은 이스라엘 백성에게 성 안의 '모든 것'을 하나님께 바쳐야 한다고 말씀하셨습니다. 오직 정탐꾼을 도와준 라합과 그 가족의 생명과 재산만 보존해 주라고 명하셨습니다. 만약 이 말씀에 순종하지 않고 성 안의 사람이나 물건에 손을 대면, 그 일로 말미암아 이스라엘 백성 전체가 고통을 당하게 될 것이라고 경고하셨습니다(수 7:12-13).

그런데 하나님이 걱정하셨던 바로 그 일이 일어났습니다. 이스라엘 백성 중에 '아간'이라는 사람이 하나님께 드려야 할 여리고 성의 은과 금과 좋은 옷을 훔쳐 자기 텐트에 숨겼던 것입니다. 그것이 바로 강적을 깨뜨린 이스라엘이 허술한 상대에게 어처구니없이 패배한 이유였습니다.

아간을 찾는 과정 속에 숨겨진 의도

이른 아침부터 이스라엘 백성이 한데 모였습니다. 중대 발표가 있을 것이니 지파별로 모두 모이라고 선언한 여호수아의 소집에 응한 것입니다.

사람들 앞에 나선 여호수아는 아이 성의 패배에 대해 하나님이 말씀하신 바를 나눕니다. 그리고 이렇게 말합니다. "이제 각 지파별로 대표 한 사람씩 이 앞에 나오시오. 하나님의 명령에 불순종한 자를 찾아냅시다."

아무도 모르게 이스라엘 가운데 자행된 불순종을 지적하신 하나님은 여호수아가 실패의 원인을 찾게 하십니다. 그런데 하나님이 명령하신 방법이 매우 독특합니다. 이스라엘 전체가 모여 제비뽑기를 해서, 하나님의 말씀에 불순종하여 성의 물건을 훔친 자를 찾아내라는 것이었습니다.

이윽고 각 지파의 대표자 12명이 나왔고, 여호수아는 제비뽑기를 시작합니다. 먼저 열두 지파 중에서 뽑습니다. '유다 지파'가

나왔습니다. 열두 지파 중에서 가장 주도적이고 용맹스럽고 모범이 되는 지파에 그런 죄인이 있다는 것입니다. 아마 이 사실만으로도 충격이었을 겁니다. 곧이어 유다 지파에 속한 족속 중에서 제비를 뽑습니다. '세라'라는 족속이 나왔습니다. 세라 족속에서 다시 제비를 뽑습니다. '삽디'라는 사람의 가문이 나왔습니다. 삽디 가문에서 또 제비를 뽑습니다. '갈미'라는 사람의 가족이 나옵니다. 갈미의 가족이 제비를 뽑습니다. 마침내 마지막 한 사람이 나왔습니다. 바로 그가 하나님께 바쳐야 할 여리고 성의 전리품 일부를 가로챈 장본인 '아간'이었습니다.

여호수아가 아간에게 말합니다. "간곡히 부탁한다. 하나님께 무릎 꿇고 엎드려 네가 행한 일을 자복해라. 하나도 숨기지 말고 다 말해다오."

결국 아간은 죄를 인정하고, 자신이 저지른 짓을 자백합니다. 그리고 자신의 장막에 숨겨 둔 증거물도 모두 찾아냈습니다.

이제 죄의 대가를 치러야 할 때입니다. 여호수아는 아간을 골짜기로 끌고 가서, 그의 몸과 그가 훔친 전리품과 가족, 모든 재산을 돌로 치고 불사릅니다. 그제야 비로소 하나님의 맹렬한 분노가 그쳤습니다.

이 과정에 상당한 시간이 소요되었을 것입니다. 단 한 명의 범죄자가 나올 때까지 수많은 사람이 여러 번에 걸쳐 제비뽑기를 해야 했을 테니 말입니다. 상당히 비효율적인 일입니다. 모든 백성이 일손을 놓고 매달려야 할 만큼 시간이 많이 걸리니, 다른 일은 전혀 할 수 없습니다.

대놓고 말하지는 않았어도 아마 대부분 사람이 이렇게 생각했을 것입니다. '꼭 이렇게까지 해야 하나? 그냥 누가 그런 짓을 했는지 알려 주시면 될 것 아냐.' '아, 해야 할 일이 많은데…나 지금 정말 바쁘다고!' '그냥 대표자들끼리 모여서 하면 되지 않나?' '힘들어 죽겠네. 벌써 몇 시간째 제비뽑기만 하고 있는 거야?'

하나님은 아이 성 싸움에서 패배를 가져온 사람이 누구인지 정확하게 알고 계셨습니다. 아간의 죄를 다루자 진노를 멈추신 것을 보면, 문제의 핵심은 분명 아간이었습니다. 처음부터 아간을 지목해서 처벌했으면 간단하게 끝날 일이었다는 말입니다. 그런데 왜 하나님은 모든 사람이 함께 모여 죄를 찾고 다루게 하셨을까요? 아간 한 사람이 지은 죄 때문에 무리 전체가 일손을 놓은 채 가만히 앉아 지루하게 기다려야 할 이유가 무엇이었을까요?

보통 사람들은 실패한 뒤에 원인을 찾지 않거나 겉으로 드러난 부분만 수박 겉핥기식으로 보려고 합니다. 실패의 원인을 꼼꼼히 찾으려 할수록 시간과 에너지가 많이 소요되기 때문입니다. 그뿐 아니라 원인을 찾아가는 과정에서 도무지 이해할 수 없거나 인정하고 싶지 않은 사실과 마주치게 되기 때문입니다. 무너진 기대를 직시해야 하고, 실패한 자신의 모습과 마주 봐야 합니다. 또한 실패의 원인이 '자기 자신'이라는 진실을 받아들이며, 실패할 수밖에 없었던 자신의 연약함을 인정해야 합니다. 이것은 높아진 자아를 깨뜨리고 겸손히 낮아진 심령만이 해낼 수 있는 일입니다.

실패를 통해 드러나는 교만

실패한 뒤 하나님 앞에 엎드린 여호수아를 향해 하나님이 하신 말씀을 다시 살펴봅시다.

> 이스라엘이 범죄하여 내가 그들에게 명령한 나의 언약을 어겼으며 또한 그들이 온전히 바친 물건을 가져가고 도둑질하며 속이고 그것을 그들의 물건들 가운데에 두었느니라 수 7:11

이 구절에는 이상한 점이 있습니다. 하나님의 명령을 어긴 자는 분명히 아간 한 사람인데도 '이스라엘이 범죄했다'고 말씀하시는 것입니다. 하나님은 죄를 지은 사람뿐만 아니라 공동체 전체에게 책임을 물으십니다. 아간이 지은 것과 똑같은 죄를 이스라엘 공동체 전체가 저질렀다고 말씀하시는 것입니다. 도대체 이스라엘이 무슨 죄를 저질렀다는 것입니까? 아간 말고는 그 누구도 여리고 성의 전리품에 손을 대지 않았는데 말입니다.

하나님은 이스라엘이 '나의 언약을 어겼다'고 지적하십니다. 모세가 살아 있을 때 하나님과 이스라엘 백성이 시내 산에서 맺었던 언약, 즉 하나님과 이스라엘 백성의 '관계'에 문제가 있음을 말씀하십니다.

자신이 해결할 수 없는 인생의 문제에 부딪히면 누구나 기도하게 되기 마련입니다. "하나님, 제 힘으로는 도저히 해결할 수 없으니 도와주세요!"

상황이 어렵고 힘들수록 더 간절히 매달립니다. 그러는 과정 가운데 하나님을 만나고, 그분에 대한 신앙을 더욱 확고히 굳히게 된 사람도 많습니다.

그런데 어떤 사람은 문제가 다 마무리된 뒤에 마치 자기가 해결한 것처럼 잘난 척하기도 합니다. 만약 그가 자신의 무력함을 인정하고 하나님께 도움을 구했다면, 이런 행동은 하나님의 영광을 가로채는 것이나 다름없습니다. 예배를 관장하는 천사장이 하나님께 돌려야 할 영광을 스스로 취했다가 사탄으로 전락해 버린 것과 같은 이치입니다.

그런 사람은 자기 안에 능력이 많다고 믿습니다. 과거의 성공 경험을 과신합니다. 현재 누리고 있는 것은 모두 자기가 이루어 낸 것이라고 자랑합니다. 그러므로 앞으로도 계속 잘되고 성공하리라는 확신에 충만합니다.

하지만 우리가 하나님의 언약을 받고 그분의 백성이 되었다면,

모든 문제를 '하나님과의 관계'라는 관점에서 살펴봐야 합니다.

은행에 근저당 설정이 되어 있으면, 재산에 변동이 생길 때 반드시 은행의 간섭을 받게 됩니다. 은행과 나 사이에 계약을 맺었고, 그 계약이 효력을 발휘하기 때문입니다.

아간의 사건은 하나님과의 언약을 깨뜨린 영적 범죄의 뿌리에서 자라난 현상, 즉 겉으로 보이는 일에 불과합니다. 하나님의 인도하심과 말씀에 초점을 맞추지 않으면, 언제 어디서 심각한 영적 문제가 발생할지 모릅니다.

민수기 22장을 보십시오. 모압의 왕 발락은 이스라엘 백성을 저주할 목적으로 선지자 발람을 초청합니다. 발람은 비록 이방인 술사였지만, 여호와 하나님을 알고 그분에 대한 경외심을 품고 있었습니다. 그렇기에 발람은 발락의 초청을 거절합니다. 하지만 끝내 물욕을 이기지 못해 나귀를 집어타고 모압 왕의 성으로 향하게 됩니다.

이때 진노하신 하나님이 사자를 보내, 발람이 가는 길목을 막아서게 하십니다. 발람은 모압 왕의 금은보화에 정신이 팔려 있던 터라 자기 앞에 칼을 빼들고 서 있는 하나님의 사자를 보지 못합니다. 정작 하나님의 사자를 본 것은 그가 타고 있던 나귀였습니다. 나귀는 하나님의 사자가 두려워서 꼼짝도 하지 않았습니다. 영문을 모르는 발람은 어서 가자며 나귀를 두들겨 팼습니다. 그러자 하나님은 억울하게 두들겨 맞는 나귀의 입을 여셨습니다.

이에 나귀가 발람을 향해 외칩니다. "여보쇼, 내가 뭘 잘못했다고 이렇게 두들겨 패는 거요?"

느닷없이 나귀가 사람처럼 말을 하자 발람은 깜짝 놀라지 않을 수 없습니다. 그는 당황스런 목소리로 나귀를 꾸짖습니다. "왜 주인이 가는 길을 방해하는 거냐? 칼만 있었으면 네놈을 당장 베어 버렸을 거다." 이렇게 발람이 나귀와 실랑이를 벌이고 있는 사이, 하나님이 발람의 눈을 열어 하나님의 사자를 보게 하십니다(민 22:4-31).

아무리 신실한 그리스도인이라도 하나님께 늘 시선과 초점을 맞추지 않으면, 이처럼 옛 사람의 욕망과 욕정이 하나님과의 관계에 끼어들게 되기 마련입니다.

아간은 하나님께 드려야 할 것을 자기 것으로 취했습니다. 승리의 기쁨에 취해 있던 나머지 영적으로 둔해져 있었습니다. 그는 하나님의 음성 대신 욕망과 본능에 따라 행동했습니다. 금과 은과 옷이 탐나기도 했지만, 하나님의 것을 자기 마음대로 할 수 있다고 생각한 것입니다.

인생이 잘 풀릴 때 찾아오는 자기 신뢰와 교만을 경계해야 합니다. 과거의 축복과 성공에만 빠져 하나님을 바라보지 않고 자기 자신을 위해 살아가는 교만을 부린다면, 그 사람의 삶에서 승리와 번영은 오히려 저주가 될 것입니다.

꽁꽁 숨겨 놓은 교만이 실패 덕에 드러나다

아간을 찾아내기까지 오랜 시간 제비뽑기에 참여했던 이스라엘 백성의 속마음은 어땠을까요?

"하나님의 명령을 어긴 자가 우리 가운데 있다. 바로 그 자 때문에 아이 성에서 패배했다!"

여호수아가 이렇게 선포하자 모든 사람이 뜨끔했을 겁니다. '우리 중에 하나님 명령에 불순종하고 거역한 사람이 있다고?'

하나님이 처음부터 아간을 지목하여 앞에 세우고 여호수아와 장로들에게 재판하게 하셨다면, 백성은 그저 구경만 했을 것입니다. 아간에게 온갖 비난을 퍼부어 대며, 마치 자기들은 피해자라는 듯 행동했을 것이 분명합니다.

그런데 하나님은 이스라엘 '전체'가 범죄했다고 말씀하시며 모든 사람을 심판대에 올려놓으셨습니다. 아간의 범죄를 찾는 과정에 공동체 전체가 참여하게 되자, 그곳에 모인 사람들 모두 묘한 긴장감을 갖게 되었습니다. '내가 뽑히면 어떻게 하지?' '나도 모르는 사이에 하나님의 말씀에 불순종했다면 어쩌지?' '혹시 우리 가족 중에 그런 사람이 있는 건 아닐까?' 그러면서 저마다 자신과 자신의 가족을 돌아보고 성찰하며 분별하기 시작합니다. 이윽고 아간이 아니라 이스라엘 전체가 범죄했다고 말씀하신 참 의미를 깨닫게 됩니다.

아간과 다를 바 없이 이스라엘 백성도 하나님이 받으실 것을 자신의 것으로 돌렸습니다. 인간의 한계와 연약함을 뛰어넘어 놀라운 권능으로 여리고 성을 무너뜨리신 하나님께 드려야 할 영광을 가로챘습니다. 자신들의 힘과 능력으로 승리했다는 치명적인 교만에 빠졌습니다. 그랬기에 작은 아이 성 따위는 3천 명 정도만 보내도 이길 수 있다고 생각한 것입니다.

여호수아와 이스라엘 백성은 아이 성 전투를 앞두고 하나님께 전략을 묻거나 도움을 구하지 않았습니다. 여리고 성 때처럼 하나님께 기도했다거나 하나님의 말씀대로 싸웠다는 기록이 없습니다. 심지어 전투를 준비하기 위해 아침 일찍 일어나지도 않았습니다. 그들의 마음속에는 자기 힘으로 승리할 수 있다는 교만이 가득 차 있었습니다. '여리고 성도 꺾었는데 이까짓 아이 성쯤이야'라고 생각했습니다. 자신들에게는 아무것도 아닌 상대라는 것입니다. 미약한 병력만으로, 즉 자신들 힘만으로 충분히 제압할 수 있다고 믿었습니다.

그들은 자신들의 대장이신 하나님과 상의하지 않았습니다. 즉, 영적인 힘보다 육적인 힘에 더 의지했습니다. 굳이 기도하지 않아도 이 정도는 기본 실력으로 해결할 수 있고, 그동안 쌓아 놓은 능력으로 충분히 감당할 수 있다고 자만했습니다. 이렇듯 나의 물질과 권력, 지식과 성공 경험으로 충분하다고 생각할 때, 우리는 힘을 쏟아 기도하지 않습니다.

여호수아와 이스라엘 백성이 아이 성과 맞붙기 전에 주님과 상의했다면, 결과가 어떻게 되었을까요? 아간의 일을 알려 주시고 승리할 수 있는 길도 가르쳐 주셨을 것입니다. 아이 성이 작아도 만만치 않은 상대라는 사실을 알려 주셨을 것입니다. 그러나 그들은 그렇게 하지 않았습니다.

하나님의 관심사는 전투의 승패가 아니었습니다. 그분은 여호수아와 이스라엘 백성이 무엇을 의지하고 신뢰하는지에 더 관심을 두셨습니다. 전쟁은 하나님께 속한 것이기에, 여리고 성의 경우처럼 이스라엘의 군사적 행동 없이도 능히 승리하게 하실 수 있습니다(삼상 17:47).

중요한 것은 언제 어디서나 겸손히 하나님을 인정하며, 그분을 주님으로 섬기는 것입니다. 그 마음을 잃어버린다면, 승리는 도리어 자멸과 타락의 유혹이 될 뿐입니다. 그래서 성경은 우리의 싸움이 혈과 육이 아니라 '영적인 것'이라고 이야기 합니다(엡 6:12). 이 싸움은 무시무시한 영적 전쟁입니다. 우리의 대적 사탄은 우는 사자와 같이 믿는 자들을 넘어뜨리고 공격합니다(벧전 5:8). 교만한 심령은 그 악한 세력을 보지 못한 채 적에게 공격당하고 실패하게 됩니다. 여호수아와 이스라엘 백성이 아이 성의 견고함을 보지 못하고 덤벼들었다가 패한 것처럼 말입니다. 하나님은 바로 이 실패를 통해 우리 안에 가득 찬 교만의 거품을 날려 버리고 겸손한 심령을 회복하기 원하십니다.

범죄자를 찾아내는 철저하고 꼼꼼한 과정을 통해 이스라엘은 이 죄악이 아간 한 사람이 아니라 공동체 전체의 죄악임을 받아들였습니다. 아마 모든 백성이 사건의 중요성과 심각성을 철저히 인식하게 되었을 것입니다. 자신들도 아간처럼 하나님께 마땅히 올려 드려야 할 것, 즉 그분이 받으셔야 할 영광을 가로챘음을 깨달았습니다. 아간의 처형 현장을 지켜보는 가운데 그들은 모든 지파와 족속, 가족, 개인이 하나님을 의지하지 않고 그분이 받으실 영광을 도적질할 때 어떤 결과가 나타나는지 분명하게 목도했습니다. 그리고 자신들의 교만을 철저히 느끼고 회개했습니다. 하나님은 그러한 방식으로 오직 하나님께만 영광을 돌리도록 가르치고 교훈하셨습니다.

실패는 교만을 치유하는 약이다

하나님은 왜 실패를 통해 교만을 치유하시는 걸까요?

누가복음 15장의 '탕자 비유'를 생각해 봅시다. 아버지의 유산을 챙겨 집을 떠난 둘째 아들은 자신의 힘으로 인생을 살아 보려고 합니다. 결국 모든 것을 잃게 된 그는 돼지와 함께 살며 돼지 먹이에까지 손을 대지만, 집에 돌아가 아버지에게 손을 벌리는 일만은 하지 않겠다고 고집을 피웁니다. 하지만 그는 결코 자신의 힘으로 상황을 극복할 수 없었습니다. 그리하여 결국 아버지에게로 돌아옵니다.

평소에 일이 잘 풀릴 때는 자신을 믿고 자신이 가진 것을 의지합니다. 그러다 실패할 때에야 비로소 자신이 철저히 죄인이며 무능한 존재임을 깨닫게 됩니다. 크고 대단한 줄 알았던 자신이 너무나 연약하고 부족하다는 사실을 깨달아야만 비로소 '자기 의'를 내려놓을 수 있기 때문입니다. 바로 그럴 때 참된 하나님을 발견할 수 있습니다.

살다 보면 누구나 절망스럽고 두려운 실패의 자리에 서게 됩니다. 하지만 모든 실패를 하나님이 다루시는 것으로 생각할 필요는 없습니다. 모든 실패가 '아이 성'은 아니라는 이야기입니다. 다만 실패의 경험 중 어떤 것은 하나님이 우리의 교만한 심령을 고치고 겸손한 마음을 회복하는 도구로 사용하신다는 정도만 기억하면 됩니다. 하나님이 언제 어떻게 실패를 통해 치유의 역사를 행하실지 우리는 알지 못합니다. 그저 하나님이 우리의 교만을 다루신다고 느껴질 때 정직하게 반응하는 것만이 중요합니다.

이스라엘 백성이 한데 모여 제비뽑기를 하는 동안 아간은 무엇을 했습니까? 아무것도 하지 않은 채 마냥 두려움과 불안에 떨었을 것입니다. 하나님은 왜 아간의 이름을 바로 알려 주지 않으시고, 일부러 지루하고 복잡한 과정을 밟게 하셨을까요? 아간 스스로 회개하고 용서받을 수 있는 기회를 주신 것은 아닐까요? 굳게 입 다문 채 모른 척 하지 말고, 겸손하게 무릎 꿇고 회개하라는 무언의 압박은 아니었을까요?

여호수아가 아이 성 패배의 원인을 공개적으로 알렸을 때, 아간은 그것이 곧 자신의 이야기임을 알았을 것이 분명합니다. 하지만 몇 단계에 걸쳐 제비뽑기를 진행하는 동안에도 아간은 끝내 자백하지 않았습니다. 안타깝게도 그는 하나님이 주신 회복의 기회를 스스로 저버렸습니다. 실패를 통해 교만의 문제를 다루고 겸손한 심령을 회복할 기회를 놓쳤습니다.

하나님은 실패를 통해서도 치료와 회복의 기회를 주시는 분입니다. 하지만 그 기회를 외면하는 사람은 아간처럼 교만에 사로잡혀 멸망의 길을 갈 수밖에 없습니다.

그러나 여호수아는 아이 성의 실패 이후 태도와 자세가 완전히 달라졌습니다. 두 번째로 아이 성을 공격할 때, 그는 상대방의 전력에 상관없이 여리고 전투에서와 동일한 모습을 보여 줍니다. 이전처럼 일찍 일어나서 준비하며 지형과 심리를 살폈습니다. 또한 전략과 작전을 세워 병력을 정확하게 배치했습니다(수 8:1-10). 그는 모든 정성을 다해 철저히 전쟁에 임했습니다. 그것이 '하나님의 일'이라는 것을 알았기 때문입니다. 이때 이후로 여호수아는 한 번도 패하지 않았습니다.

자신이 모든 것을 결정하고 책임져야 한다는 부담감으로 똘똘 뭉쳐 있던 사람이 하나님을 전적으로 의지하기 시작합니다. 자신은 아무것도 할 수 없다는 사실을 인정하면서도 담대히 살아갑니다. 여전히 무력하지만 두려움에서만큼은 자유로워졌습니다. 자신이 할 수 있는 것과 할 수 없는 것을 받아들이게 되면서 무엇을 두려워하고 누구를 두려워해야 하는지 깨달았기 때문입니다.

이제 여호수아는 오직 하나님만 두려워하며 그분의 뜻을 거스르는 죄를 멀리하기로 결정합니다. 한 번의 실패가 영원한 실패는 아니며, 어제의 승리가 오늘의 승리를 보장해 주지 않음을 절감했기 때문입니다. 그렇기에 여호수아는 가나안 정복이라는 대역사를 완성했을 때에도 하나님께만 영광을 돌렸을 뿐, 자신의 공로를 자랑하거나 교만하게 행동하지 않았습니다(수 24:1-15).

지금 인생의 아이 성 앞에 서 있다고 느껴지십니까? 지금까지 성공과 평안과 승리를 누릴 수 있었던 것이 누구 덕분인지 돌아보십시오. 자신의 최선과 노력, 재능으로 여기까지 왔다고 믿고 있지 않은지 살펴보시기 바랍니다.

실패는 힘들고 고통스러운 경험입니다. 실패를 기다리거나 반기는 사람은 없습니다. 하지만 실패는 심령을 겸손하게 하는 소중한 교훈을 심어 줍니다. 실패했다고 주저앉지 마십시오. 실패했다고 위축되면 안 됩니다. 오히려 실패를 딛고 일어서서 하나님의 치유를 경험할 때, 더욱 풍성한 삶을 살 수 있습니다. 교만을 치유해 주시고 더욱 겸손하게 하시는 하나님의 손길을 경험하는 소중한 통로가 됩니다. 절망과 패배감 가운데 찾아오시는 하나님의 사랑과 은혜를 발견하게 되는 것입니다.

내 고초와 재난 곧 쑥과 담즙을 기억하소서 내 마음이 그것을 기억하고 내가 낙심이 되오나 이것을 내가 내 마음에 담아 두었더니 오히려 소망이 되었사옴은 여호와의 인자와 긍휼이 무궁하시므로 우리가 진멸되지 아니함이니다 이것들이 아침마다 새로우니 주의 성실하심이 크시도소이다 내 심령에 이르기를 여호와는 나의 기업이시니 그러므로 내가 그를 바라리라 하도다 애 3:19-24

그가 비록 근심하게 하시나 그의 풍부한 인자하심에 따라 긍휼히 여기실 것임이라 주께서 인생으로 고생하게 하시며 근심하게 하심은 본심이 아니시로다 애 3:32-33

4장

위기는

두려움을 씻어 내는
치유의 기회입니다

배우자와 사별하고, 자녀를 잃어버리고, 애완동물이 죽고, 아끼던 물건이 없어지고…. 우리는 이런 일들을 '상실'이라고 부릅니다. '죽음의 연구'로 유명한 엘리자베스 퀴블러 로스(Elizabeth Kubler Ross) 박사는 상실을 경험한 사람에게서 나타나는 다섯 단계의 과정을 다음과 같이 설명합니다.

첫 번째 단계는 '부정'으로, 자신이 상실을 경험했다는 사실을 받아들이지 못합니다. 두 번째 단계는 '분노'로, 자신에게 이런 일이 일어났다는 사실에 화를 내며 원망합니다. 세 번째 단계는 '타협'으로, 다음 기회에는 절대 같은 일을 되풀이하지 않겠다고 결심합니다. 네 번째 단계는 '절망'으로, 자신의 힘으로는 어떻게 해 볼 수 없는 끔찍한 일이 일어났다는 사실에 좌절합니다. 마지막 다섯 번째 단계는 '수용'으로, 그 대상을 잃어버렸고 그 일을 결코 돌이킬 수 없다는 사실을 받아들입니다.

각 개인의 성격과 상실한 대상, 사건에 따라 나타나는 양상은 다르지만, 거의 대부분 사람이 이러한 다섯 단계를 거치는 듯합니다. 안타까운 점은 어떤 식으로든 상실을 경험하지 않고 살아가는 인생이 없다는 사실입니다. 큰 것부터 작은 것까지, 일시적인 것부터 영구적인 것까지, 예상했던 것부터 돌발적으로 일어나는 것까지 상실은 참 다양한 모습으로 찾아옵니다.

상실은 우리 인생에 좀처럼 잊히지 않는 충격과 고통을 남깁니다. 그 강도와 지속 기간은 잃어버린 것을 얼마나 소중히 여기는가의 정도에 달려 있습니다. 또한 상실은 한 사람의 성격뿐만 아니라 실제적인 행동까지 바꿔 놓습니다. 따라서 상실을 어떻게 극복하느냐에 따라 인생이 달라질 수 있습니다.

한바탕 울고 나서 달라진 사람들

중동의 한 넓은 평지에 수많은 사람이 모여, 구슬픈 목소리로 곡을 하고 있습니다. 그것도 몇 주 동안이나 계속해서 말입니다. 그들은 바로 하나님이 약속하신 땅을 향해 광야를 여행하는 이스라엘 백성입니다. 그들은 왜 이렇게 슬퍼하고 있을까요?

애굽에서부터 가나안 땅이 보이는 모압까지 그들을 이끌어 온 불세출의 지도자 모세가 세상을 떠났기 때문입니다(신 34:5-6). 이제 겨우 가나안 땅이 보이는 지점까지 왔는데, 그 목적지를 눈앞에 둔 상황에서 그만 지도자를 잃어버린 것입니다. 지금까지 겪은 일과는 비교도 할 수 없을 만큼 어렵고 위험한 가나안 정복이 숙제로 남아 있는데 말입니다.

불평하고 원망하며 티격태격하긴 했지만, 그동안 이스라엘 백성은 알게 모르게 모세와 정이 많이 들었을 터입니다. 모세는 숱한 난제를 극복하며 이스라엘 백성이 가야 할 길을 지혜롭게 인도했고, 이스라엘 공동체의 삶과 신앙이 성숙해지도록 최선을 다해 섬긴 최고의 지도자였습니다. 이스라엘 백성은 모세 외에 다른 지도자를 생각해 본 적이 없었을 겁니다. 게다가 광야 생활을 통틀어 가장 절박한 시점에 모세가 죽었다는 사실, 그것도 병을 앓거나 기력이 쇠해서가 아니라 하나님의 뜻으로 부르심 받아 갔다는 사실이 엄청난 충격이자 아픔이었을 겁니다.

가장 큰 문제는 이제부터 무엇을 어떻게 해야 할지 아는 사람이 아무도 없다는 두려움이었습니다. 그들은 모세라는 한 사람이 아니라, 자신들의 미래를 '전부' 잃어버렸다고 생각했습니다.

이스라엘 자손이 모압 평지에서 모세를 위하여 애곡하는 기간이 끝나도록 모세를 위하여 삼십 일을 애곡하니라 신 34:8

지금 이스라엘 백성은 하나님께 허락을 받아 모세의 죽음을 슬퍼하며 애도하는 시간을 보내고 있습니다. 아직 가야 할 길도 많이 남았고 해야 할 일도 많은데, 하나님은 그들에게 한 달이나 되는 긴 시간을 주셨습니다. 그렇게까지 오랜 시간을 허락하신 이유는 무엇일까요?

모세의 사후에 새로운 땅에서 새로운 지도자와 새로운 삶을 시작한 이스라엘의 이야기를 담은 여호수아서를 읽어 보면, 이스라엘 백성이 상실을 이겨 냈다는 사실을 알 수 있습니다. 가나안 땅에 들어가기 위해 이스라엘 백성은 오랜 시간 어렵고 힘든 일을 모두 감당했습니다. 그래서 여호수아와 함께 약속의 땅 정복에 성공합니다. 한 달 동안 한곳에 모여 슬퍼한 것 외에 따로 한 일이 없는 그들이 어떻게 예전보다 심지가 견고한 사람들로 변화될 수 있었던 걸까요?

상실의 은혜

현대 사회에는 다양한 유형의 상실을 경험함으로써 정서적 고통을 겪는 사람이 많습니다.

슬픔을 연구하는 학자들은 상실을 경험한 사람은 대개 잃어버린 대상을 되찾고 싶어 한다고 합니다. 그런데 문제는 잃어버린 대상에 과도하게 집착한 나머지, 상실이 일어난 현실을 부인하며 예전과 똑같이 생활할 수 있다고 착각하는 것입니다.

예전에 자식을 교통사고로 잃은 한 자매님을 상담한 적이 있습니다. 이 자매님은 저녁이 되면 아이가 예전처럼 엄마를 부르며 뛰어들어 올 것 같아, 문을 잠그지 못하고 열어 둔 채 생활하고 있었습니다. 어떤 날에는 아이가 달려오는 느낌이 들어서 자기도 모르게 안아 주려고 팔을 활짝 벌렸지만, 곧 아무도 없다는 사실을 깨닫고 그 자리에 주저앉아 펑펑 울기도 했습니다.

머리로 상실을 인지하고 받아들이기란 그리 어렵지 않습니다. 하지만 상실의 경험에 맞춰 감정을 추스르고 행동을 변화시키기란 쉽지 않습니다. 이것이 잘되지 않으면 아무 일도 일어나지 않은 것처럼 행동하거나, 모든 일을 원래대로 되돌릴 수 있는 것처럼 생각하게 됩니다. 상실에서 비롯되는 생각과 사고의 부정적인 영향은 현실적인 삶을 영위하는 데 어려움을 가져옵니다. 앞으로 나아가야 하는데 상실감 때문에 과거에 사로잡히기도 합니다. 시간은 흘렀지만 상실감을 그대로 가슴에 묻어 두었다가 병으로 번져 악화되기도 합니다. 하지만 때로는 상실을 경험하면서 내면의 연약한 부분을 치유하고 회복하는 기회를 얻을 수 있습니다.

150편의 시편 중 73편의 시를 쓴 다윗도 '상실의 은혜'를 경험한 사람입니다. 다윗은 타락한 광기의 사울 왕 정권을 몰아내고 정치적, 군사적으로 이스라엘의 최고 전성기를 이끌어 갔습니다.

이에 다윗은 오늘날까지도 가장 훌륭한 왕으로 기억됩니다. 하지만 다윗이 쓴 시편들을 살펴보면, 화려해 보이는 그의 인생도 슬픔과 번민의 감정에서 그리 자유롭지 못했음을 발견하게 됩니다. 그는 두려움과 탄식에 사로잡혀 눈물로 침상을 적시는 밤을 보냈으며, 온통 울부짖음으로 가득한 기도를 올렸습니다.

> 내가 탄식함으로 피곤하여 밤마다 눈물로 내 침상을 띄우며 내 요를 적시나이다 내 눈이 근심으로 말미암아 쇠하며 내 모든 대적으로 말미암아 어두워졌나이다 시 6:6-7

> 여호와여 내가 고통 중에 있사오니 내게 은혜를 베푸소서 내가 근심 때문에 눈과 영혼과 몸이 쇠하였나이다 내 일생을 슬픔으로 보내며 나의 연수를 탄식으로 보냄이여 내 기력이 나의 죄악 때문에 약하여지며 나의 뼈가 쇠하도소이다 시 31:9-10

> 내가 아프고 심히 구부러졌으며 종일토록 슬픔 중에 다니나이다 내 허리에 열기가 가득하고 내 살에 성한 곳이 없나이다 내가 피곤하고 심히 상하였으매 마음이 불안하여 신음하나이다 시 38:6-8

> 사망의 줄이 나를 두르고 스올의 고통이 내게 이르므로 내가 환난과 슬픔을 만났을 때에 시 116:3

허다한 상실을 경험하며 삶을 지탱하기 어려웠던 다윗은 시편으로 내면의 슬픔을 표현하며, 치유와 회복의 단계로 나아갔습니다. 그리고 결국 하나님이 자신의 슬픔을 춤으로 바꿔 주셨음을 고백합니다.

주께서 나의 슬픔이 변하여 내게 춤이 되게 하시며 나의 베옷을 벗기고 기쁨으로 띠 띠우셨나이다 이는 잠잠하지 아니하고 내 영광으로 주를 찬송하게 하심이니 여호와 나의 하나님이여 내가 주께 영원히 감사하리이다 시 30:11-12

덕분에 다윗은 반복되는 위기 앞에서도 흔들리지 않고 자신에게 주어진 삶과 사명, 의무를 끝까지 붙잡을 수 있었습니다.

예수님도 상실감에 고통스러워하셨습니다. 멸망을 맞게 될 예루살렘의 미래를 안타까워하며 눈물 흘리셨으며(눅 19:41-44), 벗이었던 나사로의 죽음에 아파하셨습니다(요 11:33-35). 십자가를 앞두고 겟세마네 동산에서 기도하실 때에는 상실의 슬픔으로 땀방울이 핏방울같이 떨어져 내렸습니다(눅 22:41-44). 또한 십자가에서는 하나님과의 단절에 처절한 부르짖음으로 반응하셨습니다(마 27:46). 하지만 예수님은 이 모든 상실을 이기고 부활 생명의 주인이 되셨습니다(빌 2:6-11; 히 12:2).

모세를 잃어버린 모압, 곧 슬픔과 절망의 자리에서 담대하게 가나안을 취하는 용사들로 거듭난 이스라엘 백성도 분명 '상실의 은혜'를 경험한 사람들입니다.

이스라엘의 상실감을 다루시다

눈물 흘리며 슬퍼하는 것을 좋아하는 사람은 없습니다. 슬퍼하는 것 자체가 스스로 패배를 인정하는 일 같기 때문입니다. 게다가 자꾸 슬퍼하면 아픔이 사라지는 것이 아니라 더 크고 깊어질 것 같습니다. 구원을 확신하지 못하는 사람이나, 슬픔을 느낀다고 생각하는 그리스도인이 꽤 많습니다. 하지만 상실의 경험이 찾아올 때 해야 하는 가장 중요한 일이 바로 '충분히 슬퍼하는 것'입니다. 상실은 '애도(哀悼)의 시간', 즉 슬픔을 통해 감정을 해소하고 정리하는 시간입니다. 상실의 경험으로 내면에 쌓인 부정적인 감정은 슬퍼하는 과정을 거쳐야만 사라집니다. 상실로 나타나는 깊고 묵은 감정을 인정하며, 그 감정을 충분히 표현하는 것입니다.

  상실의 위기는 우리에게 다양한 영향을 미칩니다. 공허함과 외로움, 고립감, 두려움, 죄의식, 수치심, 불안, 분노, 비탄, 절망 등을 가져옵니다. 심지어 신체적 질병까지 일으킵니다. 그런데 슬퍼하는 시간을 갖게 되면, 모든 감정의 찌꺼기들이 밖으로 배출되면서 상실 이후의 새로운 단계로 나아갈 힘과 지혜를 얻게 됩니다.

그래서 전문 상담가들은 슬퍼하는 이를 돕는 네 단계 중에서 '개입'을 가장 첫 번째 단계로 꼽습니다. 개입은 슬퍼하는 것이 자연스럽고 중요한 일임을 알려 주며, 가능한 한 많이 울도록 돕습니다. 아픔을 표현하고 어려움을 호소하도록 이끌어 줍니다.

두 번째 단계는 당사자의 감정과 생각을 이해하고 받아 주는 '지지'입니다. 공동체나 가족은 절대로 당사자를 비난하거나 놀리지 말아야 합니다. 그들이 어려운 시간을 통과하도록 기다리며, 현실적이고 지혜로운 방법으로 도와주어야 합니다.

세 번째 단계는 '격려'입니다. 아름답고 소중하며 즐거웠던 추억을 떠올리도록, 슬프고 두려운 일 외에도 즐겁고 행복하고 좋은 열매를 맺던 시절이 그의 인생에도 있었음을 일깨워 주는 것입니다. 예전에도 힘들고 어려운 일이 있었지만 지금껏 잘 극복해 왔다는 사실도 떠올리게 합니다. 과거의 삶에 감사하는 마음도 갖게 합니다. 이러한 과정에서 미래를 향한 소망을 조금씩 품게 됩니다. 이처럼 다윗도 힘들고 어려울 때 눈앞의 것만 바라보지 않고, 과거에 함께하고 도우신 주님을 기억하며 감사했습니다.

마지막 네 번째 단계는 '재통합'입니다. 상실했다는 사실은 바꿀 수 없지만, 그럼에도 자신에게는 해야 할 일이 남아 있음을 깨닫게 해줍니다. 무너지고 고갈된 자아에 상실의 의미를 되새겨 줍니다. 이제는 새로운 관계를 맺고 공동체로 돌아가, 자신의 길을 걷도록 이끌어 줍니다.

모세를 잃은 후 상실감에 빠져 있던 이스라엘 백성을 치유하시는 하나님의 방법이 바로 그러했습니다. 이 4가지 단계가 하나님의 방법과 상당히 닮아 있다는 사실이 참으로 놀랍습니다. 하나님은 우리를 만드신 분이기에 상담가의 관찰과 연구 이상의 지혜로 상실의 경험을 다루십니다. 태풍이 강한 바람으로 바다를 휘저어 해수를 정화하듯, 하나님은 우리의 상실을 통해 내면 깊숙한 곳에 가라앉아 있는 어두운 감정을 드러내고 제거하십니다.

울라, 원하는 만큼 실컷!

먼저 하나님은 모세가 죽었다는 사실을 확인시켜 주십니다.

> 이에 여호와의 종 모세가 여호와의 말씀대로 모압 땅에서 죽어 벳브올 맞은편 모압 땅에 있는 골짜기에 장사되었고 오늘까지 그의 묻힌 곳을 아는 자가 없느니라 신 34:5-6

이스라엘 백성이 절대적이고 유일한 지도자로 믿고 있는 모세가 모압 땅에 있는 골짜기에 묻혔다는 사실을 분명하게 선언함으로써, 그의 죽음이 현실임을 받아들이게 하셨습니다. 그리고 모세의 무덤을 숨겨서 이스라엘 백성이 더는 과거에 머물지 않게 하셨습니다. 신학자들은 이스라엘 백성이 모세를 신격화했기에 그의 무덤을 숭배하지 못하도록 막으신 것이라고 해석합니다.

그런 다음에 하나님은 이스라엘 백성이 슬퍼할 시간을 넉넉히 주십니다(신 34:8). 사람의 마음을 만드셨을 뿐만 아니라, 그 마음을 기막히게 이해하시는 창조주 하나님은 그들이 내면의 모든 부정적인 감정을 충분히 인정하고 느끼며 해소하게 하셨습니다.

호텔이나 백화점, 대형 마트에 가면 유니폼을 단정하게 차려입고 곧은 자세로 고객을 맞이하는 직원들을 만나게 됩니다. 서비스업에 종사하는 사람들은 언제 어떤 상황에서든 환한 미소와 차분한 목소리로 응대하도록 철저하게 교육받습니다. 고객의 불평불만, 때로는 욕지거리를 듣게 될지라도 조금의 표정 변화도 없이 공감하고 사과해야 합니다. 이처럼 자신의 감정에 상관없이 타인에게 밝고 긍정적인 표정과 행동을 보여야 하는 일에 종사하는 사람을 요즘에는 '감정 노동자'라고 부릅니다. 간호사나 전화상담원, 대인 서비스에 종사하는 사람들도 여기에 해당됩니다.

늘 밝은 모습을 보이는 것과는 달리 감정 노동자들은 '멍든 가슴'을 끌어안은 채 살아갑니다. 고객이 왕이고 돈이면 다 된다는 비뚤어진 사회의식과 소비문화 논리 때문입니다. 이에 그들은 인격적 모독이나 정서적 상처를 받아도 남의 눈치를 보며 비위를 맞춰 줘야 합니다. 수입을 보장받기 위해 남의 기분을 살려 주느라, 멍들고 망가져 가는 자신의 마음은 방치할 수밖에 없습니다.

이렇게 부정적인 감정과 상처를 마냥 방치하면, 갑작스러운 가슴 통증이나 만성피로, 소화불량, 무기력감, 두통 같은 신체적 증상이 나타납니다. 직장에서 만나는 사람에게는 예의 바르고 친절하게 행동하다가도, 가족이나 친구처럼 가깝고 친밀한 사람에게 폭발적인 분노와 짜증을 터뜨리는 경우가 많습니다. 억울하고 분한 마음이 오랜 시간 쌓이면, 신경증적 정서장애의 일종인 공황장애나 대인 기피증으로 악화되기도 합니다. 또한 억눌렸던 감정이 폭발하면서 폭력을 행사하기도 합니다. 이렇듯 적절한 시기에 합당한 방법으로 해소하지 못한 부정적인 감정은 파괴적인 결과를 가져옵니다.

하나님은 이 점을 잘 알고 계셨습니다. 그래서 이스라엘이 충분히 애도할 만한 시간을 허락하십니다. 슬픔을 정직하게 표현할 때, 상실 이후의 삶을 새롭게 시작할 수 있습니다. 슬픔을 표현해야만 상실이 가져오는 정서적 상처를 성숙의 기회로 삼을 수 있습니다. 이스라엘 백성과 여호수아가 모세를 잃은 뒤에 다시 시작할 수 있었던 것은 슬픔을 표현한 덕분입니다. 슬픔을 표현하는 것이 얼마나 중요한지 아는 사람은 눈물을 주신 하나님의 배려와 사랑에 진심으로 감사할 수 있습니다.

구약시대 선지자들의 애통하는 외침은 슬퍼해야 할 때 슬퍼하지 못하는 이스라엘을 위해 대신 울어 주는 '통곡의 메시지'였습니다. 슬픔을 표현하는 것은 과거의 아픔을 간직한 채 미래를 살 수 있게 하는 기초가 됩니다. 적극적으로 슬픔을 표현하십시오. 슬픔을 억누르지 말고 표현하는 연습을 꾸준히 해야 합니다.

이제 앞을 바라보라

모세가 세상을 떠나기 전, 그는 마지막으로 후임자를 세웁니다. 지금까지 자신을 성실하게 보좌해 온 여호수아를 차기 지도자로 낙점하고 그에게 안수합니다. 이때 하나님은 여호수아에게 '지혜의 영'을 충만하게 부어 주셨습니다(신 34:9).

120년의 인생과 40년의 사역을 마무리할 때, 모세가 해야 할 일은 정말 많았을 것입니다. 하지만 성경에는 모세가 세상을 떠나기 전에 여호수아를 새로운 지도자로 세웠다는 사실만 기록되어 있습니다. 그것은 다른 어떤 일보다 이 일이 하나님께 가장 중요했음을 의미합니다. 왜 그럴까요?

가나안을 정복하고 하나님의 거룩한 백성이 되기 위해서는 이스라엘 백성이 그분을 더욱 신뢰하고 그분의 뜻에 철저히 순종해야 합니다. 그렇지 않으면 가나안을 정복할 수 없고, 정복한다 해도 유지할 수 없습니다. 그만큼 가나안은 이스라엘의 힘으로 감당할 수 없는 대적과 사건으로 가득 찬 땅이었습니다. 하지만 이스라엘 백성은 걷잡을 수 없는 두려움에 사로잡혀 있었습니다.

모세의 죽음을 애도하는 동안 그들은 자신의 내면에 깔려 있는 두려움의 정서를 극단적으로 표출했을 것입니다. 모세 없이는 가나안에 들어갈 수 없다고 믿었기 때문입니다.

이에 하나님은 가장 먼저 백성이 보는 앞에서 새로운 지도자를 세우십니다. 그리고 하나님이 그와 함께하신다는 증거를 보여 주십니다. 모세를 처음 부르셨을 때와는 사뭇 다른 분위기입니다. 미디안 광야에서 양을 돌보던 모세를 부르신 것은 광야의 이름 모를 떨기나무 앞에서였습니다. 모세가 부르심 받았던 현장에는 하나님과 모세뿐이었습니다. 이런 배경을 알지 못하는 이스라엘 백성은 모세를 부르신 하나님보다 모세에게 시선을 고정할 수밖에 없었습니다. 하지만 그래도 괜찮았습니다. 광야에서는 그것으로도 충분했습니다.

그러나 가나안을 눈앞에 둔 시점에서는 문제가 달라집니다. 모세를 향한 이스라엘 백성의 지나친 의존은 하나님을 신뢰하고 바라보는 데 방해가 됩니다. 이스라엘 공동체는 사람이 아니라 하나님을 바라보고 의지하며 섬겨야 합니다. 바로 그것이 하나님이 요구하신 '왕 같은 제사장 나라'와 '거룩한 백성'의 기본이기 때문입니다. 따라서 이스라엘은 지금까지 그들이 보고 듣고 경험한 놀라운 역사가 모세의 능력 때문이 아님을 알아야 했습니다. 오직 하나님이 함께하셨기에 그 모든 일이 가능했다는 사실을 깨달아야만 했습니다. 모든 역사의 배후가 모세가 아닌 '하나님'이라는 사실을 인식하고, 자신들이 하나님의 절대 주권 가운데 있음을 분명하게 믿어야만 두려움에서 벗어나 자유할 수 있었습니다.

이제 하나님은 과거와 달리, 드러내 놓고 상황을 주도하기 시작하십니다. 우선 새로운 지도자 여호수아를 격려하며 힘을 주십니다. 어쩌면 그 누구보다 여호수아가 가장 큰 두려움에 사로잡혀 있었을 것입니다. 그야말로 산 같은 존재였던 모세 없이 자기 혼자 이스라엘을 이끌고 가나안으로 들어가야 한다는 부담과 압박감이 얼마나 컸겠습니까? 실로 엄청났을 것입니다. 모세 없이는 결코 전쟁도 행군도 할 수 없다는 두려움에 짓눌렸을 것이 분명합니다. 그때, 하나님이 여호수아에게 나타나 말씀하셨습니다. 모세와 함께할 때 경험했던 놀라운 일들을 말씀하신 것입니다. "모세가 있었을 때 그랬던 것처럼 지금도 그렇게 될 것이다!"

하나님은 그동안 이스라엘이 경험한 승리와 감격의 시간, 행복했던 기억을 상기시켜 주셨습니다. 그리고 여호수아가 이스라엘 백성을 이끌게 될 미래에도 그와 동일한 일들이 일어나게 될 것임을 약속하셨습니다.

네 평생에 너를 능히 대적할 자가 없으리니 내가 모세와 함께 있었던 것같이 너와 함께 있을 것이니라 내가 너를 떠나지 아니하며 버리지 아니하리니 강하고 담대하라 너는 내가 그들의 조상에게 맹세하여 그들에게 주리라 한 땅을 이 백성에게 차지하게 하리라 수 1:5-6

"여호수아야! 지난날 모세가 보여 주었던 권위와 능력, 상상할 수 없었던 그 놀라운 일들을 기억하느냐? 모세가 그토록 크고 놀라운 일을 할 수 있었던 이유가 무엇이라고 생각하느냐? 그것은 내가 모세와 함께했기 때문이다. 모든 것이 이스라엘 백성을 가나안 땅으로 인도하기 위해 내가 한 일이었다. 이제 모세와 함께 했던 내가 너와 함께할 것이다. 모세가 없다고 두려워하지 마라. 모세가 대단하고 놀라운 일을 이룰 수 있도록 인도했던 나 여호와가 너와 함께함을 믿으렴. 나와 함께 가나안으로 들어가서 내가 약속했던 일이 이루어지는 것을 보자꾸나. 여호수아야, 이제 그만 슬픔과 두려움을 털고 일어나 네가 가야 할 길을 담대하게 걸어가라!"

하나님의 격려와 위로로 두려움을 극복한 여호수아. 이제 그가 백성의 지도자들에게 요단 강을 건너 가나안으로 들어가자고 독려합니다. 그때 사람들이 여호수아에게 이렇게 말합니다.

그들이 여호수아에게 대답하여 이르되 당신이 우리에게 명령하신 것은 우리가 다 행할 것이요 당신이 우리를 보내시는 곳에는 우리가 가리이다 우리는 범사에 모세에게 순종한 것 같이 당신에게 순종하려니와 오직 당신의 하나님 여호와께서 모세와 함께 계시던 것과 같이 당신과 함께 계시기를 원하나이다 수 1:16-17

이스라엘 백성 역시 상실을 받아들이고, 새로운 변화에 동참하겠노라 고백합니다. 자신들처럼 상실을 겪으며 담대해진 여호수아에게 순종할 마음을 갖게 된 것입니다. 그들은 이제 더는 모세의 죽음에 연연하지 않습니다. 모세와 함께하셨던 하나님이 여전히 그들과 함께하심을 믿고 진심으로 고백할 수 있게 되었기 때문입니다. 그리고 이제는 사람 때문이 아니라, 사람 뒤에서 주장하시는 하나님이 계시기에 여호수아에게 순종하기로 결단합니다. 하나님은 이스라엘 백성이 모세의 죽음을 목도하는 가운데 미래에 대한 두려움을 떨쳐 버리게 하셨습니다. 오직 하나님만 의지하며 그분께로 더 가까이 나아가게 하신 것입니다.

상실의 반전을 경험하라

여호수아와 이스라엘 백성이 다시 일어나 가장 먼저 한 일은 바로 '요단 강'을 건너는 것이었습니다. 요단 강을 건너는 일은 모세의 생전에도 해결하지 못했던, 이스라엘 민족의 '숙원 사업'이었습니다. 그런데 여호수아와 이스라엘 백성은 마침내 요단 강을 건넜습니다. 물이 불어나 거세게 흘러가는 요단 강을 배 한 척 없이 건널 수 있는 넉넉한 믿음의 분량을 갖게 된 것입니다. 이 일이 언제 일어났을까요?

바로 "여호와의 종 모세가 죽은 후에"(수 1:1) 일어났습니다. 하나님이 예비하신 복을 누리는 것과 이스라엘의 최종 목적지인 가나안을 정복하는 것이 모세가 죽고 난 다음부터 시작되었다는 말입니다. 이는 여호수아와 이스라엘이 크게 상실을 경험하고 나서, 한 달 동안이나 애곡한 뒤에 시작되었다는 뜻이기도 합니다.

잠시 책 읽는 일을 멈추고 잠잠히 생각해 보십시오. 당신이 지금껏 살아왔던 세월을 돌아보며, '인생의 모압'에 머물렀던 순간들을 떠올려 보십시오. 사랑하는 사람과 사랑하는 것을 잃고, 떠나거나 떠나보내는 아픔을 숱하게 당하고 겪었을 것입니다. 하지만 그럼에도 '상실'은 당신을 더욱 '성숙'하게 만들어 주었습니다. 슬픔을 인정하고 토해 내기란 쉽지 않았지만, 그 덕분에 아무에게도 말 못한 채 마음 깊은 곳에 감추어 두었던 두려움과 고통을 씻어 낼 수 있었습니다. 그랬기에 건강한 마음과 생각을 품고 새로운 미래를 그릴 수 있었습니다. 이것이 우리 인생에 느닷없이 들이닥치는 상실을 통해 일하시는 하나님이 방식입니다.

상실은 무척 아픈 경험입니다. 좀처럼 이겨 내기 힘이 듭니다. 하지만 기억하십시오. 하나님은 상실을 통해서도 일하십니다. 어떤 어려움 중에도 그분은 우리를 더욱 강건하고 담대하게 변화시키실 것입니다.

5장

위기는

삶의 의미를 되찾는 치유의 기회입니다

당신은 세상에서 가장 힘든 일이 무엇이라고 생각하십니까? 다들 각자 처한 입장과 상황에 따라 천양지차로 대답할 것입니다. '돈 버는 일'이라고 할 사람도 있고, '육아'라고 할 사람도 있고 '원만한 인간관계'라고 할 사람도 있을 것입니다. 또 어떤 사람은 '죽음'이라고 대답할 것입니다. 저는 세상에서 가장 힘든 일이 '별 볼 일 없는 일과를 늘 반복하는 것'이라고 생각합니다.

'일상'(日常)은 매일 반복되는 생활입니다. 아무리 재미있고 신명 나는 일이라 해도 매일 반복하면, 지치고 메말라 버리기 마련입니다. 그야말로 고역으로 느껴지는 것이지요. 하물며 대단하지도 특별하지도 않은, 성취감도 없고 남들에게 인정받지도 못하는 일이라면 어떻겠습니까?

잠자리에서 일어나 세수하고 식사하고, 일터에 나가 늘 하던 대로 일을 하고, 일정한 시간에 그곳을 나와 저녁을 먹거나 집에 돌아갑니다. 인터넷 검색이나 컴퓨터 게임을 하고, 자녀를 돌보고, 운동을 하고, 학원에 가고, 세탁과 청소를 하고, 책이나 영화를 보고, 사람을 만나고, 그렇게 뭔가 정신없이 바쁘게 하루를 보내고 나면, 누워서 잠을 청합니다. 1년 365일 내내 크게 달라지는 것 없는 '일상'입니다.

신앙생활은 다를까요? 평일보다 더 이른 시간에 깨어 교회에 갈 준비를 하고, 정해진 시간에 교회에 도착해 예배드리고, 친한 사람들과 함께 점심을 먹고, 맡은 직분에 따라 회의를 하고, 오후 예배나 부서 예배에 참석하고, 성경공부나 소그룹 활동을 하고, 저녁을 먹고 티타임을 가지고 나면, 황금 같은 일요일 하루가 훌쩍 흘러갑니다. 1년 52주 내내 크게 달라지는 것은 없습니다.

인생 역전과 늘 반복되는 삶

사무엘상 17장에는 이스라엘의 초대 왕 사울이 통치하던 시절에 블레셋이 전쟁을 일으킨 역사가 기록되어 있습니다. 이스라엘 군대는 기습적으로 쳐들어온 블레셋과 엘라 골짜기에서 대치하게 되었습니다. 여차하면 일대 격전이 벌어질 일촉즉발의 상황이었지요. 블레셋은 대표를 뽑아 승부를 내자고 제안합니다. 이때 그 이름도 유명한 블레셋의 거인 장수 '골리앗'이 등장합니다.

며칠 동안 기다려도 이스라엘 쪽에서 도전자가 나오지 않자, 골리앗은 이스라엘의 화를 돋우어 싸움을 일으키려는 심산으로 여호와 하나님의 이름을 모욕하기 시작합니다. 때마침 전쟁터에 있는 형들에게 음식을 가져다주라는 아버지의 심부름을 하러 온 다윗이 골리앗의 신성모독 발언을 듣게 됩니다. 의로운 분노에 사로잡힌 다윗은 사울 왕의 허락을 받아, 당시 목자들이 사용하던 물맷돌 다섯 개만 들고 적 앞에 나섭니다. 우리가 잘 아는 대로 이 싸움은 다윗의 승리라는 대반전으로 막을 내립니다.

골리앗을 쓰러뜨린 다윗은 일약 이스라엘의 큰 스타로 급부상합니다. 얼마나 인기가 많았던지 왕인 사울보다 더 큰 전공을 세웠다고 칭송하는 노래가 전국 곳곳에 퍼질 정도였습니다.

평범한 동네에서 태어나 보통 실력으로 누구나 할 수 있는 일을 하며 무난하게 살고 있는 사람이라면, 골리앗을 쓰러뜨리고 순식간에 이스라엘의 스타가 된 다윗 같은 '인생역전'을 한번쯤 꿈꾸어 보았을 것입니다. 그래서인지 대부분 사람은 골리앗처럼 어마어마한 상대와 싸워 승리했던 다윗의 '큰 믿음'을 강조하는 것 같습니다.

하지만 그런 멋진 사건은 우리의 현실과 동떨어져 있습니다. 뭔가 다른 삶을 꿈꾸기에는 몹시 단조롭고 지루한 일상이 이어지는 경우가 대부분입니다. 즉, 일상이 지루하고 힘든 까닭은 바로 매일 매 순간이 똑같기 때문입니다.

제2차 세계대전 때 나치의 강제수용소인 아우슈비츠에서 살아남은 사람 중에 정신 의학자 빅터 프랭클(Viktor Emil Frankl)이 있습니다. 그는 '살아가는 이유를 아는 사람은 어떤 고난이 찾아와도 이겨 낼 수 있다'는 니체의 말을 인용하면서, 인생의 고통과 어려움을 이겨 내는 데에는 '삶의 의미'가 절대적인 역할을 한다고 말했습니다.

저는 그 반대의 경우도 이야기하고 싶습니다. 특별한 문제나 어려움이 없더라도 '삶의 의미'를 찾지 못하면 행복할 수 없다는 사실 말입니다. 반복되는 일상이 힘들게 느껴지는 이유는 그 시간이 자신의 인생과 미래에 '어떤 의미'가 있는지 모르기 때문입니다. 이유라도 알 수 있다면 어떻게든 지금의 무의미함을 견뎌 낼 수 있겠지만, 시간에 얽매여 살아가는 유한한 존재인 우리는 그 의미를 헤아릴 만한 안목과 능력이 충분하지 않습니다.

꿈이 연착할 때

다윗은 선지자 사무엘에게 이스라엘의 왕으로 기름부음 받습니다(삼상 16:13). 시골에서 양이나 돌보던 꼬마가 갑자기 한 나라의 왕으로 세워졌으니, 그 사실을 받아들이기란 쉽지 않았을 겁니다. 그래서 덴버 유나이티드 처치 담임목사인 롭 브렌들(Rob Brendle)은 그날 밤 다윗이 자기 안에서 꼬리에 꼬리를 물고 나오는 질문 때문에 잠을 이루지 못했을 거라고 말합니다. '그러면 이제 왕족처럼 살게 되는 건가? 왕노릇은 어떻게 하는 거지? 그런 건 어디서 배워야 하나? 왕이 되면 부자가 될까? 하나님과 대화할 수도 있을까?'

이런 질문이 쌓여 감에 따라 다윗은 점차 흥분했을 것입니다. 내일은 또 어떤 일이 벌어질지 기대하기도 합니다. 어쩌면 사울 왕이 보낸 황금마차를 타고 왕궁으로 들어가는 모습을 상상했을지도 모릅니다.

그런데 이게 웬일입니까? 선지자나 왕실 근위대가 찾아오기는커녕 아무 일도 일어나지 않습니다. 왕과 관련된 일로 다윗을 부르는 사람도 없고, 어떤 메시지도 없습니다. 그에게 기름을 부은 사무엘 선지자도 나타나지 않습니다. 그를 기다리는 건 예전과 다름없이 지루하게 반복되는 평범한 '일상'이었습니다.[3)]

오히려 가족들이 전보다 더 많은 구박과 잔소리를 했을지도 모릅니다. 원래 다윗은 집에서 애물단지 취급을 받았던 존재였습니다. 심지어 하인들조차 그에게 주인 대접을 하지 않았습니다. 자기 아들 중에서 왕이 나온다는데도 친아버지가 부르지 않았을 정도이니, 알 만하지 않습니까?

왕으로 기름부음 받은 이후에도 형들은 골리앗과 싸우겠다고 나선 그를 '너 같은 녀석은 아무 짝에도 쓸모없다'며 무시하고 비웃습니다. 여전히 그를 인정해 주는 사람은 없었습니다.

왕으로 기름부음 받은 다음 날도 다윗은 변함없이 양 떼와 함께 풀밭에 있습니다. 여느 때와 다름없이 양들은 풀을 뜯고 있으며, 시간은 느릿느릿 흘러갑니다. 어쩌다 양이 없어져서 찾으러 다닐 때도 있지만 그리 자주 일어나는 일은 아닙니다. 노래도 만들어 부르고 악기도 열심히 연습해 보지만 듣는 사람이 없으니, 그것도 지겨워집니다. 전에는 이것이 인생의 전부라고 생각했기 때문에 대자연과 목축이 주는 여유와 평화를 즐길 수 있었습니다. 하지만 '지금 모습이 다가 아니야. 네게는 해야 할 일이 따로 있어. 너는 이 나라의 왕이 될 거야'라는 말을 듣고 난 뒤로는 모든 일이 지루하고 무미건조한 일상의 반복으로 느껴집니다.

하나님은 그분의 자녀인 우리를 향한 꿈과 비전을 갖고 계시며, 다양한 방법을 통해 그것을 일깨워 주십니다. 그리하여 사명을 깨닫는 사람은 기쁨과 감격으로 하나님께 자신의 삶을 드리기로 결단합니다. 이른바 '사명자'로서의 삶이 시작된 것입니다. 하지만 많은 사람이 바로 이때부터 어렵고 힘든 시간을 보내게 됩니다. 아무 일도 일어나지 않기 때문입니다.

내가 감당해야 할 사명이 있다고 분명하게 말씀하셨는데 도무지 달라지는 게 아무것도 없습니다. 그저 예전과 똑같은 일상만 반복될 뿐입니다. 이제부터 언제 끝날지 모르는 기다림을 시작해야 합니다. 차라리 사명에 대해 몰랐다면, 이렇게 안타까운 기대는 하지 않아도 될 텐데 말입니다.

전쟁터의 부적격자

사울 왕이 만류했음에도 다윗은 골리앗에 맞서 싸우겠다는 생각을 꺾지 않았습니다(삼상 17:31-37). 참혹한 죽음을 맞게 될 철부지 소년이 안쓰러웠던 사울 왕은 다윗에게 자신의 전투 장비를 빌려 주기로 합니다. 골리앗 같은 강적과 싸우려면 강력한 장비와 전략이 필요하다고 가르쳐 줍니다. 하지만 안타깝게도 사울이 제시한 장비 중에는 다윗이 사용할 만한 자원이 하나도 없었습니다. 하나같이 다윗에게 맞지 않고 사용하기 불편하며, 익숙하지 않았습니다. 전쟁터에서 최강의 적과 격돌하려는 중요한 순간, 전쟁터에서 상식으로 통하는 것들이 그에게는 하나도 맞지 않았습니다. 전쟁의 경험이 전혀 없고, 전투나 전략과는 전혀 무관한 목축업의 길을 걸어왔으니 그럴 수밖에요.

이때 다윗의 기분은 어땠을까요? 제가 다윗이었다면, 목동으로 살아온 지난날을 부끄러워했을 겁니다. 전쟁터 한가운데에서 거인 골리앗과 싸우겠다고 나섰지만, 칼 한 자루 제대로 쓸 줄 모르는 제 모습이 너무나 초라하고 한심하게만 느껴졌을 겁니다. '이런 일이 있을 줄 알았으면 격투기라도 하나 배워 놓을 걸' 하는 후회가 가득했겠지요. 과연 골리앗과 싸울 수 있을까 하는 염려와 의심으로 마음이 흔들렸을지도 모릅니다. 갈등만 잔뜩 하다가 결국 골리앗과의 싸움을 포기했을지도 모르지요. 하지만 제 생각과는 달리, 다윗은 물맷돌 다섯 개만 챙겨 들고 담대하게 골리앗과의 일전에 나섰습니다. 결과는 기적 같은 승리였습니다!

다윗은 군인이 아닙니다. 전쟁 경험도 전혀 없습니다. 다룰 수 있는 전쟁 병기도 전혀 없습니다. 누가 봐도 이길 수 없는 상대인 골리앗을 쓰러뜨릴 획기적인 계책도 없습니다. 다윗은 이스라엘과 블레셋 군대가 대치하고 있는 상황에 가장 어울리지 않는 인물입니다. 그는 그곳에 있을 수 없는 '부적격자'입니다. 아무런 준비도 없이 죽음을 향해 몸을 던지는 어리석은 바보일 뿐입니다. 네, 맞는 말입니다. 정말 그렇습니다. 이는 다윗 자신도 인정하는 바였을 것입니다.

그러나 정말 그랬을까요? 진정 다윗은 아무런 준비 없이 골리앗 앞에 나선 것일까요? 그렇지 않습니다. 허무할 정도로 단번에 끝나 버린 싸움의 결과가 그 사실을 입증해 줍니다. 다윗 자신은 몰랐지만, 그는 이미 골리앗과 싸울 준비가 끝난 상태였습니다. 전쟁터의 상식을 따르지는 않았지만, 그는 이미 '하나님의 방식'에 맞게 싸울 준비가 완벽히 되어 있었습니다.

아무도 주목하지 않고 관심 갖지 않는 '버림받은' 막내아들이 언제 이런 것을 준비했다는 말입니까? 양을 돌보는 것과 노래하는 것 외에는 할 줄 아는 것이 전혀 없는 철부지 목자가 어떻게 이런 일을 준비했다는 말입니까? 도대체 다윗은 언제 어떻게 골리앗과 맞설 수 있는 하나님의 사람으로 준비된 걸까요?

믿음의 능력은 아무나 쓰는 게 아니다?

골리앗과의 대결은 하나님을 향한 다윗의 온전한 믿음이 시연되는 장이었습니다. 그가 얼마나 전심으로 하나님을 의지하는지 톡톡히 보여 주는 완벽한 무대였습니다. 그에게는 휘둘러야 할 칼도, 몸을 보호해 줄 갑옷도, 상대를 공략할 계획도 없었습니다. 글자 그대로 '하나님' 외에는 붙잡을 것이 아무것도 없었습니다.

그래서 다윗은 이 싸움이 전쟁터의 상식이 아닌 '하나님의 방식'으로 결판날 것을 믿음으로 선포했습니다.

> 또 여호와의 구원하심이 칼과 창에 있지 아니함을 이 무리에게 알게 하리라 전쟁은 여호와께서 속한 것인즉 그가 너희를 우리 손에 넘기시리라 삼상 17:47

다윗에게는 자신이나 이스라엘의 승리를 넘어선 다른 차원의 목적이 있었습니다. 이방인에게 무시당한 '하나님의 영광'을 회복한다는 명확한 목표가 있었던 것입니다. 골리앗이 무려 40일 동안이나 하나님을 모욕했음에도, 이스라엘 진영에서는 그에 대해 분노하는 사람이 아무도 없었습니다. 사울 왕도 침묵하고 있었고, 다윗의 형들도 마찬가지였습니다. 오히려 다윗의 형들은 엉뚱한 일에 분노했습니다. 큰형 엘리압은 골리앗과 싸우겠다고 나선 다윗에게 화를 내며 꾸짖었습니다(삼상 17:28).

하지만 다윗은 아무 일에나 화를 내지 않았습니다. 자존심이 상하거나 마음먹은 대로 일이 되지 않았다며 화를 내지 않았습니다. 오로지 사람들의 불순종과 불신앙 때문에 하나님이 공격받고 모욕당하시는 것에 대해 분노했습니다. 아이러니하게도 그 자리에 가장 어울리지 않았던 다윗이 그 자리에서 가장 명확한 헌신과 목표 의식을 갖고 있었던 셈입니다. 바로 그 믿음으로 다윗은 기적처럼 골리앗을 쓰러뜨리고 승리했습니다. 그래서 성경은 하나님 백성의 이기고 지는 것이 믿음에 달려 있다고 말합니다.

여호와의 눈은 온 땅을 두루 감찰하사 전심으로 자기에게 향하는 자들을 위하여 능력을 베푸시나니 대하 16:9

왕이 심히 기뻐서 명하여 다니엘을 굴에서 올리라 하매 그들이 다니엘을 굴에서 올린즉 그의 몸이 조금도 상하지 아니하였으니 이는 그가 자기의 하나님을 믿음이었더라 단 6:23

그가 또 언약을 배반하고 악행하는 자를 속임수로 타락시킬 것이나 오직 자기의 하나님을 아는 백성은 강하여 용맹을 떨치리라 단 11:32

우리가 육신으로 행하나 육신에 따라 싸우지 아니하노니 우리의 싸우는 무기는 육신에 속한 것이 아니요 오직 어떤 견고한 진도 무너뜨리는 하나님의 능력이라 모든 이론을 무너뜨리며 하나님 아는 것을 대적하여 높아진 것을 다 무너뜨리고 모든 생각을 사로잡아 그리스도에게 복종하게 하니 고후 10:3-5

끝으로 너희가 주 안에서와 그 힘의 능력으로 강건하여지고 엡 6:10

무릇 하나님께로부터 난 자마다 세상을 이기느니라 세상을 이기는 승리는 이것이니 우리의 믿음이니라 요일 5:4

수많은 성경 구절이 이 내용을 뒷받침합니다. 하지만 여전히 우리가 받아들이기 어려운 사실이 남아 있습니다. 하나님은 우리의 믿음에 권세와 능력으로 응답하십니다. 이 말에 우리 모두 '아멘' 할 수 있습니다. 우리는 그 믿음으로 예수 그리스도처럼 세상을 이길 것입니다. 이 말에도 '아멘' 할 수 있습니다. 하지만 다윗처럼 미숙한 꼬마가 세상을 이기는 믿음을 가질 수 있다는 사실은 선뜻 받아들이기 어렵습니다. 다윗과 골리앗의 싸움을 실제 사건이 아닌 종교적 교훈을 담은 옛날이야기나 이스라엘의 전래동화 정도로 생각한다면 전혀 문제될 것이 없을 것입니다. 하지만 이 사건이 실제 일어난 일이라고 믿는다면, 다시 한 번 고민하지 않을 수 없습니다.

한번 대답해 보십시오. 세상을 이기는 믿음은 어떤 사람에게 주어집니까? 과연 어떤 사람이 오직 믿음으로 골리앗 같은 사탄의 궤계를 무너뜨릴 수 있습니까? 대부분 성도가 제일 먼저 '목회자'를 떠올릴 것입니다. 그다음에는 생사를 오락가락하는 가운데 하나님을 만나 변화된 사람, 또는 깊고 특별한 은사와 은혜를 체험한 사람이 생각납니다. '기도 꽤나 하신다는' 교회 권사님을 떠올리는 분도 있을 겁니다.

하지만 주일학교에 다니는 초등학생이나 10대 청소년에게 그런 믿음이 있으리라고 생각하는 분은 거의 없을 겁니다. 그렇지 않습니까? 구원의 확신도 없고 성령 세례가 무엇인지도 모르며 교회 봉사도 하지 않는 미숙한 어린아이, 일주일에 한 번 주일학교에 참석하는 것 말고는 영적인 '모습'을 전혀 찾아볼 수 없는 꼬마에게 어떻게 그런 놀라운 믿음이 있을 수 있단 말입니까? 우리는 오히려 어린이와 청소년을 무시하며, 그들을 늘 영적으로 덜떨어진 존재로만 바라보기 마련입니다.

바로 이 대목에서 사무엘상 17장 말씀에 대한 우리의 믿음에 모순이 생깁니다. 과연 어린이와 청소년의 신앙에 대해 부정적인 생각을 가진 사람이 다윗과 골리앗의 싸움을 실화로 받아들일 수 있을까요? 그저 '다윗'이니까 가능한 일이었습니까? 아브라함의 후손이자 예수 그리스도의 조상답게 타고난 신앙인이기 때문이었을까요? 아니면 그의 아버지 이새가 가정에서 특별한 신앙 교육이라도 시킨 걸까요?

대부분 사람은 뭔가 특별하고 놀라운 체험이 있어야만 그런 믿음을 가질 수 있다고 생각합니다. 세상을 이기는 믿음은 웬만한 신앙생활로 어림없다는 겁니다.

지극히 평범한, 그러나 하나님이 함께하시는

다윗의 믿음은 하나님의 능력으로 골리앗과 싸울 때 갑자기 생겨난 것이 아닙니다. 평소에 놀라운 기적을 여러 차례 경험하며 살았기 때문에 그런 것도 아닙니다.

성경은 골리앗과 싸우기 이전 다윗의 신앙생활을 특별히 언급하고 있지 않습니다. 아마도 우리 눈에 훌륭하고 멋지게 보이는, 이른바 '영적으로 대단한' 사건들은 일어나지 않은 듯합니다. 하지만 그는 언제 어디서나 하나님을 의식하며 그분과 동행하는 연습을 해 왔습니다. 늘 양 떼를 몰고 홀로 들판에 나가 있었지만, 자연스레 하나님 앞에 머무르는 시간을 가졌던 것 같습니다. 교회도 아니고 예배 시간도 아니고 성경과 찬송가도 없었지만, 다윗은 자신의 일상에서 하나님을 의식하며 그분과 대화하기를 즐겼을 것입니다. 비록 특별할 것 없는 목자 일을 하며 가축들과 함께 보낸 짧은 인생이었지만, 그 인생은 결코 소외되고 버림받은 시간이 아니었습니다. 오히려 하나님과 친밀해지며 그분을 신뢰하고 의지하는 훈련 과정이었습니다.

어떤 성도들은 하나님을 주일 오전 1시간 동안만 '알현'할 수 있는 분으로 생각합니다. 또 어떤 성도는 주일예배 이외의 시간에는 하나님을 만나고 싶어 하지 않습니다. 성령의 능력은 나무 뿌리라도 뽑아 버릴 기세로 뜨겁게 부르짖는 기도원에서만 체험할 수 있다고 믿습니다. 침묵으로 잠잠히 기도하는 사람을 보면, 그의 믿음이 약하고 기도를 잘 못하는 사람이라고 판단하기도 합니다. 하나님의 말씀을 차분히 풀어 가는 것보다 사람의 마음을 울리고 웃기며 감동을 주는 극적인 설교가 더 은혜롭다고 말합니다. 언제부터인가 한국교회는 일상에서 경험할 수 없는 새롭고 특별하고 대단한 방법으로만 하나님을 만나려는 기이한 심리에 빠지고 말았습니다. 하지만 세상을 이기는 믿음을 가졌던 다윗은 '평소'에 하나님과 교제하며 살았습니다.

사울 왕이 하나님을 저버리자 하나님의 영도 그를 떠납니다. 그때부터 사울 왕에게 악신이 임합니다. 그는 극심한 두려움과 정신 분열, 정서 불안 증세를 일으키기 시작합니다. 보다 못한 신하들은 아름다운 악기를 연주하여 왕을 진정시킬 만한 사람을 찾던 중에 다윗을 만나게 됩니다. 그리고 사울 왕에게 그를 추천합니다(삼상 16:18).

사울 왕의 신하들은 왜 다윗을 추천했을까요? 우리가 알다시피 다윗에게는 자랑할 게 아무것도 없습니다. 왕을 모시기에 적합하지 않은 출신과 직업, 배경을 갖고 있습니다. 괜히 이상한 사람을 데려갔다가는 큰 벌을 받을 게 분명합니다. 그럼에도 자신 있게 다윗을 추천하는 데에는 분명한 이유가 있습니다. 드라마의 '주인공이기 때문에' 해피엔딩을 맞이하는 공식처럼 '다윗'이니까 그런 것 아니냐고 생각하면 안 됩니다. 신하들이 왕에게 다윗을 뭐라고 소개하는지 보십시오.

> 내가 베들레헴 사람 이새의 아들을 본즉 수금을 탈 줄 알고 용기와 무용과 구변이 있는 준수한 자라 여호와께서 그와 함께 계시더이다
>
> 삼상 16:18

여기서 "준수한"으로 번역된 히브리어는 출애굽기 2장에서 모세의 출생을 설명하는 대목에도 사용되었습니다.

그 여자가 임신하여 아들을 낳으니 그가 잘생긴 것을 보고 석 달 동안 그를 숨겼으나 출 2:2

이 구절에서 "잘생긴"으로 번역된 단어가 바로 그것입니다. 여기서 준수하고 잘생겼다는 말은 미남을 의미하는 것이 아닙니다. 하나님이 특별하게 바라보실 만한 조건을 가진 사람이라는 뜻입니다. 그래서 "여호와께서 그와 함께 계시더이다"라는 말로 다윗에 대한 소개를 마친 것입니다.

이는 하나님이 다윗을 통해 놀라운 기적을 일으키셨다거나, 다윗이 초자연적인 성령의 역사 가운데 살았다는 말이 아닙니다. 앞서 살펴본 대로 다윗은 골리앗을 만나기 전까지 몹시 평범하고 초라하게 살았습니다. 여호와께서 그와 함께 계시더라는 신하의 말은, 글자 그대로 다윗이 언제 어디서나 하나님을 의식하며 교제했고 주위 사람 모두 그 사실을 인정한다는 뜻이었습니다.

위 기 가 내 삶 을 알 아 주 다

왕으로 기름부음 받은 다윗은 여호와의 영으로 충만해 있었습니다. 그러나 그는 심중에 자신의 인생에 대한 각본이나 계획을 갖고 있지 않았던 것 같습니다. 그렇기에 골리앗과의 대결은 다윗이 단 한 번도 생각해 본 적 없는 일생일대의 도전이었을 것입니다. 하지만 하나님과 이스라엘을 위해 그가 골리앗과 맞붙었을 때, 하나님은 다윗이 살아온 일상의 시간들이 믿음의 훈련 과정이었음을 알려 주셨습니다. 그리고 그가 이 과정을 훌륭하게 이수했다는 사실을 보여 주셨지요. 영적으로 자신을 이끌어 줄 사람도, 마땅히 도움을 청할 사람도 없는 상황에서 무작정 하나님 앞에 머물렀던 것이 올바른 선택이었음을 확증해 주셨습니다. 이것이 그에게 얼마나 큰 위로와 격려가 되었을까요? 골리앗을 쓰러뜨린 일도 기쁘지만, 자신이 선택하고 걸어온 길이 '정답'이었음을 깨닫게 된 것은 정말 크고 놀라운 기쁨이 되었을 것입니다.

교회의 주일예배와 성경공부 모임, 기도나 찬양 모임에 꾸준히 참석하는 것은 귀하고 아름다운 일입니다. 그리고 주일 이외의 날에도 홀로 꾸준히 하나님 앞에 나아가는 것은 더욱 귀하고 아름다운 일입니다. 혼자서 신앙생활을 하는 것이 여러 사람과 함께하는 것보다 몇 배는 더 힘들고 어렵기 때문입니다.

큰마음 먹고 큐티와 성경 통독을 시작합니다. 처음에는 잘되지만, 시간이 흐를수록 결심이 약해집니다. 점차 시간 관리에 실패하고, 우선순위가 무너지는 경우가 대다수지요. 만약 큐티 시간마다 하나님의 임재로 충만해지고, 성경을 읽고 기도할 때마다 큰 변화가 일어난다면 어떨까요? 아마 우선순위가 무너지는 일은 없을 것입니다. 문제는 우리가 보기에 '아무 일'도 일어나지 않는다는 것입니다. 성도 개인의 경건 생활과 자발적인 기도 모임이 일상 속에 자리를 잡는 데 어려운 가장 커다란 이유가 바로 이것입니다. 자신의 기준으로 가시적인 성과나 결과를 판단하기 시작하면, 결국 일상의 묵상과 기도, 예배의 자리를 떠나게 됩니다. 거창하고 신기한 영적 체험만을 추구하게 되는 것입니다.

이러한 태도로 신앙생활을 하는 성도라면 다윗을 다루신 하나님의 방법을 이해해야 합니다. 아무런 열매가 없는 것처럼 보이는 그저 그런 시간을 통해 다윗을 견고한 믿음의 사람으로 빚으셨던 하나님의 섭리를 기억해야 합니다. 날마다 특별한 일을 체험하기 소망하며, 다른 사람들이 주목할 만큼 즉각적인 변화가 계속해서 나타나기를 사모하는 것은 성도에게 좋은 일입니다. 하지만 단지 그것만이 중요한 것은 아닙니다.

사울 왕이 어쩌다 하나님을 저버리는 지경까지 추락했습니까?

생각해 보십시오. 사울 왕은 외모나 실력 면에서 이스라엘의 어떤 사람보다 뛰어난 인물이었습니다. 그는 늘 빠른 결과를 원했고, 최고의 것을 추구했습니다(삼상 13:8-9, 14:52, 15:9). 물론 이것이 잘못된 일은 아닙니다. 문제는 그 과정 속에서 사울 왕이 하나님의 뜻과 마음에 무관심하게 되었다는 데 있습니다. 그는 은밀한 중에 함께하시며, 세미하게 말씀하시고, 작은 것에 충성하기 원하시는 하나님(마 6:1-18; 눅 19:17; 고전 2:7 참고) 대신에 '최고의 것, 효과적인 것, 빠른 것'이라는 자신의 가치로 하나님을 판단하고 선택하며 그분의 일을 그르쳤습니다. 그렇게 인간적인 힘에 의존하게 된 사울 왕은 겉으로는 강하고 능하게 문제를 해결하는 것 같았지만, 결국 하나님을 저버리고 불신앙과 멸망의 늪에 빠지고 말았습니다. 하나님의 초점이 어디에 있는지 날마다 돌아보며 헤아리지 않은 채, 자신이 옳다고 믿는 바에 휩쓸려 정신없이 내달린 행위에 따른 안타까운 결과입니다.

그렇기에 다윗의 믿음이 더욱 귀하게 느껴지는 것입니다. 하나님이 아예 신경을 끄고 계신 건 아닌가 하는 생각이 들 만큼 아무런 일도 일어나지 않는 중에도 묵상과 기도 시간을 끝까지 성실하게 지키며, 하나님 앞에 머물기를 사모하는 사람이 결국 승리합니다. 그 모든 것이 응답받는 자리가 바로 거인 골리앗 앞에 서는 자리입니다. 당신의 인생에 골리앗 같은 어마어마한 도전이 찾아올 때가 바로 그 순간입니다.

그러므로 골리앗이 당신의 앞을 막아서거든 낙담하거나 절망하지 말고 기뻐하며 즐거워하십시오(벧전 4:12-13). 당신이 걸어온 길의 가치를 인정하고 보상해 주기 위해 하나님이 '선물'로 그 '위기'를 보내신 것임을 믿으십시오. 그 도전 앞에서 그토록 무의미하게만 느껴지던 당신의 삶이 의미를 되찾고, 당신을 향한 하나님의 계획 가운데 나아가게 해줄 것입니다. 다윗 앞에 나타난 골리앗이 바로 그런 '도전' 대상이었습니다.

지금 하고 있는 바로 그 일로

다윗과 골리앗의 대결 가운데 살펴봐야 할 부분이 하나 더 있습니다. 사울 왕이 골리앗과의 싸움을 만류할 때, 다윗은 이렇게 말합니다.

> 주의 종이 아버지의 양을 지킬 때에 사자나 곰이 와서 양 떼에서 새끼를 물어 가면 내가 따라가서 그것을 치고 그 입에서 새끼를 건져 내었고 그것이 일어나 나를 해하고자 하면 내가 그 수염을 잡고 그것을 쳐 죽였나이다 삼상 17:34-35

이는 전쟁터를 누비며 죽음의 고비를 숱하게 넘겨 온 사울 왕과 그의 부하들이 듣기에는 세상 물정 모르는 철부지의 이야기일 뿐입니다. 하지만 다윗은 자신만만하게 말했습니다. 남들 눈에 별것 아닌 일처럼 보일지라도 자신이 가진 전부, 할 수 있는 모든 것을 다해 성취해 낸 일이기 때문입니다.

다윗은 양 치는 일을 하찮게 여긴 적이 없었습니다. 그는 늘 온갖 노력을 기울여 양을 돌보고 지켰습니다. 왕으로 기름부음 받고 나서 여호와의 영으로 충만하게 된 다음 날에도 동일한 모습과 태도로, 어제 있었던 자리에 그대로 머물렀습니다. 그는 멋지고 폼 나는 일을 찾아다니지 않았습니다.

심지어 다윗은 사울 왕의 악기 연주자로 발탁되어 왕궁에 가게 되었을 때조차 양 치는 일을 그만두지 않았습니다.

다윗은 사울에게로 왕래하며 베들레헴에서 그 아버지의 양을 칠 때에 삼상 17:15

사울 왕은 다윗을 총애했습니다. 그래서 다윗을 자신의 무기를 관리하는 측근의 자리로 올려 주기까지 했습니다. 그러나 다윗은 자신이 해 오던 일을 여전히 버리지 않았습니다. 부모가 시켜서 억지로 그 일을 계속한 것이 아니었습니다. 다윗이 원하기만 했다면, 사울 왕의 입김으로 양 치는 일 따위는 쉽게 그만둘 수도 있었지만(삼상 16:22), 다윗은 그저 자신이 해 오던 일을 성실하고 겸손하게 수행했습니다.

다윗이 양을 치며 맹수들과 싸운 일을 사울 왕에게 자신 있게 말한 것만 보아도 그가 양을 돌보는 일에 얼마나 자부심을 갖고 있었는지 알 수 있습니다. 그렇기에 다윗은 위험을 무릅쓰고 맹수와 싸울 수 있었습니다. 다윗은 자신이 맡은 임무에 충실하고자 맹수에 맞서기 위한 노력과 훈련을 게을리하지 않았을 것입니다. 시간이 날 때마다 그가 연습한 것은 무엇이었을까요? 바로 '물맷돌'을 목표물에 정확히 맞추는 일이었을 것입니다. 놀랍게도 이 연습 덕분에 다윗은 골리앗을 쓰러뜨릴 수 있었습니다. 별것 아닌 일을 꾸준히 갈고 닦으며 실력을 쌓은 덕분에 자신의 목숨뿐 아니라 조국 이스라엘의 존립은 물론 하나님의 영광까지 지켜 낸 것입니다.

골리앗과 싸우겠다며 물맷돌을 집어 드는 다윗의 모습을 상상해 보십시오. 우리가 그 자리에 있었다면 어떤 식으로 반응했을까요? 거의 모든 사람이 "미쳐도 단단히 미쳤다"며 비웃거나 혀를 끌끌 찼을 것입니다. 누군가는 그를 만류했겠지요. 하지만 다윗은 묵묵히 물맷돌을 챙겼습니다. 왜냐하면 그것이 그에게 가장 효과적이고 또 그가 익숙하게 사용할 수 있는 도구였기 때문입니다. 물맷돌은 다윗이 살아온 '인생 자체'를 의미합니다. 즉, 그는 자신의 인생 전부를 걸고 골리앗에게 맞섰습니다.

다윗은 믿음만으로 골리앗을 쓰러뜨린 것이 아닙니다. 오랜 일상 속에서 성실하게 쌓아 온 것으로 골리앗에게 맞섰던 것입니다. 그리고 하나님은 그것을 통해 거인을 쓰러뜨리셨습니다. 정작 다윗 자신은 전혀 몰랐지만, 사실 그의 목자 생활은 골리앗을 쓰러뜨리는 데 필요한 기술과 전략을 갖추는 시간이었습니다.

오늘 우리는 가정과 일터와 학교와 교회에서 어떤 모습으로 살아가고 있습니까? 하고 있는 일이 무엇이든지 신실하고 성실하게 임하고 있습니까? 아니면 불만이 가득한 표정과 말투로 현실을 한탄하고 있습니까? 혹시 새롭거나 멋져 보이는 일에 한눈팔고 있지는 않습니까?

안타깝게도 그리스도인을 포함한 많은 사람이 현재 자신이 하고 있는 일에 만족하지 못한 채 다른 일을 사모하며 찾아다닙니다. 물론 그러한 행동 자체는 아무런 문제가 되지 않습니다. 문제는 다른 일을 바라보느라, 지금 이 순간 자신에게 주어진 일을 소홀히 여기며 게으름을 피운다는 사실입니다. 가치 없고 의미 없는 일을 하고 있는 자기 모습을 보며 낙심하고 절망하다가, 그만 자기 비하에 빠져 자존감까지 낮아지는 안타까운 경우를 자주 보게 됩니다.

다윗의 인생에서 거인 골리앗은 어떤 의미였을까요? 골리앗과의 대결은 다윗을 하나님의 사람으로 세우는 '과정' 중 하나였습니다. 다윗이 골리앗과 맞붙지 않았다면, 그는 여전히 양을 치며 왕의 수금 연주자로 살았을 것입니다. 목자와 악기 연주자가 하찮고 별 볼일 없는 직업이라고 말하는 것이 아닙니다. 다만 하나님이 다윗에게 주신 소명을 따라 살 수 없었을 거라는 말입니다.

골리앗을 쓰러뜨린 이후, 다윗은 온 이스라엘 백성의 관심을 받으며 '국민 영웅'으로 칭송받게 되었습니다. 천부장이 되어 사울 왕의 뛰어난 용사들과 어깨를 나란히 하게 되었고, 그를 주제로 하는 노래가 만들어져 세간에서 불릴 만큼 유명 인사로 거듭났습니다(삼상 18:7). 영화에서 나올 법한 인생역전의 한 장면을 보는 것 같습니다. 하지만 그 뒤에는 골리앗을 쓰러뜨리기까지 다윗이 보낸 시간들, 화려한 성공의 퍼레이드 이면에 있는 사소하고 평범하며 눈물겹고 서러웠던 기억들이 있음을 알아야 합니다. 이런 시간들을 있었기에 다윗은 골리앗을 쓰러뜨릴 수 있었습니다. 또한 다윗의 인생에 골리앗이 있었기에 이런 시간들이 의미를 얻게 되었습니다. 그 모든 것은 다윗의 평생에 힘이 되며 위로가 되는 추억으로 바뀌었습니다.

인생의 도전 앞에 당당히 서라

1980년대 초반에 나온 할리우드 흥행작 중에 〈베스트 키드〉라는 영화가 있습니다. 이 영화의 주인공은 홀어머니 밑에서 성장하는 가운데 학교 친구들에게 집단 따돌림을 당하며 살아가는 10대 소년 다니엘입니다. 무술 유단자인 학교 친구에게 일방적으로 폭행당한 다니엘은 우연한 기회에 미야기라는 동양인 무술가를 만납니다. 그리고 곧 그를 스승으로 모시게 되지요.

하지만 미야기 사부는 약속한 무술은 가르쳐 주지 않고, 다니엘에게 허드렛일만 시킵니다. 다니엘은 당장이라도 다 그만두고 싶었지만, 어떻게든 사부의 눈에 들어 무술을 배우고 싶은 마음에 그저 시키는 대로 열심히 일했습니다. 처음에는 도장을 보수하라고 하고 세차를 하라고 시키더니, 나중에는 페인트칠까지 하라고 합니다. 집을 칠하게 하더니 울타리까지 칠하라고 합니다.

알다가도 모를 그의 요구는 끝이 없습니다. 결국 참고 참았던 짜증과 분노가 폭발한 다니엘은 사부에게 무작정 덤벼듭니다.

사부와 주먹을 주고받는 순간, 다니엘은 놀라운 사실을 깨닫습니다. 그동안 허드렛일을 하면서 자연스레 몸에 밴 자세와 움직임이 모두 무술의 공격과 수비 동작이었던 것입니다. 미야기 사부는 허드렛일을 시킴으로써 다니엘에게 무술을 가르쳐 주고 있었습니다. 다니엘이 수행했던 이상한 작업들이 사실은 모두 무술 훈련이었던 것입니다.

인생을 살다 보면 누구나 골리앗에게 맞선 것과 같은 도전 앞에 서게 됩니다. 골리앗만 똑 떼어 놓고 생각하면, 그것은 분명히 절망하고 낙담할 수밖에 없는 일생일대의 어려움입니다. 하지만 지금 이 자리까지 인도하고 섭리하신 하나님의 손길을 기억한다면, 다윗이 그랬던 것처럼 골리앗을 통해 자신의 삶을 새롭게 바라보고 위로와 격려를 받게 될 것입니다. 그야말로 역전인생이 아닌 '반전인생'을 살게 되는 것이지요.

골리앗처럼 거대한 인생의 도전 앞에 서 있습니까? 도저히 감당할 수 없는 문제에 직면해 있습니까? 그렇다면 해결책을 찾아 뛰어다니기 전에 먼저 자신을 돌아보십시오. 하나님과의 관계는 어떤지, 자신의 인생을 어떻게 바라보고 있는지, 지금 하고 있는 일을 사랑하는지, 일상을 어떻게 보내고 있는지 점검해 보십시오. 만약 이 모든 항목에 좋은 점수를 줄 수 없다면, 지금 눈앞의 골리앗을 통해 "네 인생이 귀하고 아름답다"라고 말씀하시는 하나님의 음성에 귀 기울여야 할 때인지도 모릅니다. 골리앗과의 대결을 통해 다윗을 치유하신 것처럼, 하나님은 지금도 우리 삶 가운데 동일한 일을 행하고 계시기 때문입니다.

당신 앞의 골리앗이 무척 두렵고 커 보일수록 더욱더 하나님을 의지하십시오. 우리 삶의 모든 조각을 하나도 버리지 않고 사용하실 그분의 지혜와 사랑을 신뢰하십시오. 작고 초라한 자리와 무의미한 일상에서 자신도 모르게 골리앗을 쓰러뜨릴 준비를 해왔던 다윗처럼, 하나님은 우리가 인생의 도전을 뛰어넘어 그분이 주신 소명을 좇아 달려가도록 도우실 것입니다.

6장

위기는

자기 자신과 만나는
치유의 기회입니다

어느 주일 아침, 한 남자가 시큰둥한 표정으로 꼼짝도 않고 누워 있었습니다. 남자의 어머니가 놀란 목소리로 물었습니다. "아니, 너 아직도 그러고 있으면 어떡하니? 교회에 안 가?"

남자가 볼멘소리로 대답합니다. "저 교회 가기 싫어요!"

"갑자기 왜 그러니? 교회에서 무슨 일 있었니?"

"형식적이고 가식적인 성도들의 인사도 싫고, 연습 안 한 성가대의 실수투성이 찬양도 싫어요. 거기에다 장로님들은 얼마나 잔소리가 많은지 몰라요. 저 오늘은 교회 안 갈래요!"

이때 남자의 말을 듣고 있던 어머니가 한숨을 내쉬며 말합니다. "얘, 그래도 교회를 안 가면 어떻게 하니. 넌 목사잖아!"

오늘날 슬럼프는 비단 직장인들만의 문제가 아닙니다. 심지어 어린 초등학생들도 슬럼프를 겪는다고 합니다. 슬럼프가 찾아오는 시기도 제각기 다릅니다. 3년, 6년, 9년차마다 무기력증과 의욕 저하에 빠지는 사람이 있는가 하면, 따듯한 봄이나 서늘한 가을철 또는 여름 휴가철이 되면 기운이 없고 시큰둥해지는 사람도 있습니다.

사람들은 누구나 심리적인 오르막과 내리막을 경험합니다. 그러나 시간이 지나면 자연스럽게 회복되므로, 슬럼프가 온다고 해서 크게 걱정하지 않아도 됩니다. 하지만 슬럼프의 횟수가 잦아지고 주기가 짧아짐에 따라 침체와 무기력이 누적되는 경우에는 문제가 될 수 있습니다. 그렇게 되면 생활하는 데 필요한 힘과 에너지가 저하되며, 대인 관계가 힘들어집니다. 그뿐 아니라 우울증까지 생길 수 있습니다.

엘리야, 동굴에 갇히다

"하나님, 듣고 계시죠? 저 그냥 여기서 죽겠습니다!" 적막한 광야에 한 남자가 울부짖는 소리가 울려 퍼집니다. "더는 못하겠어요. 여기서 그만 할래요. 그러니까 어서 죽여 달란 말입니다!"

이 남자가 누구일까요? 바로 기원전 9세기 경 북이스라엘 왕국을 무대로 활동한 선지자 엘리야입니다(왕상 19장).

계속해서 떠들어 대던 엘리야는 이내 "저는 우리 조상들보다 못한 놈입니다!"(왕상 19:4)라며 자기 비하를 시작합니다. 그러나 엘리야가 아무리 떠들어도 하나님은 응답하지 않으십니다. 그러자 이번에는 어린아이가 떼를 쓰듯 그 자리에 벌러덩 누워 버렸습니다. 나도 모르겠으니 죽이든 살리든 하나님이 알아서 하시라는 것입니다. 보다 못한 하나님이 천사를 보내 음식과 물을 먹여 보지만, 엘리야는 먹다 말고 다시 누워 버립니다. 하나님은 다시 천사를 보내 엘리야를 어르고 달래서 겨우 식사를 하게 함으로 기운을 차리게 합니다. 아무리 봐도 그는 참 못난 사람입니다.

사실 엘리야 선지자는 원래 대단한 사람이었습니다. 당시 이스라엘에서 아합 왕보다 더 큰 영향력을 끼쳤을 정도로 많은 백성에게 존경과 사랑을 받은 사람이었습니다. 그가 기도하자 이스라엘 전역에는 3년 6개월 동안 비가 오지 않았습니다. 심각한 가뭄으로 곳곳에 굶주리는 사람이 많았지만, 그가 묵었던 사르밧 과부의 집에는 양식이 떨어지지 않았습니다. 심지어 과부의 아들이 병으로 세상을 떠났을 때에는 기도로 다시 살려 냈습니다.

엘리야는 바알 선지자 450명과 아세라 선지자 400명에게 맞서 기도 했습니다. 하늘에서 내려온 불이 제물과 제단을 태우는 기적으로 하나님께 영광을 돌렸습니다. 당시 어지러운 시대적 상황 속에서 하나님과 우상 사이를 오가며 갈등하던 이스라엘 백성은 하늘에서 불이 떨어져 제단을 태우는 순간, 자발적으로 "여호와 그는 하나님이시로다!"라고 고백했습니다. 그 불은 우상과 우상의 선지자들을 제거했습니다. 엘리야는 여세를 몰아 하나님께 나아가 간절히 기도했고, 그 덕분에 3년 반 동안 굳게 닫혀 있던 하늘의 문이 열려 생명의 단비가 쏟아지는 역사가 일어났습니다. 그는 잘못된 길에 빠져든 이스라엘 백성을 하나님께로 돌아오게 하기에 충분한 역량을 가진 인물이었습니다. 그런 사람이 광야에서 이런 추태를 벌이고 있는 이유는 무엇일까요?

고대 그리스의 철학자이자 소크라테스의 제자인 플라톤의 작품 중에는 '폴리티아'(politeia), 즉 《국가론》이라는 책이 있습니다. 이 책의 7장에는 플라톤의 형인 글라우콘이 소크라테스와 나눈 대화가 기록되어 있습니다. 바로 여기에 '동굴의 비유'라는 유명한 내용이 나옵니다.

어떤 동굴에 죄수들이 살고 있습니다. 어렸을 때부터 동굴 속에 갇혀 지낸 죄수들은 손발은 물론 목까지 묶여 있어서, 고개를 돌릴 수 없습니다. 그들은 오로지 캄캄한 동굴 내부만을 볼 수 있습니다. 그들 뒤에 있는 동굴 입구에서는 늘 빛이 새어 들었으며, 죄수들과 빛 사이에는 사람들이 오가는 길이 나 있습니다. 길을 지나는 사람들은 저마다 기구나 인형, 나무, 돌로 만든 공작품을 가지고 대화를 나눕니다. 이때 죄수들은 자기 앞쪽, 즉 동굴 벽에 비친 외부의 그림자를 실재로 인식합니다. 밖에서 들려오는 이야기 소리를 그림자가 직접 말하는 것으로 인식하는 것이지요.

그러던 어느 날 누군가가 죄수들 중 몇 명을 풀어 주고 동굴 밖 세상을 보게 합니다. 풀려난 죄수들은 그동안 실재로 알고 있었던 것들이 전부 '그림자'였음을 알게 됩니다. 동굴 바깥에 있는 것이 진정한 실재이며 아름다운 세계라는 사실을 깨닫습니다. 이렇게 실상을 알게 된 죄수들은 동굴 속 동료들에게 돌아가느니 천한 대우를 받더라도 바깥 세계에서 살겠다고 결심합니다.

이렇게 자신이 보고 듣는 것만이 전부인 것처럼 믿고 살아가는 사람이 있다면 당신은 뭐라고 말하겠습니까? 어리석은 바보라고 하지 않겠습니까? 그런 사람은 실제 세상이 아니라 어둡고 좁은 동굴 속 상황에 따라 행복과 절망 사이를 오갈 것입니다. 말 그대로 '갇혀 있는' 사람으로 살아가는 것이지요.

엘리야에게도 이와 같은 일이 벌어졌습니다. 바알과 아세라 선지자가 모두 죽임을 당하자, 아합 왕의 아내 이세벨은 대노하여 엘리야에게 최후통첩을 전합니다. "오늘이 네 제삿날인줄 알아라! 반드시 죽은 선지자들의 원한을 갚을 것이다."

이 경고를 전해 들은 엘리야는 겁을 잔뜩 집어먹고 줄행랑을 치고 맙니다. 그런데 엘리야의 도주 행로를 보면, 그가 자신의 죽음을 받아들였다는 사실을 알 수 있습니다. 그는 급박한 와중에도 시종을 안전한 곳으로 대피시킵니다. 정말로 이세벨이 두려웠다면 해외 도피라도 해야 마땅할 텐데, 그는 하나님을 만나러 광야로 향합니다. 이스라엘을 뒤흔든 믿음의 용장이 단 한 번의 위협으로 얌전히 인생을 정리하는, 웃기고도 슬픈 진풍경이 벌어졌습니다. 그는 자신이 실패했다고 믿었습니다. 이세벨에게 밉보인 이상, 모든 게 끝난 것이나 마찬가지라고 생각했습니다. 절망과 슬픔이 한순간에 그를 사로잡았습니다. 그렇게 엘리야는 심각한 슬럼프에 빠지고 말았습니다.

슬럼프의 동굴에 갇히는 이유

슬럼프가 찾아오면 섣사리 부정적인 태도를 취하게 되고, 감정이 가라앉습니다. 별것 아닌 일을 크게 확대해서 걱정합니다. 또한 타인과 자신을 비교하며 습관적으로 불평합니다.

엘리야를 보십시오. 그의 기도로 이스라엘에 3년 6개월 동안이나 가뭄이 계속 이어졌습니다. 아합을 비롯한 이스라엘 왕들이 대대로 하나님을 떠나 우상을 숭배한 것에 대한 '하나님의 벌'이었습니다. 하지만 아합 왕은 오히려 이 가뭄이 엘리야와 그의 배후에 계시는 여호와 하나님 때문이라고 뒤집어 씌웠습니다(왕상 18:17-18). 이에 엘리야는 아합에게 누가 참 하나님인지 판가름하자고 제안했습니다. 바로 이것이 갈멜 산에서 엘리야 혼자 850명의 우상숭배자들과 맞붙었던 '기도 대결'입니다.

엘리야는 왕 앞에서도 위축되지 않았고, 수많은 이스라엘 백성

앞에서도 눌리지 않았으며, 바알과 아세라 선지자들 앞에서도 결코 꿀리지 않았습니다. 그런 사람이 왜 이세벨의 협박을 그토록 두려워했을까요? 갈멜 산 사건으로 세력을 잃은 이세벨이 발악하며 내뱉은 말 따위는 그냥 못들은 척하면 그만입니다. 무슨 말을 떠들어 대든 그에게 아무런 영향도 끼칠 수 없기 때문입니다. 그런데도 엘리야는 이세벨의 말에 혼비백산해서 도망치고 맙니다.

우상숭배자들이 죽은 뒤에 엘리야는 이스라엘에 비를 내려 달라고 하나님께 기도합니다. 간절한 기도의 응답으로 곧 비가 내리기 시작했고, 여호와의 능력이 임한 엘리야는 아합 왕의 마차보다 더 빨리 달려갈 수 있었습니다. 이처럼 엘리야는 기도로 자연현상을 다스렸습니다. 또한 그는 말과 경주해서 이긴 놀라운 능력의 사람이었습니다. 하지만 광야에서 그는 자기가 조상들보다 못하다는 자기 비하에 빠집니다.

> 여호와여 넉넉하오니 지금 내 생명을 거두시옵소서 나는 내 조상들보다 낫지 못하니이다 하고 왕상 19:4

이 구절에서 "낫다"로 번역된 히브리어 '토브'(tove)는 질적인 면을 비교할 때 사용하는 단어입니다. 엘리야는 왜 살아 있는 사람도 아니고 이미 죽어서 땅에 묻힌 지 오래된 조상들과 자신을 비교하는 걸까요?

엘리야는 아합 왕 앞에 나타나기 전에 하나님을 경외하는 왕궁 관리 오바댜를 만나게 됩니다(왕상 18장). 그와 오바댜의 대화를 살펴보면, 엘리야가 이미 이세벨이 여호와의 선지자들을 학살하고 있음을 알고 있었다는 사실을 확인할 수 있습니다. 그럼에도 그는 호렙 산에서 하나님을 만났을 때 이렇게 말합니다.

이는 이스라엘 자손이 주의 언약을 버리고 주의 제단을 헐며 칼로 주의 선지자들을 죽였음이오며 오직 나만 남았거늘 그들이 내 생명을 찾아 빼앗으려 하나이다 왕상 19:10

선지자들이 모두 죽고 자기만 남은 현실을 이미 알았으면서도, 새삼 하나님 앞에서 자기 혼자뿐이라고 한탄하는 것입니다. 이처럼 엘리야는 작은 일에도 지나치게 민감히 반응하고, 자기 비하에 빠져 불평불만을 터뜨리고 있습니다. 이는 슬럼프를 자주 경험하는 사람들에게서 공통적으로 나타나는 양상입니다.

슬럼프는 주변의 자극으로부터 자신을 보호하거나 자신의 반응을 통제하는 능력이 부족할 때 나타납니다. 이는 면역 체계처럼 외부의 심리적, 정서적 영향에 맞서 이겨 내는 힘입니다. 쉽게 말해 자신감이나 자아 존중감, 혹은 자존감 같은 것입니다. 자기 자신을 건강하지 않은 관점으로 바라보는 사람, 있는 그대로의 자신을 받아들이지 못하고 과대평가하거나 과소평가하는 사람은 쉽게 슬럼프에 빠진다는 말입니다. 그래서 평소 슬럼프를 겪는 사람이 또 다시 슬럼프에 빠지게 되며, 늘 같은 문제에서 넘어집니다. 자기 자신을 있는 그대로 바라보고 정직하게 반응해야 슬럼프에서 헤어날 수 있는데, 자존감에 문제가 있는 사람은 자신의 약점과 실수와 실패를 인정하기 두려워합니다. 이런 사람은 자신이 슬럼프에 빠졌다는 사실조차 쉽사리 인정하지 못합니다.

과대 포장된 자존감, 이것이야말로 엘리야가 갖고 있던 내면의 문제였습니다. 하나님이 슬럼프를 통해 엘리야에게 깨우쳐 주고 치유하기 원하셨던 것은 바로 그의 연약한 '자존감'이었습니다.

인생의 동굴에서 나 자신을 만나다

하나님은 이세벨의 말 때문에 엘리야가 슬럼프에 빠지자, 이것을 그의 자존감을 회복시킬 절호의 기회로 삼으셨습니다. 하지만 엘리야는 스스로를 죽은 시체보다 못하다고 비하하면서도, 그 상태에서 벗어날 생각과 의지는 전혀 품고 있지 않았습니다(왕상 19:5-8). 슬럼프에서 벗어나고 싶다고 말은 하면서도 실제로 거기서 벗어나기 위한 시도는 전혀 하지 않았다는 말입니다. 동굴에 틀어박혀서 현재 자신의 상태에 아무런 변화를 주고 싶어 하지 않았습니다. 풍선처럼 부풀었던 자존감이 터지는 동시에, 예전에 보여 준 당당함이나 용기, 자신감을 모두 잃어버렸기 때문입니다.

　이럴 때 대부분 사람이 해결책으로 선택하는 방법이 있습니다. 바로 외부의 강력한 자극입니다. 스스로 돌파구를 찾을 엄두는 안 나는데 그렇다고 가만히 있을 수도 없으니까 정신을 확 들게 해줄 강력한 자극이 필요한 겁니다. 그리고 그 자극이 자신을 바로잡아 주기를 기대합니다. 대형 사건일수록 더 좋습니다. 친한 친구나 선배가 주먹다짐을 한 뒤 따끔한 일침으로 가하는 한마디라도 좋습니다. 정 안 되면 밤 기차를 집어타고 새벽 바다에라도 달려가야 합니다. 반드시 쉽게 경험할 수 없는 특별한 계기나 사건이 있어야 슬럼프에서 빠져나올 수 있다고 생각하는 것입니다.

　그리스도인도 별반 다르지 않습니다. 뜨겁게 부르짖는 기도원에 올라가거나 금식을 시작합니다. 40일 혹은 100일 작정 기도에 들어가기도 하고, 하다못해 성경을 펴놓고 하나님이 자신에게 말씀하시기를 기다리기라도 해야 합니다. 그게 무엇이든 지금 자신의 상태를 뒤흔들어 놓을 만큼 강렬한 경험이 필요합니다. 게다가 "뭔가 획기적인 계기가 필요해!"라고 말하면서 그것을 찾아다니는 동안에는 슬럼프의 동굴에서 빠져나오지 않으려는 자기 모습을 합리화하고 덮어 버릴 수 있으니, 일거양득의 대책이라 할 수 있습니다. 엘리야도 그랬습니다.

여호와께서 이르시되 너는 나가서 여호와 앞에서 산에 서라 하시더니 여호와께서 지나가시는데 여호와의 앞에 크고 강한 바람이 산을 가르고 바위를 부수나 바람 가운데에 여호와께서 계시지 아니하며 바람 후에 지진이 있으나 지진 가운데에도 여호와께서 계시지 아니하며 또 지진 후에 불이 있으나 불 가운데도 여호와께서 계시지 아니하더니 불 후에 세미한 소리가 있는지라 삼상 19:11-12

천사의 도움으로 겨우 호렙 산에 도착한 엘리야를 하나님이 부르십니다. 그런데 그는 크고 강한 바람과 지진, 큰 불 속에서 하나님을 찾고 있습니다. 구약성경을 보면 크고 강한 바람과 지진, 불은 하나님이 자신을 계시하실 때 주로 사용하시는 방법이었습니다. 엘리야도 그 사실을 잘 알고 있고, 또 자신도 그 가운데 여러 번 하나님의 임재를 경험했을 것입니다. 그러면서 그는 나름의 공식을 갖게 되었을 겁니다. 하나님이 그분의 백성에게 승리를 안겨 주기 위해 하늘에서 불을 내리신다는, 불의한 자를 멸하는 권능의 하나님이 당연히 초자연적이고 놀라운 방법으로 찾아오신다는 공식 말입니다. 그런데 이번에는 그 공식이 들어맞지 않습니다. '이 정도는 되어야 하나님이 임하실 만하지'라고 생각했는데, 그 속에 하나님이 계시지 않는 겁니다.

엘리야가 혼란스러워하는 찰나, 하나님이 세미한 소리로 찾아오십니다. 엘리야 정도의 선지자라면 이런 식의 대화는 평소에 자주 나눴을 것입니다. 그런데 하나님이 바로 그 평범한 방법으로, 늘 하던 대로 찾아오신 것입니다. 하나님은 지금 무엇을 말씀하시는 걸까요? 특별한 경험으로 슬럼프에서 빠져나오려고 하지 말라는 것입니다. 그런 자극은 없다는 것입니다. 오히려 슬럼프의 돌파구는 늘 해 오던 평범한 일상, 작은 일에 있습니다. 중요한 것은 그것을 찾아낼 마음의 준비가 되어 있는가의 여부입니다.

자극이나 경험의 크기와 강도는 중요하지 않습니다. 기꺼이 그것을 받아들이려는 마음, 그리고 깨달음을 삶에 적용하려는 치열한 노력이 없으면, 하늘이 갈라지고 땅이 무너지는 일을 수백 번 경험해도 아무 소용이 없다는 말입니다. 진정으로 슬럼프에서 벗어나고 싶어 하는 사람은 은은한 햇살과 산들바람에도 용기와 의욕을 되찾지만, 그런 마음이 없는 사람은 초대형 사건이 연이어 터져도 늘 그대로일 수밖에 없습니다.

엘리야는 크고 위대하신 하나님을 보기 원했습니다. 그런 하나님만이 문제를 해결하실 수 있다고 생각했습니다. 하지만 하나님은 그가 늘 경험하던 '세미한 소리'로 찾아오셨습니다. 그리고 그가 자신을 돌아보게 하십니다. 자신의 내면을 성찰하게 하십니다. 슬럼프 덕분에 드러난 마음의 상태를 헤아려 보게 하십니다.

하나님은 인생의 동굴에서 우리의 문제를 해결하라고 말씀하지 않으십니다. 힘을 내서 다시 시작하라고 강요하지도 않으십니다. 다만 자기 자신에게 솔직해질 것을 요구하십니다. 자기 자신을 들여다보라고 말씀하십니다. 자기 자신이야말로 모든 문제의 뿌리이자 변화의 발화점이기 때문입니다.

인생의 동굴에서 하나님을 만나다

하나님이 세미한 소리로 엘리야에게 물으셨습니다. "엘리야야 네가 어찌하여 여기 있느냐?"(왕상 19:13)

이에 엘리야는 자기가 행했던 일들을 이야기합니다. 자신이 얼마나 주님을 사랑했는지, 주님이 맡겨 주신 일을 고난 가운데에서도 어떻게 감당했는지 설명합니다.

> 내가 만군의 하나님 여호와께 열심이 유별하오니 이는 이스라엘 자손이 주의 언약을 버리고 주의 제단을 헐며 칼로 주의 선지자들을 죽였음이오며 오직 나만 남았거늘 그들이 내 생명을 찾아 빼앗으려 하나이다 왕상 19:14

그런데 하나님은 이렇게 말씀하십니다.

> 너는 네 길을 돌이켜 광야를 통하여 다메섹에 가서 이르거든 하사엘에게 기름을 부어 아람의 왕이 되게 하고 너는 또 님시의 아들 예후에게 기름을 부어 이스라엘의 왕이 되게 하고 또 아벨므홀라 사밧

의 아들 엘리사에게 기름을 부어 너를 대신하여 선지자가 되게 하라

왕상 19:15-16

아람과 이스라엘에 새로운 왕을 세우고, 엘리야의 뒤를 이을 후임자를 찾으라고 하시는 것입니다. 엘리야의 대답과는 일체 상관없는 이야기입니다. 엘리야와 달리 하나님은 전혀 다른 일에 관심이 있으셨던 겁니다.

지금 엘리야의 초점은 어디에 맞춰져 있습니까? 그가 반복하여 대답하는 내용이 무엇인지 살펴보면 알 수 있습니다. 한 구절 안에서 '나'라는 단어가 세 번이나 반복되고 있습니다. 그는 자신이 해 온 일에 영적인 의미를 부여합니다. 그의 주장에 따르면 그는 하나님을 위해 올바른 일을 행했으며, 그 때문에 생명의 위협을 받고 있습니다. 따라서 하나님이 자신의 말을 들어주고 자신을 구해 주셔야 한다는 것입니다.

엘리야는 자기 자신과 자신이 해 온 일, 자신이 처한 상황, 자신의 감정에만 집중하고 있습니다. 하지만 하나님은 엘리야에게 그가 지금 이 자리에 있는 이유가 무엇인지 물으십니다. 왜 슬럼프에 파묻혀 있는지, 왜 절망과 고통 가운데 빠져 있는지, 왜 자기 자신의 동굴에 갇혀 있는지를 물으시는 겁니다.

"엘리야야, 나를 향한 네 열심은 어디에서 나온 것이냐? 너를 향한 나의 열심에서 나온 것 아니냐? 패역한 이스라엘이 선지자들

을 학살할 때 네가 어떻게 살아남았다고 생각하느냐? 내가 너를 살리고 보호했기 때문이 아니냐? 아합과 이세벨의 손아귀에서는 어떻게 빠져나왔다고 생각하느냐? 내가 너를 통해 놀라운 일을 행했기 때문이 아니냐? 이때껏 단 한 번도 네 자신의 힘으로 살아본 적 없으면서, 최선을 다했지만 역부족이라고 생각하는 이유가 무엇이냐? 왜 더는 나아갈 길이 없다고 주저앉아 있는 것이냐? 그렇다면 지금까지 네 자신감과 능력으로 살아왔다는 말이냐?"

인생의 동굴에서 자존감의 과대 포장이 벗겨지는 순간, 엘리야는 감당할 수 없는 절망과 실패감에 휩싸였습니다. 하지만 하나님은 엘리야에게 단호히 말씀하십니다. 이제 착각에서 벗어나라는 말입니다. 먹을 것이 없던 요단 앞 그릿 시냇가에서, 굶어 죽기 직전인 사르밧 과부의 집에서, 850명의 우상숭배자들 앞에서, 비를 내려 달라고 간구하던 갈멜 산 정상에서, 아합 왕의 마차를 앞질러 달렸던 이스르엘 행 도로에서 그와 함께한 이가 누구였는지 기억하라고 말씀하십니다(왕상 17:2-16, 18장 참고).

지금까지 그와 함께하신 하나님이 어떤 분이신지 생각하라고 깨우쳐 주십니다. 지치고 힘들어하는 그분의 백성과 동행하시고, 그들이 걸어가야 할 믿음과 사명의 길에서 쓰러지지 않도록 먹이고 위로하며 격려하시는 하나님을 기억하라고 하십니다. 엘리야의 능력이나 상황에 관계없이 함께하시며 치유하는 분임을 보여 주십니다.

슬럼프에 빠진 엘리야가 광야 로뎀나무 아래에 누워 있을 때, 하나님은 천사를 보내 그를 어루만지셨습니다(왕상 19:5, 7). 이 구절에서 "어루만지며"로 번역된 히브리어 '나가'(naga)는 하나님이 특별한 의도와 목적으로 위로하고 계시하실 때 사용되는 단어입니다. 이는 단순히 만진다는 의미 이상으로, 새 힘을 주고 상황을 바꾸는 능력의 어루만짐을 뜻합니다. "너는 내 것이다. 내가 너를 사랑한다"는 하나님의 마음을 담은 어루만짐입니다.

스스로 일어날 힘이 없는 엘리야, 차라리 죽는 게 더 낫다고 생각하는 엘리야를 하나님이 찾아와 어루만지며 먹이십니다. 갈 길을 가지 못하고 지쳐 쓰러져 있을 때 찾아와 어루만지십니다.

두려워하지 말라 내가 너와 함께함이라 놀라지 말라 나는 네 하나님이 됨이라 내가 너를 굳세게 하리라 참으로 너를 도와주리라 참으로 나의 의로운 오른손으로 너를 붙들리라 사 41:10

하나님은 엘리야를 어떻게 어루만지셨을까요? 이사야 선지자는 이렇게 기록했습니다.

그가 찔림은 우리의 허물 때문이요 그가 상함은 우리의 죄악 때문이라 그가 징계를 받으므로 우리는 평화를 누리고 그가 채찍에 맞으므로 우리는 나음을 받았도다 사 53:5

하나님은 우리를 대신해서 아픔과 고통을 직접 감당하는 '구원자'로 찾아와 어루만지십니다. 지치고 힘들 때만 찾아와 위로하시는 것이 아니라, 아무것도 할 수 없는 절망의 순간에도 그분의 백성을 위한 구원의 역사를 중단하지 않고 계속 이끌어 가심을 보여 주십니다. 엘리야는 알지 못했지만 바알에게 입 맞추지 않은 순전한 믿음의 사람 7천 명을 남겨 놓으셨고, 새로운 역사를 이끌어 갈 지도자들을 세우며 엘리야가 수행해 온 사역이 끊이지 않고 계속해서 이어지도록 후임자를 준비하셨습니다.

인생의 동굴에서 하나님이 만드신 '나'를 만나라

당신은 슬럼프와 친합니까? 사람이라면 누구나 슬럼프를 겪습니다. 기계가 아니기 때문에 감정의 기복도 생기고, 피로 때문에 게을러집니다. 때로는 그 상태가 오래 지속되기도 합니다. 슬럼프는 마음으로 앓는 감기일 뿐, 죄가 아니며 잘못도 아닙니다. 그저 슬럼프가 찾아오면, 지혜롭게 대처하면 됩니다.

힘들기는 하지만, 슬럼프는 자신의 모습에 솔직해지기에 적합한 축복의 시간입니다. 인생의 동굴 속에서 우리는 꽁꽁 싸맨 자존감의 과대 포장을 벗겨 낼 수 있습니다. 자신을 대단한 존재로 생각했던 엘리야도 슬럼프에 빠진 뒤에야 자신이 연약한 '모순

투성이' 존재라는 사실을 깨달았습니다. 그럴 때에야 우리는 자기 힘으로 할 수 있는 것이 없음을 인정하고 겸손히 순종의 자리에 서게 됩니다. 과거에도 하나님의 도움이 절대적으로 필요했고, 현재와 미래에도 동일하게 하나님의 도움이 필요하다고 고백하게 됩니다. 내가 나 된 것은 나를 능하게 하신 '하나님의 은혜'라는 사도 바울의 고백에 동참하는 것입니다(고전 15:10).

예수님이 십자가에 달려 죽으시기 전날 밤, 베드로는 그분을 배신합니다. 그리하여 결국 모든 것을 포기하고 예전처럼 어부의 삶으로 돌아갑니다(요 21장). 하지만 부활하신 예수님이 그를 찾아가 해변에 숯불을 피우고 떡과 물고기를 구워 주십니다. 그 장면을 본 베드로는 예수님이 광야에서 행하셨던 '오병이어의 기적'을 떠올렸을 것입니다. 오병이어의 기적은 많은 사람이 자신의 도시락을 내놓아서 일어난 일이 아니었습니다. 누군가 억대의 돈을 기부해서 일어난 일도 아니었습니다. 오직 예수님이 함께하시기 때문에 가능한 일이었습니다. 예수님을 바라보며 순종하는 마음으로 물고기 두 마리와 떡 다섯 개를 내놓았기에 일어난 기적이었습니다.

그 순간 베드로는 이때껏 자신이 예수님이 아닌 자기 자신만 바라보며 살아왔음을 깨닫습니다. 예수님의 말씀을 이해하지 못한 채 제자들과 경쟁하며 자기 힘으로 예수님을 지켜 드리려 하다가 결국 저주까지 하면서 그분을 부인했던 것은 모두 자신만을 바라보았던 이기심 때문에 벌어진 일이었습니다. 갈릴리 디베랴 해변가에서 부활하신 주님과 함께 모닥불 식사를 한 뒤부터, 베드로는 작은 일 하나까지도 철저하게 하나님의 능력만 의지하며 살았습니다. 바로 이것이 인생의 동굴 속에서 하나님을 만난 사람에게 나타나는 변화입니다.

돌덩어리를 물에 집어넣으면, 무게와 질량 때문에 돌이 그대로 가라앉습니다. 하지만 돌을 커다란 나무토막에 묶어서 집어넣으면, 가라앉지 않고 물에 떠 있게 됩니다. 우리의 이기적인 성품과 교만도 무거운 돌덩어리와 같습니다. 그대로 두면 무너지고 가라앉습니다. 큰일을 할 수 있을 것 같지만, 결국에는 사망의 열매밖에 맺지 못합니다. 승리의 삶을 살 수 없습니다. 돌덩어리 같은 우리는 하나님이 나무토막이 되어 받쳐 주실 때에만 온전히 살아갈 수 있습니다. 이를 망각하고 자신을 의지하기 시작할 때, 삶에 슬럼프가 찾아오고 깊은 동굴 속에 갇히게 되는 것입니다. 하지만 하나님은 그 동굴에서도 우리가 연약함과 한계를 철저히 깨닫도록 은혜를 베푸십니다.

변화 없고 의미 없는 삶과 신앙 때문에 우울하고 무기력한 상태입니까? 그렇다면 혹시 인생의 동굴 속에 들어가 있는 것은 아닌지 돌아보십시오. 만약 동굴 속에 들어가 있다면, 그 자리에서 기뻐하며 감사하십시오. 그러면 과대 포장된 자신 때문에 느끼지 못하고 경험할 수 없었던 하나님의 온전한 사랑을 발견하게 될 것입니다. 내 안에 갇혀 있던 편협한 신앙을 넘어 하나님의 온전한 모습을 체험하는 계기가 될 것입니다.

인생의 동굴을 통해 자기 자신을 만나고 하나님을 더욱 깊이 경험하게 된 엘리야는 이제 획기적인 신앙의 변화를 경험합니다. 결국 그는 에녹처럼 죽음을 보지 않고 '살아서 승천'하는 영광을 누리게 되었습니다(왕하 2:11).

인생의 동굴이 어디에서 비롯되는지, 그 안에 갇혀 있는 삶이 얼마나 고통스러운지, 하루에도 몇 번씩 삶을 포기하고 싶어지는지, 그 심정을 이해하고 알아주는 든든한 후원자가 우리에게 있습니다. 그분은 바로 우리 하나님 아버지이십니다. 그러므로 어떤 경우든 절대로 주저앉아 포기하지 마십시오. 하나님은 우리를 동굴 속에 그냥 내버려 두지 않으십니다.

지금 슬럼프에 빠져 있습니까? 구겨지고 더러운 것이 묻었다고 만 원짜리 지폐가 천 원짜리가 되는 것은 아닙니다. 아무리 지독한 슬럼프가 찾아온다 해도, 당신은 여전히 '하나님이 만드신' 사람입니다. 캄캄한 동굴 속일수록 하나님이 만드신 우리의 모습이 더욱더 선명하게 드러날 것입니다. 하나님은 우리에게 그 모습을 보여 주기 원하십니다. 과대 포장된 내가 아닌, 하나님이 만드신 그대로의 나를 말입니다.

7장

위기는

기다림으로 변화되는
치유의 기회입니다

베트남 전쟁이 한창이던 1960년대 중반에서 1970년대 초반, 일본군의 하노이 힐턴(Hanoi Hilton) 전쟁 포로수용소에 짐 스톡데일(Jim Stockdale)이라는 미군 최고위 장교가 잡혀 있었습니다. 8년이란 긴 세월 동안, 스톡데일 장교는 참혹하고 잔인한 고문을 대략 스무 차례나 당했습니다. 그럼에도 그는 삶을 포기하지 않았고, 마침내 사랑하는 가족의 품으로 무사히 돌아갈 수 있었습니다.

수용소 안에서도 통솔 책임을 맡은 스톡데일 장교는 연합군 포로들이 고통스러운 고문과 절망적인 수용소 생활에서 살아남을 수 있도록 행동 지침을 만들었습니다. 고문에 대처하는 방법을 연구했으며, 제각기 격리되어 있는 포로들이 의사소통을 할 수 있는 정교한 통신 체계를 만들어 서로 격려하게 했습니다. 그 덕분에 그와 함께 갇혀 있던 포로들 중 많은 사람이 살아서 고향으로 돌아올 수 있었습니다. 조국과 가정으로 귀환한 스톡데일 장교는 해군 역사상 조종사 기장과 의회명예훈장을 동시에 취득한 최초의 '3성 장군'이 되었습니다.

사람들은 이따금 그에게 이런 질문을 쏟아 냈습니다. "어떻게 그런 상황에서 살아남을 수 있었습니까?" "자기 자신을 지키기도 벅찼을 텐데 어떻게 다른 포로들까지 도울 수 있었지요? 다른 사람이 눈에 들어오던가요?"

그럴 때면 스톡데일은 이렇게 대답했습니다. "어려운 일을 만났을 때 가장 중요한 것은 '난관이 있느냐, 없느냐'가 아니라 '그 일에 어떻게 대처하는가'입니다. 아무리 힘들어도 살아날 수 있다는 믿음을 붙잡는 동시에 냉혹한 현실을 똑바로 직시하면 이겨 낼 수 있습니다."

그가 수용소 생활을 견디지 못하고 죽는 포로들을 관찰해 보니, 의외로 긍정적인 생각을 하면서 낙관적인 말을 하던 사람이 많았다고 합니다. 문제는 그들이 철저하게 분리된 낙관론에 빠져 있었다는 사실입니다. 그들은 늘 "왠지 느낌이 좋아. 난 이번 성탄절에 석방될 거야"라는 식으로 말했다고 합니다. 그러다 성탄절이 지나도 아무 일이 일어나지 않으면, 석방 날이 부활절로 연기됩니다. "이번에는 틀림없어. 이번 부활절에는 석방될 거야."

그들은 진심으로 그렇게 믿고 기다립니다. 하지만 부활절에도 풀려나지 않으면 상심을 이기지 못한 채 끙끙 앓다가 죽어 버리기 일쑤였습니다.

곁에서 이런 모습을 지켜보던 스톡데일은 '긍정의 힘'만으로는 매 순간 마음을 휘젓는 절망을 이길 수 없음을 깨달았습니다. 그는 이 끝 모를, 하지만 이대로 포기할 수도 없는 어둠의 시간을 건강하게 버틸 수 있는 방법이 무엇인지 고민하기 시작합니다. 이에 그는 고통스러운 현실을 있는 그대로 파악하되, 그 현실이 자신을 집어삼키지 못하도록 나름의 생활 지침을 만들어 온 힘을 다해 자신을 보호했습니다. 시간이 흘러가는 대로 자신을 내맡기지도 않았고, 근거 없는 낙관론을 만들어 자기 최면에 빠지지도 않았습니다. 수용소에서의 시간이 지나면 지날수록 그는 더욱 노력하며 자유의 그날을 적극적으로 기다렸습니다. 적극적인 기다림, 그것이 바로 스톡데일 장군의 생존 비결이었습니다.

기다리는 자, 요셉

인생을 살다 보면, 스톡데일 장군이 겪은 것처럼 언제 끝날지 알 수 없는 힘겨운 시간을 경험할 때가 있습니다. 이번 고비만 넘기면 나아지겠지, 이 시기만 지나면 끝이 보이겠지 하는 희망을 가져 보지만 달라질 기미조차 없고, 오히려 상황만 더 어려워지는 고통의 시기가 있습니다. 그럴 때 당신은 어떻게 반응하십니까?

성경에도 그런 위기에 처한 인물이 있습니다. 갈수록 상황이 악화되는 난관을 연타로 맞닥뜨리며 바닥에 널브러진 인물이 있습니다. 그가 바로 야곱의 아들 '요셉'입니다. 그는 어렸을 때 어머니 라헬이 동생 베냐민을 낳다가 죽음을 맞이한 상실의 슬픔을 경험하지만, 아버지의 사랑을 독차지하면서 부러울 것 없이 살았습니다. 하지만 17세가이 되던 해에 엄청난 비극이 그의 인생에 닥쳐왔습니다.

평소에 요셉을 시기하고 미워하던 형제들이 짐승에게 잡아먹힌 것처럼 일을 꾸미고 그를 애굽의 노예로 팔아넘긴 것입니다. 있을 수 없는 일이었습니다. 아무리 배다른 형제이고 평소 사이가 안 좋았다고 해도 어떻게 한 아버지에게서 난 피붙이에게 그런 짓을 할 수 있단 말입니까?

사무치는 배신감을 안은 채 애굽으로 끌려간 요셉은 바로의 군대 장관 보디발의 집에 팔려 갑니다. 다행히 그곳에서 그는 성실함과 수완을 인정받아 집안 살림을 도맡아 하게 되었습니다. 노예의 신분으로 그 정도면 살 만하게 된 겁니다.

하지만 얼마 지나지 않아 요셉은 또다시 억울한 일을 겪습니다. 성폭행범의 누명을 쓰게 된 것입니다. 보디발의 집으로 들어간 이후 늘 충성을 다했건만, 그는 재판도 없이 요셉을 왕의 지하 감옥에 집어넣습니다. 재판을 받지 못한 채 감옥에 들어간다는 것은 무슨 의미입니까? 그것은 곧 판결을 받지 못했다는 것이고, 형량이 정해지지 않았다는 뜻입니다. 즉, 언제 풀려날지 알 수 없다는 말입니다. 그를 감옥에 집어넣은 보디발만이 꺼내 줄 수 있는데, 만약 하찮은 외국인 노예의 일이라고 잊어버리기라도 하면, 요셉은 영영 지하 감옥에서 빠져나올 수 없게 됩니다.

그러나 다행스럽게도 요셉은 감옥에서도 능력과 사람 됨을 인정받고 간수장의 신뢰까지 얻게 되었습니다. 게다가 하는 일도 편해져서, 정치범들을 돌보는 역할을 맡게 되었습니다. 그리고 그중 왕의 최측근이었던 사람의 꿈을 해석해 줌으로써 그가 복직하는 데 큰 도움을 주게 되었습니다. 요셉의 해몽대로 직위가 회복된 관원은 요셉에게 반드시 은혜를 갚겠노라고 약속한 뒤 감옥을 나갔습니다. 요셉은 이제야 지긋지긋한 지하 감옥에서 벗어날 수 있으리라는 실낱같은 희망을 품게 되었습니다. 하지만 요셉은 또다시 배신을 당하고 맙니다. 꼭 구해 주겠다며 철석같이 약속했던 왕의 신하가 그를 잊어버린 것입니다. 어두운 지하 감옥에 요셉만 홀로 남은 채 또다시 시간이 흘러갑니다.

'이번만 견디면 괜찮아지겠지. 이 고비만 넘기면 나아질 거야' 하며 기대해 보지만, 오히려 상황이 더 악화되는 경험을 해본 적이 있습니까? 인생에서 가장 빛나고 풍성하게 살아갈 청년의 시기에 요셉은 한 단계씩 더 깊은 절망으로 떨어지는 고통을 당해야 했습니다.

그로부터 두 해가 흘러 요셉은 바로의 악몽을 명확하게 해석하게 되었고, 그 공로로 30세의 나이에 총리가 됩니다. 하지만 그 두 해의 시간은 열일곱의 어린 나이에 이국땅에 팔려와 노예이자 성폭행범으로 지하 감옥에서 보낸 13년의 세월 중에서 가장 고통스러운 시간이었을 겁니다. 사실 그런 상황이라면 모든 것을 포기하고 주저앉아도 말릴 수 없습니다. 긍정적인 사고로 고난을 이겨 내라는 말 자체가 조롱과 사치스러운 말로 들립니다.

이 시대를 살아가는 우리 모습도 크게 다르지 않은 것 같습니다. 신앙의 깊이와는 관계없이 우울증에 시달리는 사람이 넘쳐나고, 하루에도 몇 번씩 높은 곳에서 뛰어내리고 싶은 충동과 싸우며 살아가는 사람이 많습니다. 자신이 만든 거짓 위로에 지치고, 세상이 주입한 가짜 희망에 속으면서 삶의 의욕을 조금씩 잃어버리다 보면, 인생을 포기하는 것 외에는 다른 선택의 여지가 없다는 생각에 사로잡히게 됩니다. 요셉이 왕의 신하에게 배신당한 뒤에 인내했던 두 해의 시간도 그러했을 것입니다.

그런데 놀랍게도 요셉은 거기서 삶을 끝내지 않았습니다. 철저하게 무너져 버린 그에게는 억지로 꾸며 낼 희망조차 없었습니다. 그럼에도 그는 기사회생했습니다. 온 힘을 다한 일들이 물거품이 되고, 땅이 꺼지듯 삶이 내려앉는 절망을 연거푸 경험하면서도 끝까지 포기하지 않았던 요셉의 비결은 무엇이었을까요?

그것은 바로 '기다림'입니다.

적극적으로 기다리다?

인생은 기다림의 연속이라는 말이 있습니다. 우리가 살아가면서 가장 많이 하게 되는 것이 '기다림'이라는 말입니다. 하지만 그렇게 자주 반복하면서도 여전히 익숙해지지 않는 것 또한 기다림인 듯합니다.

기다리는 것은 쉽고 즐거우며 행복한 일이 아닙니다. 우리는 빨리 해치우려 하고, 금세 성취할 수 있길 바라고, 미리 결과를 알고 싶어 합니다. 그래서 언제 끝날지 알 수 없거나 자꾸 반복되는 일을 싫어합니다. 신앙생활도 그런 식으로 하고 싶어 합니다. 하나님과 '빨리' 친해지고, 하나님의 언약이 '바로' 성취되며, 하나님이 앞으로 우리의 삶을 언제 어떻게 인도하실지 '미리' 듣고 싶어 합니다. 얼른 성숙한 믿음의 자리에 올라서고 싶은 마음뿐입니다. 마치 어린아이가 하이힐을 신고 어른 행세를 하는 것과 같은 형국입니다.

하지만 하나님은 하루가 천 년 같고 천 년이 하루 같은 분이시며, 씨를 뿌린 뒤 추수의 때를 기다리는 농부이십니다(벧후 3:8; 마 13:3; 눅 10:2). 시작과 끝의 시점은 분명하지만, 단기간에 결과를 보고 싶어 하시는 분이 아닙니다(전 3:1-11; 마 25:24-27). 그래서 성경에 기록된 믿음의 선배들은 모두 단거리가 아니라 마라톤 같은 장거리달리기의 영적 여정을 걸었습니다(히 12:1-2). 아벨에서부터 에녹, 노아, 아브라함, 이삭, 야곱, 요셉, 모세, 사사와 선지자들, 그리고 예수 그리스도에 이르기까지 모두 하나님의 약속을 기다리는 삶을 살았습니다(히 11장). 그러나 이들은 패배와 낙심의 자리에 주저앉아 장차 다가올 것을 막연하게 바라보지 않았습니다. 전혀 볼 수 없고 절대로 바랄 수 없는 일이지만, 말씀하신 분을 신뢰하고 순종하며 '적극적으로' 기다렸습니다.

그렇지만 우리의 상식으로 볼 때, 기다리는 것은 수동적인 행동인 듯합니다. 문이 열릴 때까지 기다리고, 도와줄 사람이 생길 때까지 기다리고, 문제가 해결될 때까지 기다린다면 우리는 도대체 무엇을 해야 합니까? 기다린다는 것은 아무것도 하지 않겠다는 말로 들립니다. 그런데 '적극적으로' 기다린다니요? 도대체 적극적으로 기다린다는 것은 무슨 말입니까?

최대한 판단을 유보하다

애굽의 총리가 된 이후 요셉은 자신을 팔아넘긴 형들과 불시에 만나게 됩니다. 중동 지역을 휩쓴 가뭄 때문에 형들이 애굽으로 식량을 구하러 왔다가 요셉과 대면하게 된 것입니다. 나중에 요셉이 정체를 밝히자, 형들은 그가 복수하지 않을까 하는 두려움 때문에 공황 상태에 빠지고 맙니다. 그런 형들에게 요셉은 지나온 삶을 돌아보며, '모든 것이 하나님의 역사'였다고 고백합니다 (창 45:5-7). 자신을 애굽으로 보내어 노예와 성폭행범, 무기수로 살다가 총리의 자리에 이르게 하신 분이 하나님이라는 말입니다.

이는 그가 형들과 만나는 과정 가운데 깨달은 사실입니다. 그 전까지만 해도 요셉은 자신이 처한 상황과 자신에게 일어난 일을 하나님의 뜻에 따라 판단하지 못했습니다. 하지만 그렇다고 감정이나 육신의 소욕에 따라 판단하지는 않았습니다. 비록 이해할 수 없었으나, '하나님은 신실하시다'는 사실을 신뢰한 것입니다.

상황이 조금만 어렵고 힘들어져도 우리는 즉각 부정적으로 판단합니다. "일이 잘 안 풀리네?" "상황이 어려워졌네?" 이런 정보가 들어오면 즉시 다음과 같이 결론 내립니다. "해봤자 소용없는 일인가 봐." "우리는 안 돼. 다 틀렸어."

언제부터 이렇게 급해졌는지 알다가도 모를 일입니다. 예배 시간에 설교를 마치고 기도할 때쯤이면, 그때부터 성도들이 소지품 정리하는 소리가 여기저기에서 들리기 시작합니다. 그중 가장 많이 들리는 게 성경책의 지퍼 닫는 소리입니다. 설교가 끝나면 예배도 끝난 것이라고 생각하는 모양입니다. 이제 광고와 축도만 남았으니 예배는 다 끝났다는 '확실한' 소망을 좇아 예배당을 빠져나가는 성도들도 있습니다.

하나님은 설교 시간까지만 함께 계시다가 설교자의 기도와 함께 하늘로 돌아가시는 분입니까? 광고 시간과 축도 시간에는 하나님이 아무 일도 행하지 않으시는 겁니까? 그렇게 따진다면, 예배를 마친 뒤에 펼쳐지는 우리의 일상에도 하나님이 개입하지 않으신다는 공식이 성립될 수 있지 않을까요? 이 모든 것은 지나치게 빨리 결론을 내리고, 자신의 결론에 철석같이 순종하는 우리의 안타까운 모습입니다.

우리는 상황이 무르익을 때까지 판단을 유보하지 못합니다. 눈앞에 벌어진 일의 의미를 시간을 두고 파악할 여유가 없습니다. 어느 쪽으로든 결론을 내려야 조치를 취하고 행동으로 옮길 수 있기 때문입니다. 전후좌우 정황과 맥락을 헤아리지 않고 판단한 뒤에는 불평과 부정적인 감정을 무작정 쏟아놓습니다.

요셉이 우리처럼 '성급병'에 걸려 속전속결로 판단을 내렸다면, 어떻게 되었을까요? 요셉이 지하 감옥에 갇혔을 때, 사실은 보디발 장군의 아내가 자기를 유혹한 것이며 그 청을 거절했다가 누명을 쓴 것이었다고 떠들어 댔다면 어떻게 되었을까요? 억울한 쪽은 충성을 다했음에도 결국 성폭행범으로 몰린 요셉 자신입니다. 최대한 많은 사람에게 이 이야기를 퍼뜨려서 어떻게든 자신의 무죄를 입증해야 합니다. 하지만 과연 그렇게 되었습니까?

고대 근동에서는 강간이나 강간 미수로 넘겨진 자를 바로 사형에 처했다고 합니다. 그런데 보디발은 왜 요셉을 죽이지 않고 지하 감옥으로 보낸 것일까요? 요셉의 무죄를 인정했지만, 그렇다고 자기 아내의 허물을 들추어 낼 수는 없었기에 그렇게 한 것입니다. 그런데 만약 요셉이 그 일을 떠들고 다녔다면 보디발이 어떻게 했을까요? 아마 쥐도 새도 모르게 죽여 버렸을 것입니다.

또 생각해 봅시다. 요셉이 바로의 술 맡은 관원장의 도움으로 감옥에서 풀려나 집으로 돌아가게 되고, 집에 가자마자 아버지 야곱에게 형들이 한 짓을 냉큼 고해 바쳤다면 어떻게 되었을까요? 아마도 그 가정이 완전히 깨져 버렸을 것입니다. 물론 야곱의 가문을 통해 이스라엘 민족을 일으키고, 그들을 통해 열방에 복 주시려는 하나님의 계획 역시 완전히 틀어졌겠지요.

요셉이 왕의 신하에게 배신당한 뒤 두 해가 흘렀습니다. 요셉은 여전히 지하 감옥의 무기수 신세였습니다. 하지만 그는 자신을 소망 없는 지하 감옥의 무기수라고 판단하지 않은 듯합니다. 요셉이 자신의 상황을 어떻게 이해했는지는 알 수 없지만, 그의 신변에 아무런 변화가 없었던 것을 보면, 그가 자신에 대한 판단을 유보하기로 마음먹었던 것이 아닐까요?

요셉에게는 이해할 수 없는 고통의 시간이었지만, 하나님은 두 해 동안 그를 온전히 세우기 위해 차근차근 일을 진행하고 계셨습니다. 당시 애굽의 공직 제도에 따르면, 적어도 30세 이상은 되어야 관리가 될 수 있었습니다. 게다가 바로나 그의 신하들이 이방인 노예이자 성폭행 혐의로 지하 감옥에 들어가 있는 무기수를 총리로 세우는 파격 조치를 취하려면, 마땅한 명분을 세울 만한 국가 비상사태가 벌어져야 합니다. 하나님은 바로와 그의 신하들이 그들만의 능력으로는 해결할 수 없는 중대사에 부닥치게 하여, 요셉을 유일한 해결사로 인정할 때까지 기다리게 하셨습니다. 그리고 무엇보다도 지하 감옥 속에서 요셉의 옛사람이 철저히 죽고, 하나님의 뜻을 깊이 깨닫기에 충분한 시간이 주어져야 했습니다. 모세에게는 미디안 광야의 40년이, 사도 바울에게는 아라비아 광야에서의 3년이 필요했듯이 요셉에게도 13년의 시간이 필요했습니다.

총리의 자리에 올라 형들을 만나는 과정에서 요셉은 자신을 팔려 온 자가 아닌 '보냄 받은 자'로 인식했고, 그 덕에 비로소 자신의 인생이 망가진 이유를 받아들이고, 자신을 팔아넘긴 형들을 용서하게 됩니다. 이로써 그는 자신을 노예로 부리고 지하 감옥에 가두었던 애굽과 애굽 백성을 섬길 수 있게 되었습니다.

이 순간이 오기까지 요셉은 하나님이 그분의 뜻을 드러내고 알려 주시기를 기다렸습니다. 그래서 자신의 경험과 감정, 상황에 따라 판단하고 싶은 마음을 유보했고, 하나님은 요셉의 기다림을 통하여 그의 내면세계를 다듬고 외부 환경을 조성하셨습니다.

판단을 유보할 때, 합력하여 선을 이룬다

자신의 처지와 상황에 대해 판단을 유보했지만, 그럼에도 요셉은 하루에도 몇 번씩 목구멍까지 치밀어 오르는 저주와 원망의 말을 다시 삼키느라 애먹었을 것입니다. 그 역시 우리와 같은 성정을 지닌 사람이었으니 당연한 일입니다. 하지만 그런 와중에도 요셉은 최선을 다해 다른 사람을 섬겼습니다.

아버지 야곱의 편애를 입으며 응석받이로 자란 그를 하나님이 억지로 훈련시키신 것이지만, 어쩌면 요셉 자신도 내면에 끓어오르는 부정적인 감정의 에너지를 해소하기 위해 봉사하는 삶을 선택했는지도 모릅니다. 어쨌든 성경은 점차 절망의 늪에 빠지면서도 꾸준히 봉사하며 섬기는 모습을 잃지 않는 요셉의 삶을 보여주고 있습니다.

요셉은 애굽에 노예로 팔려와 보디발 장군의 소유가 되었을 때부터 자기 연민이나 신세타령과는 거리가 먼 삶을 살았습니다. 슬퍼하고 낙심하고 울고불고할 법한 나이인데도 의연하게 주어진 일에 최선을 다했습니다. 이에 보디발은 요셉에게 가정 총무의 일을 맡겨, 집안의 전체 살림을 돌보게 했습니다(창 39:4). 보디발은 하나님이 요셉과 함께하시며 그가 하는 일에 복을 주신다는 사실을 알았습니다(창 39:3). 누명을 쓴 채 지하 감옥에 갇히게 되었을 때에도 요셉은 변함없이 섬김의 삶을 살았습니다(창 40:4). 옥중 생활이 고달프고 힘들긴 했지만 그곳에서도 최선을 다했습니다(시 105:17-19).

봉사는 이타적인 보람이 있거나, 어떤 형태로든 대가가 주어질 때 동기 유발이 됩니다. 하지만 요셉은 주체성과 주도성을 담보할 수 없는 노예와 죄수의 신분이었습니다. 노예나 죄수가 열심히 일을 한다고 고마워하거나 대가를 지불하는 경우는 없습니다. 마땅히 해야 할 일이기 때문입니다. 그러나 요셉은 아무런 유익도 얻을 수 없는 일조차 언제나 변함없이 성실히 감당했습니다.

인간의 이기적인 본성 탓에, 힘들고 고통스러운 상황에서도 다른 사람을 섬기기란 매우 어렵습니다. 게다가 그냥 평범한 일이 아닌 사람을 돌보는 일은 더욱 어렵습니다. 특히 남의 섬김만 받으며 살아온 사람은 더 까다롭고 애를 먹게 할 가능성이 큽니다. 요셉이 섬기게 된 왕의 두 신하는 높은 지위에 있다가 감옥에 들어온 사람들이었기에, 열등감과 분노가 가득 차 있었을 것입니다. 그래서 그들을 시중 들기란 어려웠을 것입니다. 하지만 요셉은 정성을 다해 그들을 섬겼습니다.

요셉은 여전히 자신이 지하 감옥에 있는 것과 두 신하를 섬기게 된 것에 대해 섣부른 판단을 자제하고 있는 듯합니다. 지하 감옥을 인생의 구덩이나 저주로, 두 신하를 애물단지이자 자신을 괴롭히는 진드기 같은 존재로 볼 수 있었음에도, 그는 절대로 섣불리 결론짓지 않았습니다. 성경에는 요셉이 '아침에' 두 신하를 섬기러 갔다고 되어 있는데, 히브리어 원어의 의미로 보면 '해 뜨기 전 이른 아침'입니다(창 40:6). 또한 그들의 얼굴을 보고 걱정이 있음을 읽어 낼 만큼 온 정성을 다해 그들을 살폈습니다. 그래서 요셉은 그들이 왜, 무엇을 놓고 근심하는지 마음 기울여 이야기를 들어 주었습니다.

높은 자리에 있던 그들이 하는 말이 주로 어떤 내용이었겠습니까? 국가의 정치와 경제, 사회 문제와 관련된 이야기였을 것입니다. 자신의 실패담이나 억울하게 누명을 쓴 것에 대한 하소연, 자신의 경험담과 더불어 간간히 전해 들었던 소식도 튀어나왔겠지요. 요셉은 두 사람의 이야기를 들으면서 자연스레 애굽에 대해 알게 되었을 것입니다. 그때 애굽의 정치와 경제 상황뿐 아니라 바로의 성격, 왕실 분위기까지 파악했을 것이 분명합니다. 일부러 그렇게 한 것이 아닙니다. 사람과 상황에 대한 판단을 유보하고 맡은 바에 최선을 다하며 다른 사람을 섬기는 과정에서 자기도 모르게 미래를 준비하게 된 것뿐입니다.

그러고 보면 요셉은 애굽에 온 순간부터 자신도 모르는 사이에 '목적이 이끄는 삶'을 살았던 셈입니다. 그는 보디발의 집에서 가정 총무를 맡아 '한 가문'의 살림 전체를 경영하며 관리했습니다. 이후 하나님은 그에게 '한 나라'의 살림을 맡아 경영하며 관리하는 총리 자리를 주셨습니다. 꿈을 풀어내는 지혜만으로는 한 나라를 성공적으로 관리할 수 없습니다. 보디발의 집과 지하 감옥에서 관리자로 일했던 경험이 없었다면 결코 어림없는 일이었을 겁니다. 사실상 요셉은 이미 준비된 총리였습니다. 한낱 노예 출신의 무기수였지만, 요셉은 애굽의 역사와 정치, 경제와 사회 전반에 대해 알고 있습니다. 또한 요셉은 바로의 기질과 그의 장단점까지 파악하고 있었습니다. 게다가 두 신하에게 전해 들었던 다른 신하들의 정보는 훗날 그가 애굽을 통치할 때 필요한 인재를 적재적소에 세우는 데 중요한 기초로 사용되었을 것입니다. 사실 요셉은 이 모든 일을 봉사나 다름없이 행했지만, 하나님의 입장에서는 그 모든 일이 요셉을 애굽의 총리로 세우기 위한 '과외 수업'이었던 셈입니다. 결국 이 모든 것은 요셉이 맡은 바에 최선을 다하고 타인을 즐거이 섬긴 덕이었습니다.

> 잘하였도다 착하고 충성된 종아 네가 작은 일에 충성하였으매 내가 많은 것을 네게 맡기리니 네 주인의 즐거움에 참여할지어다 마 25:21

요셉 자신은 꿈에도 몰랐지만 그가 보디발의 집에서 '작은 일'을 성실하게 감당했을 때, 그는 이미 애굽의 살림을 맡는 '예행연습'을 한 것입니다.

바로는 요셉을 총리의 자리에 앉히면서 그에게 '세상의 구주'라는 뜻인 '사브낫바네아'라는 이름을 지어 줍니다. 요셉을 '세상의 운명을 바꿀 사람'으로 인정한 것입니다. 이후에 요셉은 결혼하여 아이를 낳습니다. 첫째 아들에게는 '잊어버리게 하신다'는 뜻의 '므낫세'라는 이름을, 둘째 아들에게는 '나의 수고한 땅에서 창성하게 하셨다'는 뜻의 '에브라임'이라는 이름을 지어 줍니다.

자식들의 이름을 짓는 가운데 요셉은 지나온 자신의 인생에 대해 판단하고 결론을 내립니다. 하나님이 여기까지 인도하셨고, 자신의 고통과 아픔을 잊어버릴 만큼 '큰 복'을 주셨다고 말입니다. 고난의 때에 아무것도 판단하지 않고 성실하게 일하며 부지런히 섬긴 그의 삶이 모든 일에 합력하여 선한 일을 이루시는 '하나님의 역사'를 이루게 된 것입니다. 고달프고 능력이 없다 해도 성실하게 행하고 남을 섬기면, 하나님이 그 일을 통해 복을 베풀고 또 복을 받는 자리를 만드십니다.

그러므로 저는 성경 말씀 중에서 다음 구절로 요셉의 삶을 결론짓고 싶습니다.

우리가 알거니와 하나님을 사랑하는 자 곧 그의 뜻대로 부르심을 입은 자들에게는 모든 것이 합력하여 선을 이루느니라 롬 8:28

바로 이것이 인생의 위기 앞에서 적극적인 기다림으로 '치유의 역사'를 경험하는 비결입니다.

적극적인 기다림의 형통

성경은 요셉이 범사에 형통했다고 말합니다(창 39:3, 23). 하지만 요셉은 노예이자 죄수였습니다. 제아무리 형통한 사람이라 해도 노예와 죄수라는 신분은 달라지지 않습니다. 처지와 환경이라도 좀 나아지면 좋으련만, 전혀 그렇지 못했습니다. 그런데 형통하다는 것이 요셉에게 무슨 의미가 있을까요? 성경은 왜 요셉 당사자에게 의미없는 말을 반복해서 기록하고 있을까요?

성경에서 '형통'이라고 번역된 히브리어 단어는 '번영하다' 혹은 '번영을 체험하다'라는 의미를 갖고 있습니다. 그래서 많은 성도가 형통이라는 말을 좋아하고, 또 그렇게 되기를 소망하며 기도합니다. 하지만 성경에서 말하는 형통은 우리가 생각하는 것과는 전혀 다른 의미를 가지고 있습니다. 성경에서의 형통은 모든 일이 원하는 대로 잘되는 상황을 이야기하지 않습니다. 성경이 말하는 형통은 '하나님이 계획하고 섭리하시는 일'이 평탄하게 이루어지는 것입니다.

요셉의 입장에서 봤을 때, 그가 노예로 팔려 오고 감옥에 갇힌 일은 고난과 고통입니다. 모든 길이 막히고 모든 소망을 잃어버린 것입니다. 그러나 하나님의 관점에서 봤을 때, 그 모든 일은 요셉을 통해 이스라엘 민족을 세우고 그들을 통해 열방에게 복을 주기 원하시는 그분의 계획이 순조롭게 진행되는 것이었습니다.

성경에서 형통은 '사역'의 관점에서 사용하는 단어입니다. 즉, 자신과 관련된 일뿐 아니라 다른 사람들에게까지 덕과 유익을 끼친다는 뜻입니다. 비록 노예로 팔려 온 신분이었지만, 요셉은 주인이 모든 소유를 믿고 맡길 정도로 그 가정을 번영케 했습니다. 원래 보디발은 하나님을 모르는 이방인이었지만, 그는 요셉을 통해 하나님의 복을 풍성하게 받았습니다. 지하 감옥에서도 마찬가지였습니다. 지하 감옥의 책임자 역시 요셉에게 모든 것을 맡겼습니다. 요셉을 관리하거나 감시하지 않았습니다(창 39:23). 아니, 그럴 필요가 없었습니다. 요셉을 통해 하나님의 복과 번영을 체험했기 때문입니다.

이것이 바로 '형통'의 참 의미입니다. 어떤 환경에서든 '하나님의 뜻'을 이루는 일에 초점을 맞추어 살아가는 것, 낙심과 절망 속에서도 '복의 통로'로 살아가는 것이 바로 형통입니다. 이 형통의 삶은 요셉의 삶에서 미루어 알 수 있듯이 오직 '적극적으로 기다리는 자'만이 누릴 수 있는 특권이며 상급입니다.

성경은 요셉이 처한 상황이 바뀔 때마다 하나님이 그와 함께하시고 형통하게 하셨다고 기록합니다.

> 여호와께서 요셉과 함께하시므로 그가 형통한 자가 되어 그 주인 애굽 사람의 집에 있으니 그 주인이 여호와께서 그와 함께하심을 보며 또 여호와께서 그의 범사에 형통케 하심을 보았더라 창 39:2-3

> 여호와께서 요셉과 함께하시고 그에게 인자를 더하사 간수장에게 은혜를 받게 하시매…이는 여호와께서 요셉과 함께하심이라 여호

와께서 그의 범사에 형통케 하셨더라 창 39:21, 23

이는 보디발의 아내가 유혹할 때 요셉이 했던 말에서도 명확히 나타납니다.

그런즉 내가 어찌 이 큰 악을 행하여 하나님께 죄를 지으리이까 창 39:9

보디발의 아내는 보는 사람이 없다며 요셉을 유혹했지만, 요셉은 하나님이 보고 계신다고 대답했습니다. 이처럼 요셉은 늘 함께하시는 하나님을 증거하며 살았습니다. 그는 일시적인 유익과 쾌락을 얻고자 하나님과의 관계를 깨뜨리는 어리석음을 범하지 않았습니다.

또한 하나님은 요셉이 지하 감옥에 떨어졌을 때에도 함께하시며 인자를 더하셨습니다(창 39:21). 이해할 수 없는 고난과 낙심을 이길 능력을 공급하고 위로하셨다는 말씀입니다. 또한 닥쳐올 일들을 풀어 갈 지혜와 능력도 공급하셨습니다. 발의 등이며 길의 빛 되신 그분의 '말씀'을 허락하신 것입니다. 그렇기에 요셉은 지하 감옥에서도 실족하지 않고, 매 순간 무엇이 최선이며 어느 방향이 생명의 길인지 깨달을 수 있었습니다. 바로 이것이 육체의 소욕이 아니라 '성령'을 좇아 행하는 삶입니다(갈 5:16).

요셉이 자기 마음대로 판단하지 않고 '적극적으로' 하나님을 기다릴 수 있었던 동기가 무엇입니까? 암담한 인생의 지하 감옥 속에서 무엇을 해야 할지 깨닫는 지혜는 어디에서 구했을까요? 그의 평생 가장 견디기 어려웠을 보디발 아내의 유혹을 어떻게 이겨 냈겠습니까? 그 일 때문에 누명을 쓰고 지하 감옥에 들어갔는데, 끝까지 포기하지 않고 하나님을 기다릴 수 있었던 힘은 어디에서 나왔을까요?

성경은 요셉이 언제 어디서나 하나님을 의식하는 경건한 사람이었음을 보여 줍니다. 그는 자신의 신분이 어떠하든 상관없이 늘 하나님과 동행하며, 그분과 친밀해지는 것을 삶의 최우선 순위로 삼고 살았습니다. 이는 '적극적으로' 하나님을 기다리며 그러한 삶의 자세로 형통의 문을 여는 태도는 오직 그분과의 깊고 친밀한 관계 위에서만 가능하다는 사실을 보여 주는 증거입니다.

기다리라! 그곳이 지하 감옥일지라도…

17세기 영국의 청교도 작가였던 존 버니언(John Bunyan)이라는 사람이 복음을 증거하다가 감옥에 들어가게 되었습니다. 감옥에 들어간 그날 밤에 존 버니언은 하나님께 이렇게 기도했습니다.

"하나님, 제가 이곳에 들어오게 하신 이유가 무엇입니까? 제 인생에 이 감옥을 허락하신 주님의 뜻을 알려 주십시오. 그래서 이곳에서의 시간을 헛되게 보내지 않도록 도와주십시오. 제가 이곳에서도 하나님의 뜻을 이룰 수 있게 해주십시오."

그리고 바로 이튿날부터 존 버니언은 소설을 쓰기 시작했습니다. 그 소설이 바로 《천로역정》(The Pilgrim's Progress)입니다. 성경 다음으로 가장 많은 사람이 읽었다는 《천로역정》은 감옥에서 기록된 책입니다. 이 책은 시대와 세대를 뛰어넘어 지금까지도 많은 그리스도인에게 용기와 지혜와 격려를 주고 있습니다. 하나님은 절망과 낙심의 감옥을 위대한 '창조의 자리'로 변화시키기 원하셨고, 존 버니언은 그 계획에 전심으로 응답한 것입니다.

저는 이번 장의 서두를 '스톡데일 장교의 이야기'로 시작했습니다. 한번은 누군가 그에게 "그토록 혹독한 포로 생활을 어떻게 이겨 낼 수 있었습니까?" 하고 질문한 적이 있습니다. 이에 그는 이렇게 대답했습니다.

"저는 석방될 것이라는 믿음을 버린 적이 단 한 번도 없습니다. 이곳에서 풀려날 거라는 희망에 의심을 품은 적도 없었습니다. 한 걸음 더 나아가 저는, 그곳에서 반드시 살아남아 수용소에서의 포로 생활을 그 무엇과도 바꾸지 않을 내 인생의 전환점으로 만들겠다고 굳게 다짐했습니다."

훗날 천국에서 요셉을 만나 같은 질문을 던진다면, 그 역시 장교와 동일한 대답을 하리라고 생각합니다.

"저는 어떤 환경에서든 희망을 버리지 않았습니다. 하나님이 저를 붙들어 반드시 승리하게 하실 것을 날마다 고백하며, 그 믿음의 반석 위에서 살았습니다. 그리고 어려운 상황에서도 끝까지 견딜 수 있는 나름의 원칙을 갖고 있었습니다. 바로 하나님과의 교제를 멈추지 않는 것입니다. 그것만이 제 유일한 희망이고 공급원이었기 때문입니다. 하나님이 저를 버리셨다는 생각은 하지 않으려 의식적으로 애썼습니다. 절망감이 찾아오고 낙심되며 이해할 수 없는 일투성이었지만, 하나님이 제 인생 가운데 무엇인가 이루어 가고 계심을 신뢰했습니다. 이런 일들이 아무런 이유 없이 그냥 일어날 리 없으니까요. 그 덕분에 하나님의 때를 기다리며 인내할 수 있었습니다. 그래서 저는 인생을 함부로 낭비할 수 없었습니다. 비록 지하 감옥에 들어와 있었지만, 그 안에서도 하나님의 뜻을 이루어 드리기 위해 최선을 다했습니다. 성실하게 타인을 섬기고 사랑하려고 애썼습니다. 그것이 지하 감옥에서 제가 할 수 있는 유일한 일이었으니까요."

성경은 하나님의 백성에게 위기 없는 안전한 삶이 보장되어 있다고 말하지 않습니다. 오히려 지하 감옥에 갇힌 것처럼 어려움과 고통이 따를 것이라는 청천벽력 같은 소식을 전해 줍니다. 하지만 하나님을 아는 지식과 그분을 향한 믿음으로 능히 이길 수 있으며, 또 이겨 내야만 한다고 권면하며 격려하고 있습니다.

지금 인생의 지하 감옥에 서 있다고 생각하십니까? 그렇다면 적극적으로 기다리는 요셉의 지혜를 배우시기 바랍니다. 어떤 상황과 환경에서든 '형통의 복'을 누리며 흘려보내기로 결정하십시오. 그럴 때 우리 인생의 지하 감옥은 하나님의 사람이 정금같이 나오는 자리로 변화될 것입니다. 지금 이 순간에도 우리를 향한 하나님의 뜻이 깃들어 있음을 믿으며, 절대로 포기하지 말고 끝까지 기다리십시오.

지금 당신의 삶이 힘들고 남을 돌아볼 여력이 없다 해도 섬기는 일에 '오늘'을 사용하십시오. 그것만이 지하 감옥 속에서도 하나님이 원하시는 인생을 살아갈 수 있는 유일한 길입니다.

8장

위기는

신뢰함으로 응답받는
치유의 기회입니다

인생을 살다 보면 누구나 고이 간직했던 가슴속의 꿈을 접어야 할 때가 있습니다. 이룰 길이 없어서, 또는 이뤄 낼 자신이 없어서 포기합니다. 자발적으로 품은 꿈이 아니라 남이 정해 준 꿈을 좇아가다가 '이게 아니구나' 싶어 내던지는 경우도 있습니다. 어느 쪽이든 간절히 바라던 것을 놓아 보내기란 고통스럽고 아프기 마련입니다. 그 일 때문에 인생이 곤두박질칠 수도 있습니다.

그런데 만약 40년 동안 품었던 꿈을 단번에 포기해야 한다면 어떨까요? 40년 동안 그 목표 하나만 바라보며 달려왔는데, 이제 됐으니 그만두라고 한다면 어떤 생각이 들겠습니까? 바로 이런 일이 모세에게 일어났습니다.

바로 그날에 여호와께서 모세에게 말씀하여 이르시되 너는 여리고 맞은편 모압 땅에 있는 아바림 산에 올라가 느보 산에 이르러 내가 이스라엘 자손에게 기업으로 주는 가나안 땅을 바라보라 네 형 아론이 호르 산에서 죽어 그의 조상에게로 돌아간 것 같이 너도 올라가는 이 산에서 죽어 네 조상에게로 돌아가리니 이는 너희가 신 광야 가데스의 므리바 물 가에서 이스라엘 자손 중 내게 범죄하여 내 거룩함을 이스라엘 자손 중에서 나타내지 아니한 까닭이라 네가 비록 내가 이스라엘 자손에게 주는 땅을 맞은편에서 바라보기는 하려니와 그리로 들어가지는 못하리라 하시니라 신 32:48-52

애굽에서 이스라엘 백성을 이끌고 나와 가나안이 코앞에 있는 모압 땅에 이르기까지 모세가 당한 고생과 그가 겪은 수고는 이루 말할 수 없습니다. 그 험난한 여정 끝에 이제야 겨우 약속의 땅에 들어갈 수 있게 되었는데, 하나님은 그에게 청천벽력 같은 말씀을 하십니다. "너도 죽은 네 형 아론처럼 가나안 땅으로 들어갈 수 없다."

미디안 광야의 불타는 떨기나무에서 하나님을 만난 이후, 모세는 40년 동안 이스라엘 백성을 훌륭하게 인도했습니다. 광야의 므리바에서 혈기 한 번 부린 것 외에는 크게 잘못하거나 실수한 적이 없었습니다. 그런데도 하나님은 그 단 한 번의 실수 때문에 모세가 가나안 땅에 들어갈 수 없다고 말씀하십니다.

가나안을 눈앞에 둔 상황에서 그의 인생과 사역을 마감하라는 통보를 받는 순간, 모세는 얼마나 억울하고 안타까웠을까요?

게다가 이스라엘 백성은 이제 곧 자신들의 모든 것을 걸고 가나안 원주민과 정복 전쟁을 벌여야 합니다. 그 어느 때보다 모세가 필요한 상황인 것이지요. 그런 상황에서 모세에게 그냥 죽으라고 하시는 이유는 무엇일까요?

가나안에 못 들어가게 된 모세

모세는 인생의 많은 시간 동안 자신의 근본과 능력을 부정하며 살아야 했습니다. 이는 살아남기 위한 필사적 몸부림이었지요. 그가 갓난아기였을 때, 그의 어머니는 히브리 남아 대학살에서 모세의 목숨을 지켜 내기 위해 그를 갈대 상자에 담아 나일강에 띄웠습니다. 하나님의 섭리 가운데 바로의 공주 아들로 입양된 모세는 자신의 근본을 숨긴 채 왕족의 교육과 훈련을 받았습니다. 그러나 40세 때 히브리 노예를 폭행하던 애굽인을 우발적으로 살해하고 나서, 그는 미디안 광야로 도망치게 됩니다. 그 뒤부터 모세는 자신이 가진 모든 것을 버린 채 밑바닥 인생을 살았습니다. 그리고 80세가 되어서야 이스라엘의 출애굽과 가나안 정복이라는 대역사의 지도자로 쓰임 받게 됩니다.

성경은 이때 모세가 했던 사역을 높이 평가합니다.

> 그 후에는 이스라엘에 모세와 같은 선지자가 일어나지 못하였나니 모세는 여호와께서 대면하여 아시던 자요 여호와께서 그를 애굽 땅에 보내사 바로와 그의 모든 신하와 그의 온 땅에 모든 이적과 기사와 모든 큰 권능과 위엄을 행하게 하시매 온 이스라엘의 목전에서 그것을 행한 자이더라 신 34:10-12

성경은 이후의 이스라엘 역사에서 모세에 필적할 만한 지도자나 선지자가 나오지 못했다고 말합니다. 또한 '모든'과 '온'이라는 단어를 거듭 사용해서, 그가 얼마나 대단하고 놀라운 일을 감당했는지 칭찬하고 있습니다. 이토록 뛰어난 인물인 모세가 하필왜 이스라엘의 출애굽 역사상 가장 중요하고 절박한 시기에 허무하게 삶과 사역을 마무리해야 했던 것일까요?

이스라엘 백성이 신 광야 가데스에 이르렀을 때, 그들에게는 마실 물이 없었습니다. 출애굽한 지도 40여 년이 흘렀건만, 그들은 변함없이 절망하고 낙담하면서 지도자 모세와 아론에게 원망을 퍼부었습니다. 심지어 모세와 다투기까지 했습니다(민 20:3).

모세와 아론이 하나님께 엎드려 기도하자, 하나님은 반석에 명령하여 물을 내라고 말씀하십니다. 그런데 백성에게 몹시 분노한 모세는 그만 지팡이로 반석을 두 번 내리치고 말았습니다. 반석에서 물이 나왔기에 식수 문제는 해결되었지만, 모세의 행동은 하나님 앞에서 그냥 넘길 수 없는 중대한 잘못이었습니다.

모세와 아론은 늘 반복되는 상황을 겪으면서도 도무지 깨우칠 줄 모르는 이스라엘 백성에게 극도로 화가 난 상태였습니다(민 20:10-11). 누가 지도자였든 분노할 수밖에 없었을 것입니다.

이스라엘 백성은 지난 40년 동안 애굽과 홍해, 광야에서 하나님의 전능하심과 자신들을 돌보시는 손길을 직접 보고 듣고 경험했습니다. 하지만 그들은 조금도 달라지지 않았습니다. 하나님이 이전에 어떤 일을 행하셨든 관계없이, 그저 상황이 안 좋고 힘들면 즉시 원망과 불평을 쏟아 냈습니다. 이런 사람들과 함께 산다면 누구라도 화내지 않을 수 없을 것입니다.

그러나 하나님은 모세의 감정과 행위가 불신앙에서 비롯되었고, 그 때문에 백성 앞에서 하나님의 거룩함을 보여 주지 못했음을 정확히 지적하십니다. 바로 이것이 모세가 이스라엘 백성을 40년 동안 성공적으로 이끌어 왔음에도 젖과 꿀이 흐르는 약속의 땅에 들어가지 못한 이유였습니다.

순순히 받아들이다

그러나 모세가 어떤 사람입니까? 모세가 시내 산에 올라가 있는 동안 이스라엘 백성은 아론을 부추겨 금송아지를 만들어 우상숭배에 빠집니다. 이 모습에 실망하고 격노하신 하나님은 이스라엘 백성을 진멸하고 모세를 통해 새로운 나라를 세우겠노라 공언하십니다. 바로 이때, 이스라엘을 진멸하실 거라면 자신도 함께 죽여 달라며 하나님께 매달린 사람이 바로 모세였습니다. 하나님은 그의 기도를 들으시고 이스라엘을 용서하십니다(출 32장).

그뿐만이 아닙니다. 가나안에 백성을 들여보내되 그들과 동행하지는 않겠다고 말씀하시는 하나님의 결단을 돌리기 위해, 죽을 수도 있다는 경고를 무릅쓰고 거룩한 고집을 부리기도 했습니다. 이에 그는 성경 속 인물 중 유일하게 하나님의 영광스러운 뒷모습을 보기도 했습니다(출 33장).

이번에도 모세는 가나안에 들어가지 못하리라고 말씀하시는 하나님께 나아가 간청합니다.

> 주 여호와여 주께서 주의 크심과 주의 권능을 주의 종에게 나타내시기를 시작하셨사오니 천지간에 어떤 신이 능히 주께서 행하신 일 곧 주의 큰 능력으로 행하신 일 같이 행할 수 있으리이까 구하옵나니 나를 건너가게 하사 요단 저쪽에 있는 아름다운 땅, 아름다운 산과 레바논을 보게 하옵소서 하되 신 3:24-25

그의 기도를 풀어 말하자면 이렇습니다. "제발 저도 가게 해주십시오. 저 요단을 건너, 40년 전 떨기나무에서 주님을 만났을 때부터 꿈꿔 왔던 약속의 땅에서 살게 해주십시오."

하나님의 백성을 섬기며 일생을 보낸 늙은 선지자의 애절하고 간곡한 청이었습니다. 예전의 하나님이었다면 분명히 허락하셨을 법한 상황이었습니다. 그런데 이번에는 하나님이 전혀 다른 식으로 응답하십니다.

> 여호와께서 너희 때문에 내게 진노하사 내 말을 듣지 아니하시고 내게 이르시기를 그만해도 족하니 이 일로 다시 내게 말하지 말라
> 신 3:26

하나님은 모세에게 "그 은혜가 네게 족하다. 내 뜻은 변하지 않으니 다시는 이 일을 거론하지 마라"고 하셨습니다. 아니, 이게 웬일입니까? 하나님이 그분의 백성에게 '기도하지 말 것'을 명하시다니요! 이는 성경 전체를 샅샅이 뒤져 보아도 찾아볼 수 없는, 유일한 대목입니다.

하나님은 가나안에 들어가는 문제에 대해서는 아예 기도 자체를 금지하셨습니다. 이는 모세 입장에서 매우 절박한 소원이었습니다. 동포들과 함께 약속의 땅에 들어가는 목표 하나만을 위해 달려왔는데, 그 고지를 눈앞에 두고도 들어갈 수 없다니 이 얼마나 안타까운 일입니까?

40년 동안 단 한 번의 실수를 한 것 외에는 잘못한 일이 없는데, 그것 하나 때문에 가나안 입국 금지를 당하다니 참으로 이해할 수 없는 일입니다. 이보다 훨씬 더 흉악하고 패역한 이스라엘의 죄를 가지고 나아갔을 때도 하나님이 이렇게 대하신 적은 없었습니다.

모세에게는 개인적인 소원을 넘어 하나님이 맡겨 주신 사명을 끝까지 감당하려는 '책임감'이 있었습니다. 이스라엘의 가나안 정복과 정착을 성공적으로 마무리하고픈 대의적인 차원에서 간구한 것이라는 이야기입니다. 하지만 하나님은 그것을 뻔히 알면서도 거절하셨습니다.

결국 모세는 하나님이 명하신 대로 요단 강도 건너지 못한 채, 모압 땅에서 파란만장한 생을 마감하고 말았습니다. 참으로 아쉽고 안타까운 죽음이며, 도저히 이해할 수 없는 비극적인 사건이었습니다.

그런데 하나님의 매서운 거절보다 더 이상한 점이 있습니다. 모세가 단 한 번의 거절로 자신의 소원을 꺾었다는 점입니다. 그저 딱 한 번 기도하고 나서 모세는 가나안에 들어가고픈 욕구와 소망을 단호히 내려놓았습니다. 예전의 모세였다면 하나님이 뜻을 바꾸실 때까지 몇 날 며칠을 매달렸을 것입니다. 하지만 이번에는 그렇게 하지 않았습니다.

하나님의 응답은 매정하고 차가웠지만, 그럼에도 모세는 순종했습니다. 가나안에 들어갈 수 없다는 냉혹한 현실을 곧바로 받아들였습니다. 끈질긴 기도의 사람 모세가 왜 그렇게 순순히 포기한 걸까요?

가나안 행을 거절당한 진짜 이유

혹자는 모세가 하나님의 명령을 곱게 받아들인 이유가 이스라엘의 '지도자 교체'의 필요성 때문이라고 해석하기도 합니다. 가나안에 들어갈 세대를 이끌 새로운 지도자 여호수아에게 온전히 지도력을 이양하기 위해 그가 느보 산에서 생애를 마쳤다는 이야기입니다. 모세를 신격화하던 이스라엘 백성(출 34:29-30)이 차기 지도자를 온전히 섬길 수 있도록 묵묵히 자리를 비켜 준 것이라는 해석도 제법 설득력이 있습니다.

하지만 모세가 여호수아를 세운 것은 자신이 가나안에 들어가지 못한다는 현실을 받아들였기 때문에 결단한 조치입니다. 모세가 여호수아 때문에 자신의 가나안 행을 포기했다는 해석은 요즘처럼 어지러운 한국교회의 상황에서 매우 은혜롭게 다가오지만, 시간적인 순서가 불일치합니다.

앞뒤 정황을 살펴보았을 때, 평소 하나님과 모세의 관계를 생각해 보면 답은 하나뿐인 것 같습니다. 하나님이 그렇게 하시는

'이유'를 모세가 깨달은 것입니다.

그렇다면 질문의 내용과 대상을 바꿔서 생각해 봅시다. 하나님은 왜 모세가 가나안 땅에 들어가지 못하게 하셨을까요?

하나님의 말씀대로 물이 나오도록 명령해야 했을 바위를 지팡이로 내리쳤던 행위에 대한 징벌이라면, 매우 치사하고 가혹한 처사입니다. 하나님이 갑자기 소심해지셨다면 모르겠지만, 그럴 가능성은 희박해 보입니다. 그렇다면 도대체 무엇 때문일까요?

이 사건이 벌어진 므리바 현장에서 하나님이 하신 말씀을 살펴봅시다.

> 여호와께서 모세와 아론에게 이르시되 너희가 나를 믿지 아니하고 이스라엘 자손의 목전에서 내 거룩함을 나타내지 아니한 고로 너희는 이 회중을 내가 그들에게 준 땅으로 인도하여 들이지 못하리라 하시니라 민 20:12

하나님은 모세와 아론이 하나님을 믿지 않았고, 그 때문에 백성 앞에서 하나님의 거룩함을 드러내지 않았다고 말씀하십니다. 그래서 하나님이 직접 그분의 거룩함을 드러내셔야 했습니다.

> 이스라엘 자손이 여호와와 다투었으므로 이를 므리바 물이라 하니라 여호와께서 그들 중에서 그 거룩함을 나타내셨더라 민 20:13

그렇다면 '거룩함을 드러낸다'는 말은 무슨 뜻일까요? 거룩하다는 것은 다른 것과 '구별된다'는 뜻입니다. 그러므로 하나님의 거룩함을 나타낸다는 것은, 하나님은 모든 것과 구별되고 분리된 분이시며, 완전히 다른 차원의 존재이심을 보여 준다는 말입니다. 그렇다면 왜 모세와 아론이 하나님의 거룩함을 이스라엘 백성에게 보여 줘야 했을까요?

비록 이스라엘 백성의 육신은 애굽을 벗어났지만, 그들의 생각과 습관은 여전히 애굽에서 살던 그대로였습니다. 그들은 육체의 소욕을 좇는 우상숭배, 난잡하고 부도덕한 성 문화, 의존적이고 수동적인 노예 근성, 무질서하고 비위생적인 생활 태도에 찌들어 있었습니다. 약속의 땅을 향해 전진하는 하나님의 백성이었지만, 한편으로는 애굽의 잡족이나 광야의 이방 민족과 전혀 다를 바 없이 살고 있었던 것입니다. 그들이 이대로 가나안에 들어가게 된다면, 애굽을 그대로 빼닮은 국가와 사회를 세울 것이 뻔합니다. 보고 들은 것이 그것뿐이기 때문입니다.

그러나 하나님의 백성으로 선택받을 때부터 이스라엘은 세상 민족과는 구별된, 즉 '거룩한 사람들'이 되어야 했습니다. 그들의 하나님 여호와가 거룩한 분이시기 때문입니다(레 11:45). 그래서 하나님은 그들이 거룩하게 살아가도록 '율법'을 주시고, 그들의 거룩을 회복하는 방법으로 '제사'를 내려 주셨습니다. 이를 백성에게 가르치고 시행한 사람이 바로 모세와 아론입니다. 두 사람은 이스라엘 백성에게 하나님의 거룩하심을 보여 주는 스크린과 같은 역할을 감당한 것입니다.

그런데 이 두 사람이 불신앙과 분노를 이기지 못한 나머지, 므리바에서 하나님의 거룩함을 드러내지 못했습니다. 정확히 말해 그들은 하나님을 전혀 다른 분으로 '왜곡'해 버렸습니다.

므리바에서 모세와 아론이 나아와 엎드렸을 때, 하나님은 거역하는 백성에 대해서는 아무런 말씀도 하지 않으셨습니다. 그들을 정죄하지도 않으셨고, 벌을 내리겠다고 하지도 않으셨습니다. 그저 반석에 명령해서 물을 내게 하라고만 말씀하셨습니다. 아마도 하나님이 자비로운 아버지이심을 이스라엘 백성에게 나타내기 원하셨던 듯합니다. 거역과 불순종에 사로잡힌 자들일지라도 끝까지 용서하겠다는 마음을 보여 주고 싶으셨던 겁니다. 바로 모세와 아론을 통해서 말입니다.

그러나 모세는 "이 배신자들아!"라고 소리치며, 하나님의 자비가 아닌 타오르는 자신의 분노를 드러내고 말았습니다. 모세의 거친 말과 분노에 찬 행동을 보았을 때 이스라엘 백성은 하나님을 어떤 분으로 떠올렸을까요? 아마 자비로운 하나님은 결코 아니었을 것입니다.

이에 시편 기자도 므리바 사건을 이렇게 기록합니다.

그들이 또 므리바 물에서 여호와를 노하시게 하였으므로 그들 때문에 재난이 모세에게 이르렀나니 이는 그들이 그의 뜻을 거역함으로 말미암아 모세가 그의 입술로 망령되이 말하였음이로다 시 106:32-33

아무리 모세라고 해도 이는 하나님께 그냥 넘어갈 일이 아닙니다. '말'로 외쳤느냐 '지팡이'로 내리쳤느냐 하는 차원의 문제가 아닌 것입니다.

이스라엘이 처음으로 성막을 세워 하나님을 섬겼을 때 아론의 가문에 일어났던 사건을 기억해 보십시오. 하나님이 말씀하신 것이 아닌 다른 불로 분향하던 아론의 두 아들 나답과 아비후가 결국 갑작스럽게 죽음을 맞이하고 말았습니다. 이는 하나님의 영광을 나타내야 할 제사장 나답과 아비후가 그분의 거룩하심을 드러내지 못해 벌어진 참극이었습니다.

모세가 아론에게 이르되 이는 여호와의 말씀이라 이르시기를 나는 나를 가까이 하는 자 중에서 내 거룩함을 나타내겠고 온 백성 앞에서 내 영광을 나타내리라 하셨느니라 아론이 잠잠하니 레 10:3

하나님은 이스라엘 백성과 모세를 세심하게 인도하셨습니다. 첫 번째 유월절을 지킬 때나 성막을 지을 때, 제사 제도와 제사장을 세울 때에도 규칙과 방법, 시기, 규모, 준비물 등 모든 것을 상세하게 말씀하셨고, 모세는 이스라엘 백성에게 그대로 가르쳐 지키게 했습니다. 오직 하나님이 말씀하신 대로 순종할 때에만 그분의 거룩하심을 온전히 나타낼 수 있기 때문입니다.

그런데 이 원칙을 철저하게 지켜 온 모세가 안타깝게도 므리바에서 무너지고 말았습니다. 하나님은 모세가 반석에 명령해서 물을 내게 하여 그분의 거룩하심을 드러내려 하셨지만, 모세는 분노의 지팡이를 내리침으로써 그분의 성품을 왜곡해 버렸습니다. 백성에게 분노를 터뜨리고 그들을 무가치한 존재로 정죄하는 동시에, 하나님을 비인격적이고 잔인하며 인간에게 무관심한 이방 신 같은 존재로 여기게 만든 것입니다.

결국 모세가 깨뜨린 거룩함을 하나님이 '직접' 보이셔야 했습니다. 반역하고 패역한 지도자와 백성이지만, 그들에게 변함없는 사랑과 긍휼로 물을 공급하신 것입니다(민 20:13). 이 물은 모세가 지팡이로 쳐서 나온 것이 아니었습니다. 오직 하나님이 그분의 거룩하심을 나타내려고 주신 것이었습니다.

하나님은 그분을 가까이하는 사람을 통해 세상 가운데 그분의 거룩함을 나타내겠다고 말씀하십니다. 아브라함도 이 일을 위해 선택되었습니다. 그리고 이 땅의 교회인 우리 개인과 신앙 공동체도 동일한 사명을 받았습니다. 하지만 이스라엘 민족은 이 사명을 저버렸기 때문에 심판받았습니다.

하나님은 이 사명을 잊은 채 그분의 거룩하심을 왜곡한 모세의 가나안 행을 막으셨고, 그가 더는 이스라엘 백성과 함께하지 못하도록 조치를 취하셨습니다. 그리고 모세 본인도 그러한 하나님의 의도를 깨달았던 것 같습니다.

반전의 은혜를 베푸신 하나님

가나안만 바라보며 달려온 40년의 시간이 느보 산에서 멈추고 말았습니다. 바로의 왕궁과 미디안 광야에서의 준비 기간까지 합하면, 무려 120년 동안의 긴 세월이 이곳에서 막을 내린 셈입니다. 하나님이 약속하신 땅에 들어가는 데 쏟아부은 모든 시간을 무의미하고 쓸모없는 것으로 전락시키고 마는 일생일대의 위기에 처하고 말았습니다. 하지만 엎지른 물을 다시 주워 담을 수 없듯 이미 저지른 실수를 돌이킬 수는 없습니다. 하나님의 처분을 받아들이는 길 외에는 할 수 있는 일이 없습니다. 아마 모세는 말로 표현할 수 없을 만큼 마음이 아프고 괴로웠을 것입니다.

이쯤 되면 모세에게서 원망과 미움의 감정이 튀어나올 법도 합니다. 아무리 그가 자신이 지은 죄를 깨달았다 해도, 하나님과 모세의 관계가 그토록 좋았다 해도 감정의 분출을 막을 수는 없었을 것입니다. 이때껏 하나님과 이스라엘 백성을 위해 내려놓고 희생했던 것들이 떠오르면서, 아까운 마음이 생겨났겠지요. 지금까지 자기가 쏟아부었던 '본전'이 생각 났을 겁니다. '지금까지 난

무얼하고 있었던 걸까?' 하는 생각이 들면서 허무하고 허탈한 심정을 느꼈을 것입니다. 이게 우리의 타고난 성정입니다.

그러나 성경을 보십시오. 하나님은 하나님대로, 모세는 모세대로 뭔가 앞뒤가 안 맞는 모습을 보여 줍니다. 하나님의 거룩하심을 드러내지 않고 왜곡한 행위는 나답과 아비후의 경우처럼 죽어 마땅한 죄에 해당합니다. 그런데 하나님은 그 죄의 대가로 모세를 죽이지 않으셨습니다. 우리가 아는 대로 모세는 120년의 수명을 채운 뒤 요단 강 건너편 모압 땅에 묻혔습니다. 그는 나답과 아비후처럼 비명횡사하거나 돌연사하지 않았습니다.

한편 하나님의 거룩하심을 백성에게 드러내야 할 모세가 지도자로서의 본분을 잃어버렸다는 사실을 후세에 정확하게 알려 줄 필요가 있습니다. 그래야 이스라엘의 후손들이 모세의 전철을 밟지 않을 것이기 때문입니다. 가나안 땅에 들어가지 못할 정도로 심각한 잘못을 저지른 지도자이니, 그에 합당하게 신랄하고 날선 비판과 평가를 내려야 하지 않겠습니까?

그런데 성경은 자신의 삶을 정리하고 하나님께 돌아가는 모세를 이렇게 평가하고 있습니다.

그 후에는 이스라엘에 모세와 같은 선지자가 일어나지 못하였나니 모세는 여호와께서 대면하여 아시던 자요 여호와께서 그를 애굽 땅에 보내사 바로와 그의 모든 신하와 그의 온 땅에 모든 이적과 기사

와 모든 큰 권능과 위엄을 행하게 하시매 온 이스라엘의 목전에서 그것을 행한 자이더라 신 34:10-12

이 대목에는 모세의 허물이 전혀 언급되지 않았습니다. 하나님의 거룩함을 가리는 치명적 잘못을 저지르고 약속의 땅에도 들어가지 못했다는 내용도 일절 없습니다. 그 대신 어떤 일에도 기꺼이 순종하여 치열하게 달려가며, 평생 하나님과 조국을 사랑하고 섬겼던 '하나님의 사람'을 기리며 고마워하시는 하나님의 마음이 담겨 있습니다.

"모세야. 그동안 힘들었지? 가장 힘들고 어려울 때 지도자 자리를 맡아서 고생 많았구나. 그런데도 가나안에 들어가지 못하게 해서 정말 미안하다. 앞으로 나는 너 만한 친구나 일꾼을 다시는 두지 못할 거다. 그동안 고마웠다, 모세야. 이제 나와 함께 편히 쉬자꾸나."

성경은 그 이후 하나님의 백성과 온 세상 앞에서 모세를 능가할 만큼 크고 놀라운 일을 행한 사람이 없었다고 증언합니다.

그리고 하나님은 모세에게 선물을 하나 더 주십니다. 하나님은 그를 느보 산에 서게 하셨습니다. 느보 산은 어떤 산일까요? 현재 팔레스타인에서 모세가 올라간 느보 산으로 알려진 곳은 요단 강 남쪽 마다바라는 곳에서 북서쪽으로 10km 정도 떨어진 곳에 위치해 있습니다.

느보 산은 모세의 발걸음이 멈춘 마지막 지점입니다. 그는 거기서 더 나아가지 못했습니다. 노년에도 기력이 쇠하지 않았던 그였지만 더는 사역을 지속할 수 없었습니다. 그곳에서 멈춰야 했습니다. 그렇기에 느보 산은 모세에게 가슴 아프고 안타까운 장소였습니다. 하지만 하나님은 바로 그곳에서 모세가 장차 성취할 약속을 바라보게 하셨습니다.

느보 산은 전망이 아름다운 곳으로, 높이는 해발 800m 정도입니다. 산에 오르면 여리고와 사해(死海), 요단 강과 예루살렘 인근의 사막까지 볼 수 있습니다. 모세는 이곳에서 그토록 갈망하던 약속의 땅을 자신의 눈으로 직접 보았습니다. 그것은 하나님 약속의 온전한 성취이며, 애굽에서 나와 홍해를 건너 광야를 지나는 가운데 하나님이 계획하신 구원의 완성이었습니다. 장차 오실 예수 그리스도의 십자가 대속과 부활이라는 복음의 성취를 믿음으로 바라본 것입니다. 그는 비록 땅을 얻지 못했지만, 하나님이 베푸시는 반전의 은혜를 누리며 생을 마감할 수 있었습니다.

하나님 앞에서 끝까지 변함없이

가나안에 들어가게 해 달라는 기도를 거절당한 뒤에 모세가 보인 행동도 이상하기는 마찬가지였습니다. 하나님은 모세에게 여호수아를 차기 지도자로 세워 가나안을 정복할 준비를 하라고 말씀하십니다.

> 너는 여호수아에게 명령하고 그를 담대하게 하며 그를 강하게 하라 그는 이 백성을 거느리고 건너가서 네가 볼 땅을 그들이 기업으로 얻게 하리라 하셨느니라 신 3:28

이 구절만 보면 하나님이 무척 얄밉게 느껴집니다. 가나안에는 못 들어가게 하면서 일은 죽을 때까지 시켜 먹겠다는 악덕 고용주 심보 같습니다. 하지만 하나님이 모세에게 이렇게 말씀하시는 데에는 그럴 만한 이유가 있습니다. 사실 이 구절은 모세의 요청에 대한 허락입니다. 모세가 먼저 하나님께 이스라엘을 이끌 다음 지도자를 세워 달라고 부탁한 것입니다.

> 모세가 여호와께 여짜와 이르되 여호와, 모든 육체의 생명의 하나님이시여 원하건대 한 사람을 이 회중 위에 세워서 그로 그들 앞에 출입하며 그들을 인도하여 출입하게 하사 여호와의 회중이 목자 없는 양과 같이 되지 않게 하옵소서 민 27:15-17

모세는 정말 속도 좋습니다. 제가 모세였다면 일단 여호수아를 지도자로 세운 뒤에 아무 일도 도와주지 않고 그냥 구경만 했을 겁니다. 아니면 '나도 못 들어가는 가나안에 너희가 들어갈 수 있을 것 같냐?' 하는 마음으로 이스라엘 백성을 엉뚱한 곳으로 인도했을지도 모릅니다.

40년 동안 지도자의 자리에 있었던 모세는 아마 이스라엘 공동체의 약점과 잠재적인 위험 요소를 모두 알고 있었을 것입니다. 그런데도 모세는 아무 일도 없는 것처럼, 마치 그 일이 당연한 것처럼 태연하게 여호수아를 다음 지도자로 세우고 모압 땅에서 숨을 거둘 때까지 그를 훈련시켰습니다.

책임을 맡고 있는 동안에는 최선을 다하다가, 그 일을 내려놓는 즉시 돌연 태도를 180도 바꾸는 사람이 많습니다. 이젠 내 책임이 아니라며, 앞으로는 만날 일 없다며, 자신에게 아무 이익이 없다며 더는 관여하지 않겠다는 것입니다. 그만두는 마당에 피곤하게 뭘 정리하고 인수인계를 하느냐고 불평하는 사람도 있습니다. 이런 사람은 후임자에게 좋은 정보와 자료를 넘겨줄 리 만무합니다. 게다가 모세처럼 마지막에 불이익을 당한 입장이라면 더더욱 마음을 곱게 쓰기가 어려운 법입니다.

여호수아를 훈련시키는 동안 모세 역시 때때로 자신을 초라하게 느끼며 자격지심을 품었을 것입니다. 하지만 그는 어떤 모습으로든 출애굽의 역사를 완성하고, 이스라엘을 하나님 백성으로 거듭나게 하는 데 참여하고 싶었습니다. 모세는 자기 없이 이스라엘 백성이 어떻게 될지, 그리고 하나님이 맡기신 일을 아름답게 이루기 위해 자신이 해야 하며, 할 수 있는 일이 있음을 알았습니다. 그것은 철없고 연약한 이스라엘 백성이 가나안을 정복하고 무사히 정착할 때까지 목자 없는 양처럼 방황하지 않도록 이끌어 줄 사람을 세우는 일이었습니다.

마무리하지 못한 채 세상을 떠나게 되더라도 시작해야 할 일, 자신이 주인공이 아니더라도 주인공처럼 열심히 해야 할 일, 이미 다른 사람에게 넘어갔지만 그래도 돕고 싶은 일, 그런 일이 당신에게도 있습니까? 그것이 바로 주님이 맡겨 주시는 일, 즉 '사명'입니다.

사명은 죽는다고 끝나는 것이 아닙니다. 사람이 떠나고 그만둔다고 해서 중단할 일이 아닙니다. 내가 못하면 내 다음 사람이 뒤를 잇고, 우리가 못하면 우리 다음 세대가 감당하는 것입니다. 자신이 바라본 약속의 땅에서 하나님 백성으로 거듭난 이스라엘이 거룩한 나라와 세상을 창조하는 것, 바로 이것이 하나님이 모세에게 맡겨 주신 사명이었습니다.

모세, 하나님과 통하다

모세의 인생에는 깊은 골짜기와 길 없는 광야, 그리고 넘어야 할 높은 산이 많았습니다. 대낮처럼 밝고 환한 시간도 있었지만, 칠

흑같이 어두운 시절도 있었습니다. 많은 사람과 함께 있었지만 철저히 외롭고 고독한 순간이 숱하게 펼쳐졌습니다.

그 파란만장했던 120년의 삶을 뒤로하고, 이제 모세는 느보 산에 올라가 생을 정리하려 합니다. 가나안에 들어가지 못하는 입장에서 보면, 지금까지 살아온 의미를 잃어버렸다고 할 수 있습니다. 그로서는 모든 것이 덧없이 느껴질 수 있습니다. 어쩌면 모세가 시편 90편에 '인생은 티끌과 같다'고 쓴 것은 그런 이유 때문인지도 모르겠습니다. 아침에 꽃으로 피어 자란 풀이 저녁이 되면 시들어 마르는 것처럼, 인생은 너무나 빨리 지나가 버린다고 고백합니다.

> 우리의 연수가 칠십이요 강건하면 팔십이라도 그 연수의 자랑은 수고와 슬픔뿐이요 신속히 가니 우리가 날아가나이다 시 90:10

인생의 무상함과 덧없음을 처절하게 깨달은 노선지자의 안타까운 마음이 느껴집니다. 지금까지 화려한 전성기를 보냈고 지금도 젊은이 못지않게 뛸 수 있지만, 그 모든 것을 내려놓고 떠나야 하는 모세의 허무함과 허탈감이 묻어 나오는 구절입니다. 하지만 모세는 거기에 머물러 있지 않고 하나님께 인생의 의미와 가치를 깨닫게 해 달라고 간구합니다.

우리에게 우리 날 계수함을 가르치사 지혜로운 마음을 얻게 하소서

시 90:12

여기서 '날을 계수한다'는 말은 자신의 인생이 얼마나 짧은지 깨닫는 것을 의미합니다. 이 사실을 깨닫는 사람은 천년만년 살 것처럼 인생을 살아갈 수 없습니다. 시한부 인생을 선고받은 사람은 이전과는 완전히 다른 시간 개념을 갖게 됩니다.

건강할 때는 누구나 자기 자신만을 챙기고 이 땅의 것에 눈길을 둡니다. 그러나 살날이 얼마 남지 않은 사람은 죽음, 그 이후에 찾아올 일을 생각하지 않을 수 없습니다. 그동안 돌보지 못한 다른 이들에게 감사와 유감의 마음을 표현하게 됩니다. 예전에는 목표를 이루고 성공하는 데에 모든 것을 걸었지만, 이제는 마음과 관계를 가장 소중히 여기게 됩니다. 매일, 매 순간, 모든 사람이 귀하고 아름답게 느껴집니다. 인생의 유한함을 인정하며 그 안에서 진정 가치 있는 대상을 붙잡는 것, 이것이 바로 모세가 하나님께 구한 지혜로운 마음입니다.

그렇다면 모세가 자신의 인생에서 가장 가치 있고 의미 있는 사건으로 꼽은 것은 무엇이었을까요? 느보 산에 서기 전의 모세였다면 당연히 '가나안 입성'을 가장 중요한 일로 꼽았을 겁니다. 하지만 삶을 마감하는 순간에는, 비록 고달프고 힘겨웠더라도 하나님만 의지하며 그분과 동행하던 기억들이 가장 귀하게 느껴졌

을 겁니다. 조금만 불편하고 어려워도 애굽으로 돌아가겠다며 떼를 쓰는 백성 때문에 무릎이 닳도록 하나님 앞에 엎드렸던 시간들, 하나님이 베푸시는 기적을 보며 때로는 아론과 때로는 미리암과 어린아이처럼 손을 맞잡고 뛰며 기뻐했던 기억이 생생하게 떠오릅니다. 마실 물과 먹을 고기가 있든 없든, 편한 길이든 험한 길이든, 전쟁이 일어나든 평화롭든 모세는 모든 순간을 하나님과 함께했습니다. 어디에서 무엇을 하든 하나님은 모세와 이스라엘 백성의 곁을 떠나신 적이 없습니다.

처음에 모세는 하나님이 자신을 가나안으로 인도하겠다는 약속을 어기셨다고 생각했습니다. 하지만 모세는 하나님과 함께했던 지난 40년의 모든 날이 가나안에 들어가는 것보다 훨씬 더 귀하고 좋은 시간이었음을 깨닫습니다. 하나님이 직접 요리하신 하늘 음식을 먹고, 하나님이 직접 찾아 주신 생명의 물을 마시고, 하나님과 함께 여행했던 시간들을 어떻게 가나안 따위와 비교할 수 있다는 말입니까?

그래서 모세는 이렇게 고백합니다.

> 아침에 주의 인자하심이 우리를 만족하게 하사 우리를 일생 동안 즐겁고 기쁘게 하소서 시 90:14

모세가 이 땅에서의 남은 시간을 여호수아의 지도자 수업과 가나안 정복 준비에 쏟아부은 것은 그의 평생에 인자와 자비를 베풀어 주신 '하나님의 은혜'를 기억했기 때문입니다.

하나님과 통하는 사람에게만 허락된 것

하지만 아무리 그렇다고 해도 인생의 느보 산에서 이러한 고백을 하기란 절대로 쉬운 일이 아닙니다. 지금까지 쌓아 온 모든 것을 내려놓아야 하는 고통스럽고 아픈 순간에도, 모세로 하여금 하나님의 사랑과 은혜를 헤아리게 한 힘은 무엇일까요?

그것은 모세가 "여호와께서 대면하여 아시던" 사람이었기 때문입니다(신 34:10). 그는 늘 하나님과 얼굴을 맞대고 교제하던 사람이었습니다. 언제나 눈과 귀를 열고 하나님과 '소통하는' 사이였다는 말입니다. 그렇기에 하나님이 그의 인생을 중도 하차시키고 그의 간곡한 철회 요청을 거절하셨어도 끝까지 '온전한 순종'으로 반응할 수 있었던 것입니다.

저는 모세를 향한 하나님의 마음도 동일했으리라고 믿습니다. 그리고 마태복음 25장에서 양과 염소 비유로 설명하신 심판 장면에서처럼 모세에게 "나도 너를 안다"라고 말씀하셨을 것이라고 믿습니다(마 25:31-46). 모세가 하나님의 거룩함을 드러내는 데 실패했음에도 그에게 이례적으로 대우해 주신 까닭은 그 때문일 것입니다. 그리고 우리가 잘 아는 것처럼 하나님은 먼 훗날 모세의 소원을 들어주십니다. 변화 산에서 엘리야와 함께 예수님을 만났을 때, 모세는 그토록 꿈에 그리던 가나안 땅에 서게 되었습니다 (눅 9:28-30).

어떤 상황에서든 끝까지 하나님을 신뢰한다면, 인생의 위기가 찾아와도 그 안에 담긴 하나님의 치유와 은혜의 손길을 맛보게 됩니다. 끝까지 하나님을 신뢰할 수 있는 열쇠는 오직 하나, 그분과의 관계뿐입니다.

당신은 하나님과 어떤 관계를 맺고 있습니까? 하나님과 통하고 계십니까? 그럴 때에만 하나님의 'No' 사인을 '은혜'로 받아들일 수 있으며, 위기 중에 오히려 치유되고 회복되는 역사를 체험할 수 있을 것입니다.

9장

위기는

옛사람의 옷을 벗는
치유의 기회입니다

새마다 차이가 있겠지만, 조류의 평균 수명은 보통 40-50년 정도라고 합니다. 하지만 솔개는 70-80년까지 장수하는 것으로 알려져 있습니다. 그런데 솔개가 이렇게 오래 살아가는 데에는 말할 수 없이 고통스러운 과정이 수반됩니다.

40년 정도 산 솔개의 모습은 볼품이 없습니다. 부리는 굽고 발톱은 닳아빠지며, 날아오르는 것이 부담스러울 정도로 날개가 무거워집니다. 이런 상태라면 솔개는 얼마 가지 않아 죽음을 맞이할 수밖에 없습니다. 바로 이때 솔개는 바위산 높은 곳에 올라가 둥지를 만들고, 아주 희한한 행동을 하기 시작합니다.

처음에는 부리로 바위를 마구 쪼아 댑니다. 부리가 부러지고 깨져서 피가 나지만, 솔개는 전혀 아랑곳하지 않은 채 계속 쪼아

대기만 할 뿐입니다. 부리가 다 없어질 때까지 쪼는 일을 멈추지 않습니다. 그렇게 얼마 동안의 시간이 흐르면, 놀랍게도 그 자리에 튼튼하고 매끈한 새 부리가 나옵니다. 새로운 부리가 나오면 이번에는 발톱을 뽑기 시작합니다. 아마 몹시 고통스럽겠지요. 그러나 이렇게 해야만 억세고 튼튼한 새 발톱을 얻을 수 있습니다. 새 발톱이 생기면, 마지막으로 낡고 무거운 깃털을 모두 뽑아 버립니다. 그러고 나면 다시 예전처럼 힘차게 창공을 날아오를 수 있는 새로운 깃털이 돋아납니다.

이 기간에 솔개는 몸이 많이 쇠약해집니다. 심지어 다른 짐승의 공격에 대응하지 못한 채 무방비 상태로 130일 정도를 지내야 합니다. 말 그대로 죽음의 문턱에 서는 시간입니다. 그러나 이 시기만 잘 넘기면, 솔개는 강하고 멋진 모습으로 새로운 40년을 더 살게 됩니다. 본래의 모습을 완전히 버릴 때, 전혀 '새로운 존재'로 거듭나는 것입니다.

하나님이 우리 삶 가운데 행하시는 일도 이와 같습니다. 철저하게 육신의 본능을 좇아 살아가는 우리를 예수 그리스도의 십자가에서 '사망신고'하신 뒤, 내면과 삶을 거룩하게 하는 '성화의 여정'으로 인도하십니다.

그런데 성도 개인의 삶과 교회 공동체, 그리고 세상을 둘러보면, 하나님 나라로 본적을 옮긴 사람 수에 비해 성화의 진보가 드러나는 사람이 턱없이 부족해지는 기현상에 부닥치게 됩니다. 이는 성화의 여정 어딘가에서 정체와 병목현상이 일어나고 있다는 반증입니다. 도대체 무엇이 성도의 영적 성숙을 막고 있으며, 이 땅 가운데 하나님 나라를 드러내지 못하도록 방해하는 걸까요?

사도 바울은 우리가 그리스도와 함께 십자가에 달려 죽었고, 이제는 부활하신 주님이 우리 대신 우리 안에서 사신다고 선포합니다(갈 2:20). 하지만 우리의 옛사람은 아직도 영접 기도와 골고다 언덕 사이 어딘가에 버젓이 살아 배회하고 있습니다. 교회에 나와 신앙생활을 하며 직분도 달고 있지만, 아직 그리스도의 십자가에서 사망신고하지 않은 이들이 본인의 처지를 망각한 채 자신의 실력과 소유를 의지하며 버젓이 살고 있는 것입니다.

맷돌을 가는 눈 먼 영웅

사사기에도 자신의 힘만 믿고 살았던 한 사람이 등장합니다. 바로 이스라엘의 사사 '삼손'입니다. 그는 인간의 한계를 훌쩍 뛰어넘는 괴력으로 블레셋과 맞서 싸우며, 파란만장한 삶을 살았습니다. 그는 영웅이자 승리자, 지배자였습니다. 그의 겉모습은 요즘 인기 있는 할리우드 영화의 슈퍼 히어로와 비슷할 것입니다.

하지만 삼손은 힘의 근원이 머리카락에 있다는 비밀을 발설하는 바람에 하루아침에 나락으로 떨어지고 말았습니다. 사사기에는 망가질 대로 망가진, 이전과는 정반대의 모습인 삼손이 묘사되어 있습니다(삿 16:19-20). 이제 그는 자유를 잃고 블레셋의 포로 신세가 되어 쇠사슬에 묶인 채 비좁은 감옥에 앉아 있습니다. 끔찍하게도 두 눈이 뽑혀 아무것도 볼 수 없습니다. 머리카락이 잘렸으니 자랑할 만한 괴력도 없습니다. 최고의 전사이자 슈퍼스타였던 그의 모든 능력이 사라졌습니다. 이제 삼손은 고통스러워하는 짐승과 다를 바 없는 모습으로 맷돌을 돌립니다. 수많은 사람이 모인 다곤 신전에 끌려 나와, 서커스 동물처럼 억지 재주를 부려야 했습니다. 블레셋 사람들은 그가 쓰러져 죽을 때까지 실컷 괴롭힐 심산입니다.

　삼손을 구해 줄 사람은 아무도 없습니다. 힘이 있을 때는 파리 떼처럼 꼬이던 친구들도 누구 하나 보이지 않습니다. 블레셋에게 납치된 상황이니 가족도 속수무책입니다. 만에 하나 살아서 블레셋 감옥을 나간다 해도 삼손에게는 무언가를 새롭게 시작할 가능성이 전혀 없습니다. 지금 그의 소원은 하루빨리 질긴 목숨이 끊어져 고통에서 자유롭게 되는 것뿐입니다.

　오늘날에는 삼손처럼 두 눈이 뽑히거나 맷돌을 돌리게 될 일이 없습니다. 하지만 성공해서 아무런 문제없이 잘사는 것 같은데도 '영혼의 맷돌'을 돌리고 있는 사람이 많습니다. 하는 일마다 잘되고, 경제적으로 풍요해서 부족한 것 없이 살고 있습니다. 멋진 인생을 사는 데 아낌없이 돈을 투자합니다. 그런데 무슨 이유에서인지 '이게 아닌데' 하는 생각이 머릿속을 떠나지 않습니다. 항상 최고를 누리며 살지만, '참된 만족'이 없습니다. 부족한 것이 없는데 늘 뭔가 부족합니다. 아무리 생각해도 그 이유를 알 수 없습니다. 이런 상태가 계속되면, 삶의 방향을 잃고 맷돌처럼 제자리를 맴도는 인생을 살게 됩니다. 이는 "무엇을 위해 사는가?"라는 질문에 대답할 수 없을 때 나타나는 증상입니다.

만족은 의미에서 비롯되고, 의미는 목적과 방향에서 비롯됩니다. 목적과 방향을 모른다면 세상의 온갖 좋은 것을 쌓아 놓고도 만족하지 못하는 삶을 살 수밖에 없습니다. 무엇으로 자신을 채울 수 있는지, 어떻게 해야 내적 갈급증을 해결할 수 있는지 모른 채 살아갑니다. 어제도 오늘도, 그리고 내일도 변함없이 같은 자리만 맴돌 뿐입니다.

목적을 잃어버린 옛사람

삼손은 태어날 때부터 하나님의 특별한 은혜를 입은 사람입니다(삿 13장). 하나님은 삼손에게 혼자서 블레셋 군대를 간단히 제압할 수 있을 만큼 강력한 힘을 주셨습니다. 그렇기에 그 누구도 힘으로는 그를 당해 내지 못했습니다. 젊은 사자를 맨손으로 찢어 죽이고, 혼자서 나귀의 새 턱뼈로 블레셋 사람 천 명을 때려눕혔습니다. 튼튼한 새 밧줄을 일곱 겹으로 묶어 놓아도 실을 끊듯이 너끈히 해치워 버렸고, 성의 문짝과 문설주와 빗장을 빼서 어깨에 메고 다녔습니다. 하지만 삼손은 자신이 어쩌다 이런 힘을 갖게 되었는지, 이 힘을 어디에 사용해야 할지 몰랐습니다. 그는 사사였지만, 하나님과 이스라엘을 위해서는 그다지 의미 있는 행동을 취한 적이 없었습니다. 힘을 주신 분은 하나님이셨지만, 그는 오직 자신을 위해, 자기 마음대로 힘을 사용했습니다. 옛사람의 소욕을 채우는 헛된 일에 하나님의 능력을 사용한 것입니다.

하나님은 삼손이 태아일 때부터 그를 '나실인'으로 구별하셨습니다(삿 13:3-5). 삼손 역시 그 사실을 잘 알았을 것입니다. 하지만 그는 사명대로 살지 않았습니다. 하나님이 주신 능력을 자신의 기분과 감정에 따라 사용했습니다. 원하는 것을 취하고 빼앗으며 복수하는 데 사용했습니다. 말 그대로 '낭비'한 것이지요.

살다 보면 우리도 이럴 때가 있습니다. 더 좋은 것을 더 많이 가지려고 애쓰면서도 정작 자신이 소유하며 누리고 있는 것이 어디에서 왔는지, 왜 주어졌는지 모릅니다. 젊음, 능력, 시간, 물질, 아이디어, 체력, 명예, 소유, 관계, 미래…. 이 자원들을 사용하는 것은 그저 각자의 몫이라고 생각합니다. 원래 자기 것이니 마음대로 사용해도 된다고 여기는 것입니다. 하지만 이런 선택은 우리가 그토록 바라는 행복 대신, 무의미하고 공허한 인생이라는 비극적인 결과를 가져옵니다.

20세기 중반, 할리우드 최고 여배우였던 메릴린 먼로(Marilyn Monroe)는 수많은 남성의 사랑과 대중의 인기를 한 몸에 받고 경제적 부를 누리며 화려하게 살았습니다. 최고의 전성기를 구가하며 성공 가도를 달렸음에도, 그는 종종 언론 인터뷰에서 이렇게 말했다고 합니다. "제 인생이 너무나 공허하게 느껴지고, 때때로 내가 불쌍하다는 생각에 사로잡혀요. 왜 이런 불행한 생각을 하게 되는지 도무지 이유를 모르겠어요."

결국 1962년 어느 날 밤, 메릴린은 유서를 남긴 채 자살하고 말았습니다. 유서에는 '내 인생은 파장한 해수욕장과 같다'고 적혀 있었습니다. 메릴린은 최고의 부와 명예, 인기를 누렸던 인기 스타였지만, 인생의 참 의미와 방향을 찾지 못한 채 제자리만 맴돌다 30대 중반의 젊은 나이에 생을 포기하고 말았습니다.

사도 바울은 이런 상태의 심령을 "마음의 허망한 것"이라고 표현합니다(엡 4:17). 그리고 이것이 바로 '옛사람의 모습'임을 명확하게 지적합니다(엡 4:22). '허망하다'는 말은 '방향을 잃다, 목표가 없다'는 뜻입니다. 삶의 방향과 목표가 없기 때문에 모든 것이 무의미하고 공허하며 헛되게만 느껴지는 것입니다. 그래서 옛사람에 매여 있는 사람은 자신이 어디로부터 왔고, 어디로 가고 있는지 몰라 방황합니다. 설사 나름대로 자신의 길을 선택해서 간다고 하더라도, 어딘가 석연치 않고 모호하기 때문에 늘 불안감에 시달립니다. 또한 이런 사람은 판단력과 이해력을 잃고 무지

한 상태가 되어 버리기 십상입니다. 그러다 생각과 마음까지 완고해져서, 급기야 하나님의 생명과 단절되고 맙니다(엡 4:18). 마치 지도도 없고 북극성도 볼 줄 모르는 채 대책 없이 항해하는 배와 같은 처지입니다. 갈 길을 찾아 열심히 돌아다니지만, 별다른 소득도 없이 시간과 에너지만 낭비합니다. 이런 상태를 벗어날 수 있는 지혜와 지식이 없으니 계속해서 방황할 뿐입니다.

당신의 옛사람은 안녕하십니까?

삼손도 옛사람의 영향력 아래에 매인 사람이었습니다. 그는 철저하게 자아를 추구했고, 교만과 삐딱한 자존심으로 똘똘 뭉쳐 있었습니다. 그의 행동과 생활방식은 전형적으로 하나님을 향한 믿음에 정면으로 맞서고 있었습니다. 육신에 속한 옛사람이 죽지 않고는 누구도 하나님 앞에 나아갈 수 없기 때문입니다(롬 8:7).

호주와 뉴질랜드 사이에는 휴양지로 유명한 '피지 섬'이 있습니다. 옛날 이곳의 원주민들은 식인풍습이 있을 정도로 잔인하고 호전적인 성향의 소유자였습니다. 어떤 부족이 사는 곳에는 마을 한가운데 커다란 바위가 있었는데, 큰 잘못을 저지른 사람이 있으면 모두 지켜보는 가운데 바위에 묶어 놓고 산 채로 때려죽였다고 합니다. 그래서 바위에는 늘 사람의 피와 살점이 엉겨 붙어 있었습니다. 참으로 지나치게 잔인한 형벌이 아닐 수 없습니다. 이는 사람들이 경각심을 갖고 마을의 규칙과 규율을 잘 지키게 하려고 만든 풍습이었습니다.

그러던 어느 날, 피지 섬에 선교사들이 들어와 복음을 전해 주었습니다. 많은 원주민이 예수님을 구주로 영접했으며, 선교사들은 그들에게 세례를 베풀었습니다. 이때 선교사들이 세례를 주는 장소로 고른 곳이 이 바위 앞이었다고 합니다. 하필이면 왜 그런 곳에서 거룩한 세례 의식을 치렀을까요? 다 이유가 있습니다. 선교사들은 죽음의 바위 앞에서 세례 받는 사람들에게 "지금 여기에서 당신의 옛사람은 죽었습니다. 그러므로 이제부터 당신의 모든 날은 공짜로 주어진 '선물'입니다. 지금 이 순간부터 살아도 주님을 위해 살고, 죽어도 주님을 위해 죽으십시오!"라는 메시지를 전달하려고 했던 것입니다.

피지 섬 '죽음의 바위'가 던지는 메시지는 현대를 살아가는 우리에게도 명확한 응답을 촉구합니다. 옛사람의 죽음을 맞이한 뒤 그리스도인의 새로운 인생을 시작했는지, 예수 그리스도 덕분에 덤으로 사는 인생을 살고 있는지 신랄하게 묻습니다.

이에 대한 최고의 답변은 사도 바울의 고백일 것입니다.

내가 그리스도와 함께 십자가에 못 박혔나니 그런즉 이제는 내가 사는 것이 아니요 오직 내 안에 그리스도께서 사시는 것이라 이제 내가 육체 가운데 사는 것은 나를 사랑하사 나를 위하여 자기 자신을 버리신 하나님의 아들을 믿는 믿음 안에서 사는 것이라 갈 2:20

이 말씀에 의하면, 그리스도의 십자가에 옛사람을 못 박은 사람은 '살아 있지만 살아 있는 것이 아닌' 존재가 됩니다. 살아 있다는 사실은 분명 맞지만, 살아 있는 것은 사실 내가 아닙니다. 예수 그리스도께서 내 삶을 '대신' 살아가시기 때문입니다.

이 지점에서 우리는 이전과는 완전히 다른 인생의 목적을 발견합니다. 바울은 "나를 사랑하사 나를 위하여 자기 자신을 버리신 하나님의 아들을 믿는 믿음 안에서 사는" 것이 십자가에 옛사람을 못 박고 새롭게 시작된 두 번째 인생의 목적이라고 고백합니다. 뒤집어 보면 "나를 위하여 자기 자신을 버리신 하나님의 아들을 믿는 믿음 안에서" 살려고 애쓰는 것은 곧 십자가에서 나의 옛사람이 죽고 그리스도가 대신 살아 계시는 증거라는 말입니다.

그래서 하나님의 사람 토저(A.W. Tozer)도 "십자가에 못 박힌다는 것은 한 방향, 즉 십자가만 바라보는 것이다"라고 말했습니다.

옛사람은 자아를 만족시키고 육신의 소망을 이루는 데 혈안이 되어 있지만, 새사람은 하나님의 아들을 믿는 믿음 안에서 살아가는 일에 매달립니다. 하나님의 아들을 믿는 믿음 안에서 산다는 것은 무슨 뜻일까요? 동일한 육신 가운데 살지만 자아 추구와 이기적인 욕망을 좇는 대신, 하나님의 독생자 예수 그리스도를 기쁘시게 하는 일에 모든 것을 쏟아붓는다는 말입니다. 결국 그 과정에서 새사람은 존재 자체가 변화됩니다. 옛사람이 남겨 놓은 사고방식과 감정 표현, 생활 습관이 예수 그리스도의 마음과 성령의 법으로 바뀌게 된다는 말입니다. 이것이 바로 내가 죽고, 그리스도가 살아 다스리시는 삶입니다.

당신의 옛사람은 분명히 그리스도와 함께 십자가에 못 박혀 죽었습니까? 나를 사랑하사 나를 위하여 죽으신 예수 그리스도를 믿는 믿음 안에서 살고 있습니까? 바꿔 말해, 당신 자신이 아니라 그리스도를 기쁘시게 하는 삶을 살고 있습니까? 안타깝게도 이 질문에 대답하기는커녕 이와 같은 질문 자체를 들어 보지도 못한 성도들이 오늘날 교회에 넘쳐 납니다. 옛사람의 죽음과 그리스도로 다시 사는 것에 대해 명확하게 알려 주고 가르치지 않기 때문입니다. 그렇기에 십자가만 바라봐야 할 한국교회가 "그릇 행하여 각기 제 길"(사 53:6)을 가는 형국이 되었습니다. 지도자는 지도자대로, 성도는 성도대로 각자의 목적지를 향해 가려고 시끌벅적 떠들어대는 버스 터미널과 같아진 것입니다.

옛사람의 사망 선고에 '너무 늦은 때'란 없다

맷돌을 갈며 지난 세월을 돌아보던 삼손은 자신이 누구 덕에 살아왔는지 뼈저리게 깨닫습니다. 블레셋 사람이 이스라엘에 쳐들어왔을 때, 그들을 속이기 위해 삼손을 묶어 둔 새 밧줄이 불탄 동아줄처럼 끊어진 것은 '여호와의 영'이 그에게 임했기 때문입니다(삿 15:8-14). 블레셋 사람 천 명을 죽일 때 나귀의 새 턱뼈를 손에 쥐게 된 것은 우연이 아니라 '하나님의 은혜'였습니다. 당시 나귀 턱뼈는 흔한 것이었지만, 전투 무기로 사용할 만큼 튼튼한 것을 구하기란 결코 쉽지 않았습니다. '주위를 둘러보니 거기 새 나귀 턱뼈가 있었다'는 것은 결코 우연이 아닙니다(삿 15:15-17). 삼손이 이 싸움을 마치고 탈진해서 죽어갈 때, 저절로 우물이 터져 물을 마시고 살아나게 된 것도 우연이 아니었습니다. 살려 달라는 갈급한 부르짖음에 대한 하나님의 응답이자 은혜였습니다(삿 15:18-19). 나실인으로 하나님께 바쳐진 삼손은 이토록 놀라운 은혜 가운데 살았지만, 영의 눈이 어두워진 탓에 그 사실을 전혀 깨닫지 못했습니다(사 44:18; 마 6:23; 요일 2:15-16).

옛사람의 정욕을 좇아 인생의 의미와 목적을 상실하여, 하나님의 인도를 받지 못했으니 그럴 수밖에 없습니다. 삼손은 신실한 부모에게서 태어나 이스라엘의 사사로 부르심 받았습니다. 그래서 늘 하나님 곁에 육신이 머물러 있었습니다. 그러나 정작 그의 내면은 하나님에게서 떠나 있었습니다. 진리가 무엇인지도 모른 채 영과 양심의 시력을 잃고, 어둠 가운데 갇혀 살았습니다. 사도 바울은 이런 상태를 "감각 없는 자"라고 표현합니다(엡 4:19-20).

양심이 무뎌져 있기에 도덕적 불감증을 앓습니다. 하나님을 떠나 탐욕에 빠진 채 무분별한 죄를 지으며 살면서도, 그 사실 자체를 깨닫지 못합니다. 명철이 어두워져 하나님을 모르고, 그리하여 하나님의 생명에서 분리되었습니다(롬 1:21; 고후 4:4; 엡 2:12; 벧전 1:14). 이런 상태는 시간이 지날수록 더욱더 고착화될 뿐입니다. 이것이 바로 사도 요한이 말한 '육체의 정욕'과 '안목의 정욕'과 '이생의 자랑'을 좇는 삶입니다. 육체의 정욕을 좇는 것은 충동, 느낌, 감정에 충실한 것입니다. 안목의 정욕은 겉으로 보기에 좋은 것만 추구하는 것입니다. 이생의 자랑은 남들 앞에게 잘난 척하고 자신을 높이는 것입니다. 즉, 다른 사람들의 칭찬과 인기에 집착하는 것이지요.

삼손의 인생이 바로 그러했습니다. 하나님을 믿는다고 나름 자부하고 있었지만, 그의 내면과 행동은 세상에 속해 있었습니다. 심지어 그런 자신의 모습을 분별할 수조차 없었습니다. 그 자신이 옛사람을 버리고 싶어 하지 않았기 때문입니다.

안타깝게도, 삼손이 자신의 실체를 보게 된 것은 두 눈이 뽑힌 채 맷돌을 가는 자리에서였습니다. 더는 돌이킬 수 없이 회복 불가능한 시점이었습니다. 때는 이미 너무 늦었습니다. 하나님이 주신 모든 것을 잃어버린 다음에 깨달으면 무슨 소용일까요?

그러나 늦게라도 깨닫는 것과 끝내 깨닫지 못하는 것 사이에는 엄청난 차이가 있습니다.

하나님이 아니라 하나님이 '주신' 무언가, 예를 들면 재물이나 경험, 소유, 자기 의를 의지하는 사람들은 한계에 부닥쳤을 때 희망을 잃습니다. 자신이 가진 밑천과 운으로만 살아야 하기 때문에, 감당할 수 없는 일이 벌어지면 자포자기해 버리기 십상입니다. 거기서 상황이 더 어려워지면 자살을 선택하기도 합니다. 하지만 모든 것이 하나님에게서 왔음을 깨닫는 사람은 어떠한 상황이나 절망이 오든 공급하고 회복하시는 하나님 앞으로 나아갈 수 있습니다. 어차피 자기 힘으로 하는 일이 아니기 때문입니다. 그러므로 어떤 위기를 만나든 믿음이 흔들리지 않습니다. 창조주이자 전능자이신 하나님이 자신을 향한 그분의 뜻과 계획을 이루실 것을 결코 의심하지 않습니다.

삼손은 하나님이 주신 인생 자체를 다시 돌이킬 수 없을 정도로 낭비했습니다. 물론 마지막 순간에 하나님께 돌아오긴 했지만, 우리가 보기에는 너무 많이 늦은 것 같습니다. 그런데 하나님은 그렇게 생각하지 않으십니다.

하나님은 삼손을 기계론이나 결정론의 관점으로 바라보지 않으셨습니다. 즉, "삼손은 인생을 낭비했고, 이제 아무것도 남지 않았다. 그러니 돌이켜 봤자 달라질 것이 없다. 그러므로 그의 인생은 여기서 끝!"이라고 인과관계에 의해서만 판단하지 않으셨다는 말입니다.

옛사람을 십자가에 못 박으면

'믿음 장'이라고 알려진 히브리서 11장에는 구약 시대의 수많은 '믿음의 영웅'이 등장합니다. 그런데 이 빛나는 명단에 삼손의 이름도 버젓이 올라와 있습니다.

> 내가 무슨 말을 더 하리요 기드온, 바락, 삼손, 입다, 다윗 및 사무엘과 선지자들의 일을 말하려면 내게 시간이 부족하리로다 그들은 믿음으로 나라들을 이기기도 하며 의를 행하기도 하며 약속을 받기도 하며 사자들의 입을 막기도 하며 불의 세력을 멸하기도 하며 칼날을 피하기도 하며 연약한 가운데서 강하게 되기도 하며 전쟁에 용감하게 되어 이방 사람들의 진을 물리치기도 하며 히 11:32-34

히브리서 기자는 하나님의 뜻을 이루고 그분의 영광을 드러낸 영웅의 반열에 삼손을 올려놓았습니다. 인생 낭비, 인생 파탄, 재기 불능, 회생 불가의 인생을 살았던 삼손이 어떻게 믿음의 영웅이라는 말입니까? 하나님은 왜 그에게 이런 과분한 대접을 해주시는 걸까요?

사도 바울은 예수 그리스도의 십자가 구속 사건 이전에 태어난 믿음의 조상 아브라함이 어떻게 해서 의롭다 여김을 받게 되었는지 설명합니다.

아브라함이 바랄 수 없는 중에 바라고 믿었으니 이는 네 후손이 이 같으리라 하신 말씀대로 많은 민족의 조상이 되게 하려 하심이라 그가 백 세나 되어 자기 몸이 죽은 것 같고 사라의 태가 죽은 것 같음을 알고도 믿음이 약하여지지 아니하고 믿음이 없어 하나님의 약속을 의심하지 않고 믿음으로 견고하여져서 하나님께 영광을 돌리며 약속하신 그것을 또한 능히 이루실 줄을 확신하였으니 그러므로 그것이 그에게 의로 여겨졌느니라 롬 4:18-22

하나님은 아브라함에게 자손을 주겠다고 약속하셨습니다. 75세 때 거주지인 하란을 떠나고 나서 25년이나 흘렀지만, 그에게는 여전히 자식이 없었습니다. 지나간 세월도 그렇지만 아브라함과 그의 아내 사라는 이제 생물학적으로 자식을 가질 수 없는 몸이 되고 말았습니다. 성경 말씀 그대로 '바랄 수 없는' 상황, 즉 바라고 싶어도 비빌 언덕이 전혀 없는 입장이 된 것입니다.

하나님이 "아브라함, 네게 자식을 줄 거야"라고 말씀하셔도 "하나님, 지금 제 나이가 100세입니다. 지금 어떻게 아기를 갖고 낳아서 키우겠습니까? 말씀은 고맙지만 더는 그런 헛된 희망 갖지 않으렵니다"라고 답할 수밖에 없습니다. 어쩌면 100세를 맞게 된 순간에도 여전히 자식 운운하며 공수표를 남발하는 하나님이 얄밉고 원망스러웠을지도 모르겠습니다.

그런데 어처구니없게도 아브라함은 바랄 수 없는 중에 '바라고 믿었습니다.' 가능성 제로인 상황에도 하나님이 약속하신 바를 반드시 이루실 줄을 확신했으며 결코 흔들리지 않았습니다. 예수 그리스도의 십자가는 경험하지 못했지만, 그는 하나님의 약속을 '믿었고', 그 약속의 성취를 '바라보았'습니다. 하나님은 이것을 그의 '의'로 여기셨습니다.

삼손의 경우도 마찬가지였습니다. 눈과 힘을 잃고 감옥에 갇혀 짐승처럼 맷돌이나 돌리는 고통과 아픔의 시간을 견뎌야 했지만, 그 덕분에 삼손은 지나온 인생을 돌아보며 자신의 '진짜 모습'을 직시할 수 있었습니다. 바로 이때 그의 옛사람이 깨어졌습니다.

사람이 언제 하나님 앞에 나아가 회개하고 자복하게 되는지 아십니까? 도저히 거부할 수 없을 만큼 자신의 죄를 명확히 바라보게 되었을 때입니다. 후회가 아닌 '회개'는 그리스도 안에서 새로운 삶의 목적과 존재의 변화를 누리지 못하도록 가로막는 '옛사람'을 십자가에 못 박는 유일한 길입니다.

삼손은 맷돌을 돌리는 자리에서, 자신이 더럽고 추한 죄인이며 아무것도 할 수 없는 무력한 존재임을 처절히 깨닫고 받아들였습니다. 두 눈이 있던 자리에는 시커먼 구멍만 덩그러니 남아 있었지만, 그런 흉악한 모습으로 짐승처럼 맷돌을 돌리고 있는 자신의 현실을 인정했습니다. 즉, 하나님께 '항복'한 것입니다. 이때, 살아남기 위해 평생 발버둥 치며 발악하던 삼손의 자아가 깨지고 부서졌습니다. 육신의 정욕과 안목의 정욕, 이생의 자랑에 매여 살아가던 옛사람에게 사망선고가 내려졌고, 이로써 삼손은 하나님을 바라보는 눈을 뜨게 되었습니다.

여호와여 내가 주를 높일 것은 주께서 나를 끌어내사 내 원수로 하여금 나로 말미암아 기뻐하지 못하게 하심이니이다 여호와 내 하나님이여 내가 주께 부르짖으매 나를 고치셨나이다 여호와여 주께서 내 영혼을 스올에서 끌어내어 나를 살리사 무덤으로 내려가지 아니하게 하셨나이다 주의 성도들아 여호와를 찬송하며 그의 거룩함을 기억하며 감사하라 그의 노염은 잠깐이요 그의 은총은 평생이로다 저녁에는 울음이 깃들일지라도 아침에는 기쁨이 오리로다 내가 형통할 때에 말하기를 영원히 흔들리지 아니하리라 하였도다 여호와여 주의 은혜로 나를 산 같이 굳게 세우셨더니 주의 얼굴을 가리시매 내가 근심하였나이다 여호와여 내가 주께 부르짖고 여호와께 간구하기를 내가 무덤에 내려갈 때에 나의 피가 무슨 유익이 있으리요 진토가 어떻게 주를 찬송하며 주의 진리를 선포하리이까 여호와여 들으시고 내게 은혜를 베푸소서 여호와여 나를 돕는 자가 되소서 하였나이다 주께서 나의 슬픔이 변하여 내게 춤이 되게 하시며 나의 베옷을 벗기고 기쁨으로 띠 띠우셨나이다 이는 잠잠하지 아니하고 내 영광으로 주를 찬송하게 하심이니 여호와 나의 하나님이여 내가 주께 영원히 감사하리이다 시편 30편

다윗이 노래한 것처럼 고통과 슬픔에 찌들어 있는 영혼을 용서하고 품어 회복케 하시는 하나님을 바라보게 된 것입니다.

누가복음 15장 '탕자의 비유'에서 아버지의 집을 떠난 둘째 아들은 방탕한 삶으로 가진 돈 전부를 날리고 돼지 먹이조차 배불리 먹을 수 없는 처지가 되고 말았습니다. 매우 비참하게 망가져서 회복 불능의 상태가 되어 버렸습니다. 누가 봐도 혀를 차며 불쌍히 여길 만큼 '막장 인생'을 살아갔습니다. 하지만 어느 날 갑자기 그는 전혀 새로운 삶을 살게 됩니다. 돼지 먹이라도 훔쳐 먹어야 살 수 있는 그런 삶도 아니고, 예전과 같이 다시 방탕한 생활로 돌아간 것도 아닙니다. 이제 그는 아버지의 집에서 아버지가 주신 좋은 것으로 풍족한 삶을 누리게 되었습니다.

그는 돼지 먹이를 훔쳐 먹는 한이 있어도 아버지에게는 절대로 돌아갈 수 없다고 생각하던 사람이었습니다. 인생의 나락으로 떨어질 때까지 아버지와 집 생각을 단 한 번도 해본 적이 없을 만큼 그는 철저하게 아버지와 단절된 삶을 살았습니다. 그러던 그가 아버지에게 돌아가기로 결심하게 된 계기가 있었습니다.

> 이에 스스로 돌이켜 이르되 내 아버지에게는 양식이 풍족한 품꾼이 얼마나 많은가 나는 여기서 주려 죽는구나 눅 15:17

돼지 먹이도 마음껏 먹을 수 없어서 굶주려 죽어 가는 자신의 현실을 깨닫는 순간, 그는 자신이 걸어가던 삶의 방향을 자발적으로 돌이켰습니다. 일하는 하인까지 배불리 먹여 주시던 아버지를 떠올린 것입니다. 실패하고 망가진 자신까지도 외면하지 않고 받아 줄 아버지의 풍성한 사랑과 은혜를 떠올리며 집을 그리워하기 시작한 것입니다. 그때 그의 이기적이고 완고한 자아가 깨졌습니다. 스스로 마음을 돌이켜 구제 불능인 자신의 현실을 인정하고 아버지의 집을 바라보는 것, 이것이 바로 '참된 회개'입니다. 육신의 만족을 추구하던 세상에서 하나님 아버지를 향해 돌아서는 분명한 전환점 없이는 누구도 하나님과 화해할 수 없으며, 예수 그리스도를 통해 완성된 참되고 충만한 은혜와 복을 누릴 수 없습니다.

오랜 세월 방황하며 참된 만족을 찾아 육신의 욕구에 철저히 반응하며 살았던 삼손은 회복 가능성이 전혀 없는 실패자의 자리에서 비로소 아버지 하나님의 품에 안겼습니다. 하나님이 주신 인생 자체를 헛되이 낭비해 버렸지만, 그래도 상관없었습니다. 제 것만 챙기며 '뼛속까지 이기주의자'로 살아왔어도 괜찮았습니다. 너무 늦었지만 그래도 아무 문제없었습니다. 결국 삼손은 하나님께 돌아왔고, 하나님은 그의 깨짐과 회개를 받으셔서 그를 '믿음의 영웅' 반열에 올려 주셨습니다.

아버지는 종들에게 이르되 제일 좋은 옷을 내어다가 입히고 손에 가락지를 끼우고 발에 신을 신기라 그리고 살진 송아지를 끌어다가 잡으라 우리가 먹고 즐기자 이 내 아들은 죽었다가 다시 살아났으며 내가 잃었다가 다시 얻었노라 하니 그들이 즐거워하더라 눅 15:22-24

모든 것이 풍족한 중에도 인생의 목적과 방향을 잃은 채로 맷돌을 돌리고 있습니까? 아니면 삼손처럼 처참한 실패와 재기 불능의 모습으로 맷돌을 돌리고 있습니까? 어느 쪽이든 상관없습니다. 스스로 마음을 돌이켜 아버지 하나님을 바라본다면, 옛사람이 깨어지고 전심으로 회개하게 되는 '감격의 역사'를 누구나 경험할 수 있습니다.

삼 손 을   회 복 시 키 시 는   하 나 님 의   은 혜

자기 의로 똘똘 뭉친 바리새인 중의 바리새인이이자, 수많은 그리스도인 핍박하기를 기뻐하며 자랑하던 핍박자 사도 바울은 예수 그리스도를 만난 뒤 이런 고백을 남겼습니다.

누가 너를 남달리 구별하였느냐 네게 있는 것 중에 받지 아니한 것이 무엇이냐 네가 받았은즉 어찌하여 받지 아니한 것 같이 자랑하느냐 고전 4:7

옛사람이 깨지고 나서 하나님께로 돌이킨 뒤, 자신의 모든 것이 하나님에게서 왔다는 사실을 뼈저리게 깨달은 것입니다. 그토록 열심히 추구해 온 자기 의가 얼마나 부질없고 무의미한 것인지 알고 나면, 세상 그 누구라도 '내게는 아무것도 자랑할 것이 없습니다'라고 고백하게 됩니다.

사도 바울뿐만이 아닙니다. 배신자 베드로가 모든 것을 포기한 채 과거의 삶으로 돌아가 있을 때, 주님이 그를 찾아가 회복시키고 새로운 삶을 살게 하셨습니다. 주님의 큰 은혜를 맛보면서 그는 깨달았습니다. 그는 그 순간을 기억하며 이렇게 권면합니다.

만일 누가 말하려면 하나님의 말씀을 하는 것 같이 하고 누가 봉사하려면 하나님의 공급하시는 힘으로 하는 것 같이 하라 이는 범사에 예수 그리스도로 말미암아 하나님이 영광을 받으시게 하려 함이니 그에게 영광과 권능이 세세에 무궁하도록 있느니라 아멘 벧전 4:11

하나님이 아닌 자신의 생각과 욕심을 좇으며 살아왔지만, 바울과 베드로는 자신의 모든 것이 하나님에게서 왔으며 그분의 뜻을 위해 살아야 한다는 사실을 깨닫고, 남은 삶을 오직 주님을 위해 살았습니다.

그리고 우리는 또 한 사람의 울부짖는 기도를 듣게 됩니다. 사도 바울과 베드로처럼 자기 의를 버린 채 오직 '하나님의 은혜'만을 구하는 간절한 기도입니다. 바로 이것이 삼손의 옛사람이 깨어지고 회심했다는 증거였습니다.

> 삼손이 여호와께 부르짖어 이르되 주 여호와여 구하옵나니 나를 생각하옵소서 하나님이여 구하옵나니 이번만 나를 강하게 하사 나의 두 눈을 뺀 블레셋 사람에게 원수를 단번에 갚게 하옵소서 하고
> 삿 16:28

옛사람이 깨진 뒤 삼손은 오직 하나님만 바라보기 시작합니다. 그는 하나님이 허락만 하시면 맷돌을 돌리는 자리에서도 힘을 되찾아, 악하고 오만한 블레셋을 벌할 수 있다고 믿었습니다. 이것이 아브라함처럼 "바랄 수 없는 중에 바라는" 믿음이며, 내 안에 계신 "하나님의 아들을 믿는" 믿음 안에서 사는 것입니다.

비록 선택할 수 있는 것은 '죽음' 하나뿐이지만, 삼손은 하나님의 영광을 드러내기 위해 블레셋 사람과 함께 죽겠노라고 고백했습니다. 그것은 오직 주님이 주시는 능력으로만 가능합니다. 그래서 그는 이토록 피맺힌 기도를 간절히 올렸습니다. 맷돌 가는 자리에서 옛사람의 죽음을 경험한 삼손은 이제 더는 자기 마음대로 살지 않습니다. 그는 주님의 뜻, 즉 그분이 원하시는 삶이 무엇인지 찾고 순종하는 그리스도인의 원래 모습을 되찾았습니다. 죄의 본성에 사로잡힌 이기적이고 완고한 마음 때문에 잃어버리고 망

가진 영적 시력과 의로운 양심과 선한 의지를 회복한 것입니다.

하나님은 우리가 옛사람의 죽음을 경험할 때 치유와 회복의 역사를 베푸십니다. 살아가는 의미와 이유를 모른 채 방황하고, 비뚤어진 인생관을 지닌 채 살아가며, 과거의 사건에 사로잡혀 있고, 낮은 자존감과 열등감 때문에 아파하는 우리의 내면을 새롭게 하시고 삶을 변화시키십니다. 이는 옛사람을 깨뜨려 그리스도의 십자가에 못 박는 '모든 사람'에게 약속된 것입니다. 오직 그럴 때에만 우리는 이렇게 당당하게 고백할 수 있습니다.

"저의 옛 사람은 죽었습니다. 그러므로 제가 살아가는 모든 날은 공짜로 주어진 '선물'입니다. 앞으로 저는 살아도 주님을 위해 살고 죽어도 주님을 위해 죽겠습니다!"

삼손은 자포자기해서 죽음을 결심한 것이 아닙니다. 살아도 주님의 뜻을 이루기 위해 살고, 죽어도 주님이 주신 목적을 성취하기 위해 죽겠다는 결단으로 그렇게 기도한 것입니다. 삼손에게 남은 것은 죽음뿐이었지만, 그것마저도 하나님 나라를 세우는 강력한 도구가 될 수 있었습니다.

꺼져 가는 자신의 생명이라도 드려서 하나님을 섬기고 싶다는 간절한 소원이었습니다. 육욕만 채우다 망가진 모습밖에 드릴 수 없는 현실이 얼마나 안타까웠을까요? 오랜 세월 방황한 끝에 이제야 올바른 삶의 방향을 찾았고 생전 처음으로 하나님을 위해 뭔가 할 수 있게 되었는데, 이번이 마지막이라니 얼마나 가슴이 아프고 속상했을까요? 그러나 성경은 블레셋의 다곤 신전을 무너 뜨리며 숨진 삼손의 최후 생애를 다음과 같이 기록합니다.

> 그 집이 곧 무너져 그 안에 있는 모든 방백과 온 백성에게 덮이니 삼손이 죽을 때에 죽인 자가 살았을 때에 죽인 자보다 더욱 많았더라
>
> 삿 16:30

이 사건의 여파로 블레셋 부족은 세력을 잃고 몰락의 길을 걷게 됩니다. 그리고 단 한 번의 헌신으로 주님의 뜻을 이루어 낸 삼손은 하나님의 생명책에 기록되었습니다. 비록 부끄러운 죽음으로 생을 마감하긴 했지만, 그럼에도 '믿음의 삶'으로 평가받으며 하나님의 영광을 드러낸 것입니다.

하나님은 모든 것을 잃은 가망 없는 인생에게도 공평하게 일하십니다. 옛사람을 십자가에 못 박고 나아오는 영혼을 치유하고 회복하셔서, 하나님 나라를 위해 귀하게 사용하십니다. 삼손의 생애는 그러한 하나님의 사랑과 섭리를 분명하게 보여 주는 귀한 사례입니다.

물질, 지식, 경험, 건강, 자녀, 직분…. 모든 것을 가졌으니 행복하지 않을 이유가 없는데도 자신의 인생이 불행하게만 느껴지십니까? 도무지 어디로 가야 할지 몰라 제자리만 맴돌며 방황의 맷돌을 갈고 있습니까? 삼손처럼 모든 것을 잃고 회복 불능의 상태

에서 고통의 맷돌을 돌리고 있습니까? 그래서 하나님을 원망하며 자신의 삶을 비관하고 있습니까? 그렇다면 삼손의 이야기를 기억하기 바랍니다. 인생의 맷돌 갈고 있는 그 순간은 당신의 자아를 깨뜨려 하나님을 바라보는 계기이자 전환점이 될 것입니다.

옛사람을 따라 살아가는 자신의 모습을 깨닫고 스스로 돌이키는 은혜를 구하십시오. 그리고 끈질기게 살아남아 우리를 쫓아다니는 '옛사람'을 그리스도의 십자가에 못 박으십시오. 그리고 부활하신 예수 그리스도께서 당신의 인생을 '대신' 살아가시도록 내드리십시오. 그렇게 살아갈 때, 당신 인생의 모든 것이 하나님에게서 왔으며 무엇 하나 그분의 은혜 아닌 것이 없다는 사실을 깨닫고 고백하게 될 것입니다. 또한 우리 안에 계신 예수 그리스도께서 우리의 인생과 삶을 변화시키실 것입니다. 상황과 환경은 여전할지도 모르지만, 인생의 방향과 초점, 자세와 태도는 예수 그리스도의 관점으로 바뀔 것입니다. 그렇게 되면 가장 연약하고 초라한 순간에도 가장 위대하고 아름다운 열매를 맺게 됩니다.

맷돌 가는 자리에서 우리를 회복시켜 주실 주님을 만나십시오. 우리를 새로운 피조물로 삼기 원하시는 주님을 만나십시오. 주님은 그곳에서도 우리와 함께하시며, 우리가 그분의 이름을 부르며 십자가로 나아오기를 기다리고 계십니다.

10장

위기는

새로운 미래를 여는
치유의 기회입니다

1953년, 뉴욕 브루클린 빈민가에 하워드라는 아이가 태어났습니다. 대부분 빈민층 아이가 그렇듯, 하워드의 어린 시절 역시 불우했습니다. 그러나 대학을 졸업한 뒤 영업 사원으로 일하게 되면서 사업적 수완과 성실함을 인정받은 그는, 이후 경제적으로 안정된 삶을 살게 되었습니다. 빈민가 소년이 출세해서 남부럽지 않은 살림을 이뤘으니 얼마나 행복했겠습니까? 그런데 이때부터 하워드는 이유 모를 방황을 시작합니다.

어느 날 그는 사업차 방문한 시애틀의 한 카페에서 은은히 풍겨 나오는 향기에 취하게 됩니다. 그날 이후 커피는 그의 뇌리에 깊은 인상을 남겼습니다. 그 후 1985년, 이탈리아 밀라노에 출장을 간 하워드는 사람들이 카페에서 커피만 마시는 것이 아니라는 사실을 깨닫습니다. 그곳 사람들에게 있어 카페는 사람들과 함께 삶과 사업에 관한 대화를 나누는 장이며, 마음을 달래는 치유의 공간이자 새로운 아이디어와 문화가 피어나는 '창조의 공간'이었습니다. 이 모습을 보면서 하워드는 현대인에게 직장이나 가정 이외의 제3의 공간, 즉 약속의 땅이 필요하다는 사실을 발견하게 됩니다. 이때 그는 이렇게 결심했습니다. "그렇다! 나는 커피가 아니라 신비와 로맨스의 문화를 팔겠다. 사람들을 새로운 약속의 땅으로 인도하는 사람이 되겠다!"

그가 바로 스타벅스의 설립자 하워드 슐츠(Howard Schultz)입니다. 세계에서 가장 유명한 커피 체인점 '스타벅스'의 전설은 이렇게 시작되었습니다.[4]

개척자, 의학자, 과학자, 발명가, 탐험가, 혁명가…. 인류는 언제나 현실을 넘어 새로운 '약속의 땅'을 발견한 사람들에 의해 변화와 혁신의 자리로 나아갔습니다. 하지만 변화가 늘 멋지고 즐거운 일인 것만은 아닙니다. 우리는 대개 새로운 지경으로 나아가기를 부담스러워하고 꺼립니다. 익숙한 것을 추구하는 본성 때문이지요. 감당할 수 없을 만큼 현실이 붕괴된 상황이라면 모를까, 자발적으로 지경을 넓히며 새로운 세계로 나아가는 경우는 그리 많지 않습니다. 달리 말해, 아픔과 고통이 찾아와야 비로소 변화를 갈망하게 된다는 말입니다.

새로운 곳으로 나아가는 두려움

고통은 말 그대로 '괴로운 것'입니다. 현재의 자리와 상태에 머무르지 못하도록 자꾸만 밀어내는 것입니다. 이스라엘 백성이 애굽에서 번영을 누렸다면, 하나님의 백성이라는 새로운 신분과 약속의 땅으로 나아가려는 갈망을 품지 않았을 겁니다.

요셉을 모르는 자가 국왕이 된 이후로 이스라엘 백성은 애굽의 노예가 되었습니다. 애굽으로 이주할 당시만 해도 그들은 총리였던 요셉의 후광을 힘입어 대대로 자유롭게 살았지만, 하루아침에 인간 이하로 취급받게 됐습니다. 비돔과 라암셋에서 중노동에 혹사당하는 동안 이스라엘 백성은 이제 애굽 땅이 살기 좋은 곳이 아니라는 사실을 깨닫습니다. 그리고 그 깨달음은 금세 엄청난 울부짖음과 신음 소리로 하나님께 전해졌습니다(창 2:23).

하나님께 전해졌다는 것이 무슨 뜻입니까? 이스라엘 백성이 고통스러운 현실을 호소하며, 그곳에서의 탈출을 하나님께 간구했다는 말입니다. 출애굽 사건은 그들의 기도에 대한 하나님의 응답이었습니다. 이처럼 새로운 역사는 인간의 갈망과 그에 대한 하나님의 응답으로 시작됩니다. 고통과 신음, 불만족 그 자체에는 힘이 없지만, 그 마음이 하나님을 향해 토해지고 하나님이 그 부르짖음에 응답하시면 변화의 여정이 시작됩니다. 암담한 현실에서 벗어나고픈 갈망에 예수님이 응답하셨기에 베드로는 새로운 삶을 시작할 수 있었습니다. 의에 대한 갈망에 예수님이 응답하셨기에 바울은 인생의 의미를 찾아 참된 여행을 시작하게 되었습니다. 그들은 일말의 후회 없이 약속의 땅으로 발걸음을 옮겼고, 변화되었습니다.

이스라엘 백성도 그렇게 새로운 지경을 향해 나아갔습니다. 하지만 그들이 미처 생각하지 못한 점이 있었습니다. 새로운 지경으로 나아가는 일은 머물고 있던 곳을 떠나는 것만큼이나 힘들고 어렵다는 사실 말입니다.

세계적으로 유명한 마라톤 선수에게 한 기자가 "경기 중에 가장 포기하고 싶어지는 때는 언제입니까?"라고 질문했습니다. 그러자 선수는 이렇게 대답했습니다. "경기를 시작할 때입니다."

뜻밖의 대답이지만, 이는 그만큼 경기 결과에 대한 두려움과 부담이 크다는 반증일 것입니다. 또한 '일이 잘 안 되거나 실패하면 어떻게 하나' 하는 두려움이 가장 강하고 거세게 나타나는 순간이 바로 새로운 무엇을 시작할 때라는 사실을 잘 보여 줍니다.

이는 스포츠나 비즈니스처럼 결과 중심적이며 '경쟁'이라는 태생적 특징을 갖고 있는 분야에만 해당되는 이야기가 아닙니다. 이 땅에서 살아가는 모든 인생이 경험하여 알고 있는 바입니다. 우리는 크든 작든, 원하든 원하지 않든, 계획한 일이든 돌발적인 일이든 끊임없이 새로운 목적지를 선택하여 나아갑니다. 인생 자체가 새로운 선택과 낯선 곳으로의 출발로 점철되어 있다는 말입니다. 그래서 어떤 사람은 이 부담과 두려움을 이겨 내지 못하여 시작 자체를 포기하기도 합니다.

1994년에 개봉된 〈쇼생크 탈출〉은 오랜 세월이 흐른 지금도 걸작으로 회자되며 사랑받는 영화입니다. 아내를 살해했다는 누명을 쓰고 억울하게 감옥에 갇힌 주인공이 악덕 교도소장과 간수들을 속이고 극적으로 탈옥하는 이야기가 담겨 있는 영화입니다. 특히 주인공이 교도소를 빠져나와 밤하늘을 향해 두 팔을 활짝 벌린 채 비를 맞는 모습은 이 영화를 본 사람이라면 누구나 기억할 만한 명장면입니다.

이 영화에는 종신형을 선고받고 50여 년을 복역한 '브룩스'라는 죄수가 등장합니다. 그는 비록 형량이 무거운 중죄인이었지만, 교도소 내 도서관 관장을 맡을 만큼 모범적으로 생활했습니다. 그러던 어느 날, 그는 고령의 나이로 가석방됩니다. 이때부터 그는 두려움과 불안에 시달리기 시작합니다. 지난 50년 동안 간절히 원하던 자유였건만, 50년 동안 한 번도 경험해 보지 못한 자유를 찾게 된다고 생각하니 그만큼 두려움도 컸습니다. 이에 그는 갑자기 울음을 터뜨리기도 하고, 가석방을 취소하기 위해 난동을 피우기도 합니다.

하지만 가석방은 예정대로 집행됩니다. 드디어 그는 50년 만에 교도소 밖으로 나가게 되었습니다. 전과자 재활 프로그램 덕분에 거주할 집과 일자리를 얻었지만, 브룩스는 결국 자유의 낯설음을 견디지 못하고 스스로 목숨을 끊고 맙니다. 주 정부에서 마련해 준 집에는 'Brooks was here'(브룩스가 여기 있었다)라는 짤막한 문장이 새겨져 있었고, 그가 교도소의 동료 죄수들 앞으로 쓴 편지 한 통이 덩그러니 남겨져 있었습니다.

영화 속 인물 브룩스의 자살은 오래도록 적응한 환경에서 벗어나는 일이 얼마나 어려운지 잘 보여 줍니다. 브룩스도 원래부터 자유를 두려워하지는 않았을 겁니다. 그 역시 갇혀 살아가는 현실이 너무나 싫어, 하루빨리 벗어나고 싶었을 겁니다. 하지만 감옥에 갇혀 살았던 50년 동안 수동적으로 지내다 보니, 자기도 모르는 사이 그 삶을 익숙하고 자연스럽게 받아들인 것입니다. 출애굽한 이스라엘 백성도 브룩스와 같은 처지였습니다.

더 나아갈 길이 없을 때

"고통 끝! 자유 시작!"을 선언하며 신명 나게 애굽을 빠져나오는 것까지는 좋았지만, 이스라엘 백성 앞에 펼쳐진 것은 신천지가 아니라 '광야'였습니다. 노예로 살아왔던 그들에게는 생전 처음 보는 광경입니다. 이때 모든 사람의 머릿속에는 동일한 질문이 떠올랐을 것입니다. '여긴 어디지? 왜 이런 곳으로 온 거지?'

새로운 학기의 첫날, 새로운 직장에서의 첫날, 새로 사업을 시작한 첫날, 새로운 동네로 이사 온 첫날, 낯선 사람과의 첫 만남, 그리고 낯선 교회에서의 첫 출석에 이르기까지 뭔가 새로운 일을 시작하는 사람은 누구나 광야에 들어선 것과 같은 느낌을 받게 됩니다. 광야에 들어섰다는 것은 무슨 의미일까요? 나아갈 길이 보이지 않는다는 것입니다.

광야에는 통행을 위해 닦아 놓은 '길'이 없습니다. 방향을 알려 주는 이정표도 없습니다. 내키는 대로 어느 방향이든 선택해 갈 수 있지만, 그러다가는 아무 데로나 가 버릴 수 있습니다. 자신이 선택한 방향의 끝에 무엇이 기다리고 있는지 알 수 없습니다. 경치는 아름다운데 막상 가 보면 벼랑 끝이 나올 수도 있고, 삭막하고 험해 보이지만 오아시스가 기다리고 있을 수도 있습니다. 도처에 맹수와 도적떼가 호시탐탐 기회를 엿보고 있으며, 낮에는 뜨거운 태양, 밤에는 매서운 추위가 괴롭힙니다. 하지만 무엇보다 힘겨운 점은 자신이 직접 길을 만들어 가야 한다는 사실입니다.

예수님 시대에도 그랬겠지만, 지금도 사람들은 무엇을 먹을까 무엇을 마실까 무엇을 입을까 고민하고 근심하며 살아갑니다. 그러나 기아에 시달리는 아프리카와 아시아 극빈국을 제외한 대부분 현대인에게 의식주 문제는 그리 크게 다가오지 않습니다. 더 맛있는 것을 먹지 못해서, 더 비싼 차를 굴릴 수 없어서, 더 큰 평수의 아파트에서 살 수 없어서, 최고급 명품 옷과 가방을 소유할 수 없어서 죽는 사람은 없기 때문입니다. 그렇다면 사람들이 자살을 선택하는 이유는 무엇일까요? 돈이 없어서일까요? 명예가 없어서일까요? 가족이 없어서일까요? 자살을 생각하는 사람들에게 이유를 물어 본다면 하나같이 동일하게 대답할 것입니다.

"No Way Out!"(빠져나갈 길이 없다)

이는 소유와 성취의 문제가 아닙니다. 무언가를 갖지 못해서, 무언가를 이루지 못해서 죽는 것이 아닙니다. 가진 게 없고 아무것도 이룬 게 없어도 어떻게든 살 수 있습니다. 그러나 더 나아갈 수 없는 막다른 골목에 부딪히면, 지금껏 멀쩡하던 사람도 하루아침에 자살을 선택하게 됩니다. 길을 찾지 못하면 살아갈 이유도 소망도 전부 잃어버리고 맙니다. 이스라엘 백성이 길 없는 광야를 보며 무엇을 떠올렸을까요? '죽음'이었을 겁니다. '길도 없는 이곳에서 헤매다가 몰살당하겠구나.' '그럼 그렇지. 우리 따위에게 무슨 길이 있겠어. 다 끝났어.'

사방이 열려 있지만 그중 어디로 가야 할지 모른다는 것, 길은 엄청나게 많이 펼쳐져 있지만 정작 내가 갈 길이 없다는 것, 그것이 바로 새로운 지경을 향해 길을 나선 이들을 주저앉게 하는 가장 치명적인 어려움입니다.

그런데 바로 그때, 모두 깜짝 놀랄 일이 벌어집니다. 이스라엘 백성 앞에 생전 처음 보는 것이 나타난 것입니다. 그것은 바로 애굽을 떠나도록 인도하신 여호와의 구름기둥과 불기둥이었습니다(출 13:21-22). 하나님이 그들의 부르짖음에 응답하신 것입니다.

광야에서 내면이 드러나다

영국의 유명한 설교자 아더 핑크(Arthur Pink) 목사는 하나님이 이스라엘 백성을 새로운 약속의 땅으로 나아가게 하신 이유를 5가지로 해석합니다.

1. 이스라엘 백성이 홍해를 안전하게 건너는 기적으로 하나님의 능력을 뚜렷이 증거한다.
2. 바로와 그의 군대를 멸한다.
3. 아무에게도 방해받지 않는 장소인 광야에서 이스라엘 백성에게 율법을 전해 준다.
4. 이스라엘을 견고한 국가로 세워 가나안을 온전히 점령하고 다스릴 수 있게 한다.
5. 그들을 연단하고 훈련시켜서 오직 하나님의 영광만 겸손히 드러내는 백성이 되게 한다.

재미있는 점은 이 5가지 이유 가운데 물질적이고 현세적인 내용이 하나도 없다는 사실입니다. 우리가 그토록 바라는 부와 권력과 명예, 땅을 차지하는 것이 출애굽과 가나안 이주의 목표가 아니라는 말입니다. 아더 핑크 목사가 통찰한 바대로 하나님은 내면세계와 삶을 변화시키는 데 초점을 두고 이스라엘을 인도하셨습니다. 문제는 이 변화가 이스라엘 백성에게 불편함과 불안감, 두려움을 가져다주었다는 사실입니다.

하나님의 영광과 전능하심을 경험하려면, 쫓아오는 바로의 군대와 무섭게 일렁이는 홍해 가운데 서야 합니다. 율법을 받고 하나님의 제사장 나라를 만들어 가기 위해 아무도 없는, 더 정확하게 표현하면 '아무것도 없는' 광야로 나아가야 합니다. 약속의 땅을 취하기 위해 목숨을 걸고 나아가, 가나안 거민들과 숱한 전투를 치러야 합니다. 여러 잡다한 부족이 하나의 건강한 국가 공동체가 되기 위해 서로 조율하고 협의하는 힘겨운 과정을 거쳐야 합니다. 노예가 아니라 자유인으로 살도록 자신의 삶을 선택하고 결정해야 하는 의무와 책임을 떠안아야 합니다. 하나님의 제사장 나라를 이루기 위해 자아를 추구하는 본능과 욕구를 포기해야 합니다. 이런 상황과 처지에 처하면 이스라엘 백성이 아니라 그 누구라도 변화를 거부하고 이전의 삶으로 돌아가려 할 것입니다.

그런데 가만히 살펴보면, 이러한 위기 가운데 이스라엘의 내면과 삶 속에 숨겨진 연약함과 문제들이 분명하게 나타나고 있습니다. 그들은 바로와 애굽을 두려워하는 지독한 겁쟁이들이며, 하나님과 모세를 전혀 신뢰하지 않는다는 사실이 홍해 앞에서 명백히 드러납니다. 참을성이라고는 눈곱만큼도 없고 불평과 일방적인 요구로 가득 찬 사람들이라는 사실이 광야에서 철저히 드러납니다. 가나안 거민과의 전쟁을 앞두고 약속의 땅을 취하기 위한 훈련과 준비가 전혀 되어 있지 않다는 사실이 드러납니다. 하나님의 제사장 나라로 세워지는 과정에서 도무지 남의 말을 들으려 하지 않는 완고한 마음과 노예 의식, 수동적 사고, 자아를 추구하는 육신의 본능이 그들을 사로잡고 있었음이 드러납니다.

인생의 위기는 사람의 내면을 고스란히 드러냅니다. 여기에서 말하는 '위기'란 한 사람의 영적, 정서적, 의지적, 신체적, 경제적 한계를 뛰어넘는 사건과 상황을 의미합니다. 스스로 통제하고 관리할 수 없는 지경에 들어서면, 누구나 자신의 감정과 생각을 여과 없이 표현하게 되어 있습니다.

새로운 지경으로 나아갈 때도 이러한 일이 벌어집니다. 낯선 곳에 있을 때는 이전의 경험과 지식이 아무 소용도 없습니다. 앞일을 예측할 수 없기 때문에 통제력과 자신감을 잃습니다. 이렇게 위축된 상태에서 만나게 되는 새로운 환경과 상황은 스트레스를 안겨 주며 분노와 불안과 두려움을 가져옵니다. 그럴 때는 평상시와 전혀 다르게 말하고 행동하게 되는데, 대부분 이런 말과 행동이 파괴적이고 부정적인 결과를 가져옵니다. 새로운 지경으로 나아갈 때 하나님이 치유와 회복의 역사를 행하시는 이유가 바로 그 때문입니다. 의사가 환부를 찾아내 치료하듯 내면의 문제가 수면 위로 떠오를 때 하나님이 메스를 대시는 것입니다.

이스라엘은 광야로 나아갑니다. 우상숭배자가 아니라 하나님의 백성으로, 노예가 아니라 자유인으로, 물건이나 가축이 아닌 하나의 '독립된 인격체'로 새로운 삶을 시작합니다. 이는 분명 위기이며 고난입니다. 이제부터 자신들의 의지로 나아가야 합니다. 그동안 과도한 일을 감당하며 학대를 당하긴 했지만, 그래도 애굽 주인이 시키는 대로 하면서 그의 그늘 밑에 있으면 그럭저럭 살 만했습니다. 하지만 지금은 모든 것을 그들 스스로 판단하고 결정하며, 그 결과까지 감당해야 합니다. 게다가 그들이 들어가는 곳은 아무것도 없는 '광야'입니다. 비록 노예로 죽을 고생을 하며 살았지만 그래도 먹을 것, 입을 것, 살 곳은 공급받았는데, 광야에는 그럴 만한 자원이 전혀 없습니다. 그들 손으로 직접 찾고 캐내고 만들어 내야 살아남을 수 있습니다.

보호자도 없고 공급원도 없는 삶이 눈앞에 있습니다. 이미 홍해를 건넜으니 돌아갈 수도 없고, 이스라엘 백성 대부분 생전 처음 떠난 여행이니 다른 길이 있는지도 알지 못합니다. 그러니 울며 겨자 먹기로 광야에 들어갈 수밖에 없습니다. 이스라엘 백성의 심정이 어땠을지 상상이 되십니까?

바로 이때 여호와의 구름기둥과 불기둥이 나타났습니다.

눈동자와 독수리의 날개

보호자와 공급원 없이 새로운 지경에 들어갈 때, 가장 필요하고 중요한 일이 있습니다. 바로 '올바른 방향'과 '정확한 위치'를 끊임없이 확인하고 유지하는 일입니다. 방향을 잃어버리면 광야에서 헤매다가 시간과 에너지를 낭비할 것이고, 위치를 모르면 지나온 길과 나아갈 길이 얼마나 되는지 가늠할 수 없으며 주변의 자원과 공급원을 사용할 수 없습니다. 광야로 들어가는 이스라엘 백성도 마찬가지였습니다. 방향을 알려 줄 '나침반'과 그들의 위치를 확인해 줄 '지도'가 필요했습니다.

그래서 하나님은 구름기둥과 불기둥을 주셨습니다. 성경에서 구름과 불은 하나님의 영광과 본성을 표현할 때 자주 사용되는 상징입니다. 이런 심오한 구름기둥과 불기둥이 그들과 함께한다는 것은 하나님의 임재와 동행을 보여 주는 것입니다. 우리를 창조하시고 개인과 세상의 역사를 주관하시는 하나님이 곁에 오셔서 늘 함께하신다는 것입니다. 우리의 현재 위치와 나아갈 방향을 알고 길을 내시는 하나님과 동행하는 것, 인생이 누릴 수 있는 복 중에서 이보다 큰 것은 없습니다.

구름기둥과 불기둥은 하나님이 친히 광야에서 이스라엘 백성의 인도자, 보호자, 공급자가 되어 주시겠다는 놀라운 약속의 증거였습니다.

> 여호와께서 낮에는 구름을 펴사 덮개를 삼으시고 밤에는 불로 밝히셨으며 시 105:39

이스라엘 백성은 하나님의 구름기둥과 불기둥을 이미 경험한 적이 있습니다. 추격해 오는 바로의 군대와 눈앞의 홍해 사이에 서 있을 때에도 구름기둥과 불기둥이 나타났습니다(출 14장). 구름기둥은 바로의 군대와 이스라엘 백성 사이를 갈라놓았고, 불기둥은 계속해서 추격하는 바로의 군대를 덮쳐 그들의 진로를 방해하고 혼란스럽게 했습니다. 그 덕에 이스라엘은 무사히 홍해를 건널 수 있었습니다. 하나님은 이미 애굽을 빠져나올 때부터 이스라엘과 함께하셨고, 그들의 보호자와 인도자가 되셨습니다.

성경은 이러한 하나님의 모습을 2가지로 비유합니다.

첫 번째는 '눈동자'입니다. 하나님이 이스라엘 백성을 눈동자처럼 아끼고 지키셨다는 것입니다(신 32:10). 눈동자는 인체에서 가장 연약한 부위이며, 통증에 민감하게 반응하는 곳입니다. 그래서 눈꺼풀이 반사적으로 움직여 눈동자를 보호합니다. 미세한 먼지가 들어와도 자동으로 눈을 깜박이거나 눈물을 흘려 깨끗하게 떨어냅니다. 하나님은 이처럼 이스라엘 백성을 보호하셨습니다. 따라서 눈동자처럼 보호했다는 것은 거의 본능적으로, 절대적으로 보호했다는 의미입니다.

두 번째는 '독수리 날개'입니다(출 19:4).

여호와께서 그를 황무지에서 짐승이 부르짖는 광야에서 만나시고 호위하시며 보호하시며 자기의 눈동자같이 지키셨도다 마치 독수리가 자기의 보금자리를 어지럽게 하며 자기의 새끼 위에 너풀거리며 그의 날개를 펴서 새끼를 받으며 그의 날개 위에 그것을 업는 것 같이 여호와께서 홀로 그를 인도하셨고 그와 함께한 다른 신이 없었도다 신 32:10-12

새의 왕 독수리는 아무도 접근하지 못하는 높은 절벽이나 벼랑 위에 튼튼한 둥지를 만듭니다. 그리고 자신의 깃털과 부드러운 나뭇가지, 잎 등으로 바닥을 푹신하게 만들어, 새끼를 기릅니다. 열심히 먹이를 날라다 주며 지극정성으로 새끼를 돌봅니다.

그런데 새끼가 어느 정도 자라면, 어미는 갑자기 새끼를 부리로 쪼고 괴롭히며 푹신푹신한 둥지를 흐트러뜨립니다. 어미의 난동을 견디다 못한 새끼는 둥지를 기어 나오다 그만 벼랑 아래로 곤두박질하고 맙니다. 작은 날개를 열심히 퍼덕여 보지만, 그럴수록 계속해서 밑으로 떨어질 뿐입니다.

어미는 공중에서 이 모습을 지켜보고 있다가, 새끼가 땅바닥에 부딪히기 직전에 쏜살같이 내려가 자신의 날개로 안전하게 받아냅니다. 이런 과정을 되풀이하다 보면, 새끼도 자신의 날개로 창공을 날게 됩니다. 이는 독수리가 강하고 튼튼하게 자라 하늘을 지배할 수 있게 되는 비결이기도 합니다. 그런데 하나님도 이스라엘을 독수리 날개처럼 보호하고 지켜 주셨다는 것입니다.

이 2가지 비유는 하나님이 구름기둥과 불기둥을 보내셔서, 숱한 고난과 고통의 시간을 보낸 이스라엘 백성이 자신의 연약함과 상처로 주저앉거나 무너지지 않고 치유와 회복을 경험하는 길을 걷게 하셨음을 의미합니다. 하나님은 놀라울 만큼 정확하게 때와 상황과 환경에 맞춰 이스라엘 백성을 인도하고 보호하셨습니다. 하나님은 지금도 새로운 지경으로 나아가는 모든 이를 인도하고 보호하십니다. 낯선 곳에 들어간 이들을 목자 없는 양처럼 긍휼히 여기며, 결코 외면하지 않으십니다. 이에 다윗은 여호와 하나님이 방패와 산성과 피난처가 되신다고 노래했습니다(시 18:2). 이사야는 전능하신 하나님이 우리의 주님이 되어 함께해 주시니, 두려워하지 말고 놀라지 말라고 권면합니다(사 41:10).

사람들은 돈과 재물이 자신을 보호해 준다고 믿습니다. 권력이 자신을 보호해 줄 수 있다고 생각합니다. 인맥과 연줄이 문제를 해결해 주리라고 믿습니다. 보험과 노후 설계가 미래를 보장해 주리라고 믿습니다. 그러나 과거와 현재, 미래에 우리를 인도하고 보호할 수 있는 존재는 오직 주님뿐입니다. 이 사실을 온전한 믿음으로 고백할 수 있어야 합니다.

광야로 이끌어 가시는 하나님의 원칙

출애굽 여정을 살펴보면, 하나님이 명확한 원칙에 따라 구름기둥과 불기둥으로 이스라엘을 인도하신 것을 보게 됩니다. 주님은 이스라엘을 사랑하시되 끝까지 사랑하셨지만, 그들이 응석받이가 되도록 결코 내버려 두지 않으셨습니다. 하나님을 향한 믿음이 더 견고해지게 하시고, 내면의 연약함과 상처가 회복되는 '치유의 과정'으로 인도하셨습니다.

> 바로가 백성을 보낸 후에 블레셋 사람의 땅의 길은 가까울지라도 하나님이 그들을 그 길로 인도하지 아니하셨으니 이는 하나님이 말씀하시기를 이 백성이 전쟁을 하게 되면 마음을 돌이켜 애굽으로 돌아갈까 하셨음이라 출 13:17

하나님은 이스라엘을 가깝고 쉬운 길로 인도하지 않으셨습니다. 오히려 멀리 돌아가는 것 같고 목적지와 상관없어 보이는 곳으로 이끄시는 듯합니다. 때로는 일부러 위험한 곳으로 몰아넣으시는 것처럼 보이기도 합니다. 실제로 그런 경우가 많기도 했습니다. 그러나 하나님은 언제나 그들의 믿음의 분량과 의식 수준에 맞게 인도하셨습니다. 그들에게 꼭 필요한 것을 가르쳐 주고, 약속하신 목적지에 이르게 할 길로 말입니다.

하나님이 아브라함에게 100세에 낳은 외아들 이삭을 바치게 하신 것도, 어느 날 갑자기 즉흥적으로 명령하신 것이 아닙니다. 아브라함이 숱한 체험의 과정을 겪는 동안, 하나님은 죽은 자도 살리는 전능자이시며 모든 것을 예비하시는 '여호와 이레'의 주님임을 그가 온전히 믿고 있음을 확인한 뒤에 행하신 일입니다 (창 22:1-18; 히 11:17-19).

> 사람이 감당할 시험밖에는 너희가 당한 것이 없나니 오직 하나님은 미쁘사 너희가 감당하지 못할 시험 당함을 허락하지 아니하시고 시험 당할 즈음에 또한 피할 길을 내사 너희로 능히 감당하게 하시느니라 고전 10:13

시각 장애인을 안내하는 모습을 한번 생각해 보십시오. 당신은 그의 손을 잡고 이렇게 말해 주겠지요. "50m 앞에 구덩이가 있고, 그다음에는 계단이 있습니다."

이렇게 하면 그가 알아서 제 갈 길을 갈 수 있을까요? 설명해 준 그대로만 가면 된다고요? 정확한 정보를 가르쳐 줬으니 아무런 문제가 없다고요? 당장 한 걸음 내디딜 곳도 분별할 수 없는 사람에게 50m 앞을 가르쳐 주면 어떻게 되겠습니까? 오히려 혼란만 더해 줄 뿐입니다.

그래서 하나님은 작지만 중요한 것을 통해 그들의 내면을 다루기 시작하셨습니다.

구름이 성막 위에서 떠오를 때에는 이스라엘 자손이 그 모든 행진하는 길에 앞으로 나아갔고 구름이 떠오르지 않을 때에는 떠오르는 날까지 나아가지 아니하였으며 출 40:36-37

이스라엘 백성은 지금까지 누구를 따르며 살았습니까? 그들의 주인이었던 바로와 애굽인들이었습니다. 당시 바로였던 람세스는 전쟁을 위해 군용 식량과 무기를 비축하며 높고 튼튼한 성을 쌓는 일에 이스라엘 백성을 동원했습니다.

애굽이 부여한 '노예'라는 신분이 이스라엘 백성의 정체성이 되고, 애굽이 요구하는 일에 복종하며 사는 것이 그들 삶의 이유가 되었습니다. 그들은 애굽이 추구하는 바를 인생의 목적과 가치로 받아들였고, 애굽이 기뻐하고 만족하는 것을 자신들의 판단 기준으로 삼았습니다. 애굽이 요구하는 인생이 전부인 줄 믿으며, 애굽의 계획에 맞추어 하루하루 살았습니다.

이스라엘 백성에게는 자기 자신을 위해 뭔가를 결정할 자유가 없었습니다. 그들의 머릿속에는 자신의 생각과 감정에 따라 판단하고 결정한다는 개념 자체가 거세되어 있었습니다. 하나님이 창조하신 자신의 삶을 살아야 마땅하지만, 그저 남이 정해 주는 것에 따라 살았습니다. 남을 위해 생각하고 남에게 맞춰 행동하는 것이 몹시 자연스러웠기에, 결국 그러한 삶의 패턴을 자연스럽게 받아들였습니다. 모세를 따라 애굽을 빠져나오기 직전까지 이스라엘 백성은 그렇게 살고 있었습니다. 억압되고 유기되며 이용당한 채 방치된 삶을 살면서도 그들은 괜찮았습니다.

그러나 이제는 노예가 아닌 하나님의 거룩한 백성으로 사는 법을 배워야 할 때가 왔습니다. 약속의 땅에서 자유롭게 살아가기 위한 새로운 삶의 원리와 질서를 익혀야 했습니다. 이에 하나님은 구름기둥과 불기둥으로 그들의 '삶의 방식'을 훈련하기 시작하셨습니다.

하나님 백성의 삶을 훈련하다

광야 여정 내내 이스라엘 백성은 구름기둥을 따라 행군을 진행하다가 간혹 멈추기도 했습니다. 구름기둥이 떠오르면 짐을 챙겨서 떠나야 하고, 구름기둥이 멈추면 (아직 더 걸어갈 힘이 남아 있어도) 이유 불문하고 멈춰 서야 했습니다. 그럴 때면 그들은 서 있는 장소에 천막을 치고 야영지를 만들었습니다. 언뜻 보면 애굽에서 노예로 살 때와 별반 다르지 않은 것 같습니다. 사실상 하나님의 구름기둥을 따르지 않기로 선택할 만한 명분이 없어 보입니다. 구름기둥을 따라가지 않으면 대열에서 이탈되어 광야에 홀로 남게 되기 때문입니다. 살아남을 확률이 희박해지는 것입니다. 그러니 아무리 싫다 해도 구름기둥을 따라갈 수밖에 없었습니다.

그러나 가만히 생각해 보면, 광야 생활과 애굽 생활 사이에는 근본적인 차이가 존재합니다. 애굽에서는 오직 주인인 애굽인들을 위해 살아야 했습니다. 그들이 살아가는 이유 자체가 주인의 필요를 채워 주고 그들의 요구에 복종하는 것이었으니 별 수 없는 노릇이었습니다. 하지만 광야에서의 삶은 그렇지 않습니다. 이스라엘 백성이 애굽을 떠나 새로운 지경으로 나아간 것은 누구를 위한 선택이었습니까? 약속의 땅으로 가기 위해 광야에 들어선 것은 누구를 위한 행동이었습니까? 구름기둥으로 인도하시는 '하나님'을 위한 것입니까? 혹시 하나님의 만족과 필요를 충족시키기 위해 억지로 끌려가고 있는 것은 아닙니까?

그렇지 않습니다. 이스라엘 백성이 새로운 지경으로 나아가 광야에 들어선 것은 전부 '그들 자신'을 위한 선택과 행동이었습니다. 노예의 신분을 멍에처럼 대대로 짊어지고 살았던 비참한 삶에서 벗어나, 이제는 자유인으로 살고 싶다는 갈망이 반영된 '자발적인' 결단이었습니다. 시키는 대로 하지 않으면 살아남지 못하니까 따라간 것이 아닙니다. 목적지까지 무사히 가려면 도움이 필요하니까 묵묵히 따라가는 것입니다. 그러므로 그 모든 것은 그들 자신을 위한 선택이며, 자신들의 욕구와 필요를 채우기 위한 순종입니다. 애굽을 나와 가나안에 이르는 모든 여정은 전적으로 이스라엘 백성의 자유와 행복을 위한 것이었습니다. 이스라엘 백성은 그들 자신의 자유와 행복을 위해 구름기둥을 따라간 것입니다. 비록 식량과 식수난에 봉착할 때마다 모세와 하나님께 책임을 떠넘기는 비겁한 모습을 보였지만, 그들은 이 여행의 주인공이 자신들임을 분명히 인식했습니다(민 14:1-4, 39-45).

구름기둥은 이스라엘 백성에게 중요한 메시지가 심긴 상징물이었습니다. 모든 선택에는 의미와 이유가 있으며, 그것은 다른 사람이 아니라 '자기 자신'에게서 나온다는 메시지입니다. 아무리 선택의 여지가 없다 해도, 노예로 살 때처럼 일방적으로 끌려가는 것과 자신이 주도권을 가지고 따라가기로 결정하는 것은 하늘과 땅 차이입니다. 애굽에서 이스라엘 백성을 끄집어내는 것까지는 쉬웠지만, 이스라엘 안에서 애굽을 끄집어내는 것은 완전히 다른 문제였습니다. 그러나 하나님이 이스라엘 백성에게 진정으로 훈련시키려고 하신 일은 따로 있었습니다.

주인을 위해 살던 노예들이 자신을 위해 사는 법을 배우는 과정에서 필연적으로 나타나는 현상이 있습니다. 바로 자신의 본능과 육적 욕구에 충실한 '이기적 행동'입니다. 하나님의 백성이 되라고 자유를 주었더니, 이제는 자신만을 위해 살기 시작합니다. 그 어떤 것보다 자신의 유익과 안전, 필요를 충족하는 일이 최우선이 됩니다. 하나님의 영광과 그분의 뜻을 따르는 일에는 별 관심이 없습니다. 하지만 강압적으로 의지를 꺾어서 순종하게 할 수는 없습니다. 불가항력적이거나 선택권이 없는 상황에서 무릎을 꿇는 것은 '참된 순종'이 아니기 때문입니다. 하나님이 원하시는 순종은 당사자에게 선택권이 있고, 실제로 그 일을 선택하지 않을 수 있는데도 스스로 자신의 욕구와 의사를 포기하고 전적으로 따르는 것입니다.

하나님은 언제든지 이스라엘 백성이 억지로라도 그분의 뜻을 따르도록 이끄실 수 있습니다. 진영 가운데 벼락이나 지진 몇 번만 일으키면, 배고프고 목마르다는 불평 따위는 단번에 잠재우실 수 있습니다. 찍소리 못하고 가나안에 들어가게 하실 수 있다는 말입니다. 하지만 하나님은 그런 복종이 아니라 그들 스스로 자신의 뜻과 의지를 내려놓고 하나님께 순복하고 순종하게 되기를 원하셨습니다.

하나님이 아담과 하와에게 자유의지를 허락하신 뒤에, 에덴동산 중앙의 '선악을 알게 하는 나무' 열매를 먹지 못하게 하신 이유도 바로 그 때문입니다. 하나님은 아담과 하와를 스스로 아무것도 결정할 수 없고 판단할 수 없는 로봇으로 만들지 않으셨습니다. 외부에서 명령어를 입력해야만 작동하는 컴퓨터로 만들지 않으신 것입니다. 하나님은 인간에게 '자유의지'를 주셨습니다. 피조물이 자신의 의지를 갖는다는 것은 참으로 놀라운 일입니다. 그러나 한편으로는 그들이 하나님이 아니라 자기 자신을 포함한 다른 대상을 따르고 섬길 수도 있는 위험 인자를 떠안는 것입니다. 창조주 입장에서는 굳이 그럴 이유가 없는 '불필요한 일'입니다. 언제 터질지 모르는 시한폭탄을 자청해서 끌어안는 격입니다.

하나님은 그 정도로 우리를 사랑하십니다. 그분의 뜻대로 우리를 조종하고 억눌러서 사랑과 순종을 이끌어 내는 대신, 우리가 직접 선택할 수 있도록 권한을 주시며 스스로 결정하게 하십니다. 이것이 진정한 사랑과 순종입니다. 사랑과 순종은 '자발적'일 때 참된 가치를 갖습니다. 하나님은 거절받을 위험을 떠안으면서까지 우리와 함께 진정한 사랑을 주고받기 원하셨던 겁니다. 인간에게 자유의지를 주시는 순간부터 기꺼이 배신당하기로 결정하셨고, 상처받기로 결정하셨으며, 아파하기로 결정하셨습니다.

하나님은 이스라엘 백성에게도 자발적인 순종과 사랑을 기대하셨습니다. 얼마든지 자기 뜻대로 행동할 수 있지만, 하나님을 사랑하고 신뢰함으로 스스로 포기하고 그분의 뜻을 따르기 원하셨습니다. 이것이 바로 '구름기둥 수업'의 핵심이었습니다.

구름기둥으로 배운 순종

광야라는 특별한 상황에서 구름기둥을 따라 이동하려면, 자신의 욕구와 필요를 상당 부분 참고, 절제해야 합니다. 상황이 이렇고 처지가 저렇기 때문에 '지금 못 간다'고 말할 수 없다는 이야기입니다. 자기 보기에 합당한 이유와 명분이 있다 해도 어쩔 수 없습니다. 구름기둥과 불기둥으로 말씀하시는 하나님의 방법과 원칙을 따라야 하기 때문입니다. 그것은 약속의 땅에 들어가기 위해,

약속의 땅에 걸맞는 존재가 되기 위해, 의미 있고 보람 있는 인생을 살기 위해 자기 자신을 '포기'하는 훈련입니다.

구름이 움직이면 따라서 움직여야 합니다. 화장실에서 급한 볼일을 보다가도 즉각 멈추고 짐을 싸서 떠나야 합니다. 오아시스에 며칠 더 머물다 가고 싶어도 짐을 싸야 합니다. 어젯밤 늦게 도착해서 아직 잠이 덜 깬 상황이라 해도 새벽에 구름이 움직이면 천막을 걷고 다시 걸어가야 합니다. 그 반대의 경우도 생각해 보십시오. 구름이 머물러 있으면, 그 장소가 아무리 지겹고 떠나고 싶더라도 무조건 머물러야 합니다. 한 달, 두 달, 여섯 달, 심지어 한 해가 흘렀어도 구름이 움직이지 않으면 떠날 수 없습니다.

그러니 이스라엘 백성의 삶의 중심에 '구름기둥'이 놓일 수밖에 없습니다. 구름이 언제 떠날지 모르니 오아시스를 만나도 농사를 지을 수 없습니다. 집을 지을 수도 없습니다. 구름이 언제 어디에 머물지 모르기 때문에 미래의 계획을 세울 수도 없습니다. 모든 것을 '구름의 움직임'에 맞춰야 합니다. 자기 자신이 아니라 하나님의 임재를 상징하는 구름에 인생을 맞추는 것, 하나님은 구름기둥을 통해 이스라엘 백성에게 이와 같은 교훈을 심어 주려 하셨습니다.

이는 광야를 떠도는 이스라엘 백성에게만 해당하는 이야기가 아닙니다. 그리스도인의 삶도 마찬가지입니다. 하나님이 움직이시면 우리도 움직이고, 하나님이 멈추시면 우리도 멈춰야 합니다.

우리가 먼저 걸음을 옮긴 뒤에 하나님이 뒤따라오시기를 기대해서는 안 됩니다. 우리가 저질러 놓고 하나님께 해결해 달라고 기도해서는 안 됩니다. 하나님이 가자고 하시는데 멈춰 있어서도 안 됩니다. 이는 머리를 굴려 계산해서 할 수 있는 일이 아닙니다. 내가 옳다고 믿는 바를 내려놓고, 하나님의 원칙과 원리에 따라 우선순위를 재조정할 때만 가능합니다. 지금까지 살아온 모든 것이 뒤죽박죽되기 때문에 이것은 무척 힘든 일입니다.

사도 바울은 우리가 바르고 옳다고 믿었던 삶이 실상은 다음과 같은 삶이었다고 말합니다.

> 그때에 너희는 그 가운데서 행하여 이 세상 풍조를 따르고 공중의 권세 잡은 자를 따랐으니 곧 지금 불순종의 아들들 가운데 역사하는 영이라 전에는 우리도 다 그 가운데서 우리 육체의 욕심을 따라 지내며 육체와 마음의 원하는 것을 하여 다른 이들과 같이 본질상 진노의 자녀이었더니…그때에 너희는 그리스도 밖에 있었고 이스라엘 나라 밖의 사람이라 약속의 언약들에 대하여는 외인이요 세상에서 소망이 없고 하나님도 없는 자이더니 엡 2:2-3, 12

아무리 열심히 살며 최선을 다해도 부패한 욕망과 욕심을 좇는 우리는 이 땅에서 썩어 버릴 육체의 열매와 멸망의 열매만을 거둘 뿐입니다. 그래서 과거의 허물을 벗고 새로운 옷을 입는 구름기둥의 훈련을 매일 매 순간 끊임없이 지속해야 합니다. 바로 이것이 새로운 지경으로 나아갈 때 우리를 회복하시고 온전케 하시는 하나님의 역사입니다.

지금도 길과 인도자가 되시는 하나님

인생은 끊임없이 새로운 약속의 땅으로 나아갑니다. 준비한 사람이든 아니든 누구나 새로운 선택의 상황을 마주하며 살아갑니다. 그럴 때마다 하나님은 구름기둥과 불기둥을 준비하십니다.

우리 시대에 하나님이 보내시는 구름기둥과 불기둥은 무엇일까요? 예수 그리스도의 십자가 대속과 부활로 말미암아 우리 가운데 임하신 '성령'이라고 믿습니다. 광야에서 이스라엘 백성이 구름기둥의 인도를 받고 불기둥의 보호를 받았던 것처럼, 우리 역시 성령의 인도를 따르며 그분의 보호 가운데 거해야 합니다. 그것은 하나님의 백성이자 그분의 자녀로 살아가는 자의 특권이기도 합니다.

무릇 하나님의 영으로 인도함을 받는 사람은 곧 하나님의 아들이라
롬 8:14

새로운 지경으로 한 걸음 나아갔는데 길이 없는 것 같습니까? 과거의 상처와 아픔이 무시로 떠올라 미래가 어둡고 두렵게만 느껴집니까? 어쩌면 우리가 볼 수 있고 느낄 수 있는 길은 막혀 있는지도 모릅니다.

하나님을 기억하십시오. 그분은 바다 한가운데에 길을 내시는 분입니다. 예수 그리스도는 죄로 말미암아 막힌 하나님과 우리 사이에 직접 '길'이 되어 주신 분입니다. 성령은 우리를 끊임없이 아버지 하나님께 나아가는 길로 인도하십니다. 그러므로 길이 없다고 절망할 필요는 없습니다. 새로운 지경으로 나아가는 이들을 위한 하나님의 길은 언제나 열려 있습니다. 그분은 반드시 나아갈 길을 예비하십니다. 그 옛날 광야에서 구름기둥과 불기둥으로 이스라엘을 인도하고 보호하신 하나님이 지금도 동일하게 일하십니다. 그분은 우리를 위해 길을 여시고, 길이 되시며, 길로 이끄실 것입니다.

11장

위기는

하나님 앞에 머무는 치유의 기회입니다

'가정'을 주제로 강의할 때면, 저는 참석자들에게 이런 질문을 던지며 시작합니다.

"여러분이 생각하는 행복한 가정은 어떤 가정입니까?"

수도 없이 강의를 해 오면서 여러 사람의 다양한 답변을 들었습니다만, 그중에서도 가장 기억에 남는 대답은 이것입니다.

"행복한 가정이란 (집에) 들어가고 싶은 곳입니다!"

현대인은 '경쟁'을 강요당하며 살아갑니다. 직장인이든 학생이든, 나이가 많든 적든, 어떤 분야에 속해 있든 경쟁해야만 살아남을 수 있다고 말합니다. 그래서 재능이나 지식, 실력, 경험 등 가진 것을 모두 쏟아부을 것을 요구합니다. 때로는 교회에서도 그런 요구를 할 때가 있습니다.

그 과정에서 많은 에너지가 소진되고 상처받기도 합니다. 그렇기에 우리는 지친 몸을 누이고 에너지를 재충전하는 시간을 반드시 가져야 합니다. 휴식과 충전을 누리기에 가장 적합한 곳이 바로 가정이지만, 안타깝게도 이 시대에는 깨진 가정이 너무 많습니다. 수많은 가정이 갈등과 아픔으로 얼룩진 고달픈 곳이 되어 버리고 말았습니다. 우리는 지친 몸을 쉬게 하고 내면의 상처를 다독이며, 힘든 문제를 감당할 만한 지혜와 용기와 힘의 원천을 끊임없이 찾고 있습니다. 한창 '웰빙'(well-being) 열풍이 불다가, 최근 들어 '힐링'(healing)이 화제가 된 이유도 그래서입니다.

주로 기독교 상담과 치유 분야에서 사용하던 '힐링'이라는 용어가 어쩌다 일반 사회와 대중매체에까지 흘러들어 갔는지는 알 수 없지만, 우리 삶 깊이 들어와 있는 힐링 관련 도서와 텔레비전 프로그램, 심신 수양 강좌를 보면 그 영향력이 유행 차원으로 급부상했음을 인정하게 됩니다. 이제는 힐링을 콘셉트로 삼는 예능 프로그램까지 나온 실정입니다. 힐링이 치료의 차원에서 벗어나 오락과 유희의 도구로 전락한 것입니다. 이런 힐링 열풍을 보면서 저는 목회자이자 상담가로서 여러 가지 생각을 하게 됩니다.

일단 힐링 유행이 한국 사회에 끼친 순기능은 무척 많습니다. 무엇보다 우리 자신을 지나친 경쟁 사회 속에 스스로 몰아넣고 있다는 사실을 자각했다는 점이 가장 고무적입니다. '더 잘해야 한다, 하면 된다'는 긍정적 사고방식으로 밀어붙이는 것만으로는 경쟁 과정에서 소진되고 상처받은 마음을 치유할 수 없다는 점도 이해하기 시작한 것 같습니다. 이제는 앞만 보고 달려가던 속도를 늦추고 서로 이야기를 들어주며 마음을 나누고 보듬을 때 치유될 수 있다는 이야기가 들려옵니다. 물질주의에 빠져 영적인 의미와 내면의 가치에는 무심하게 반응하던 현대인들로서는 이것만으로도 획기적인 변화가 아닐 수 없습니다. 하지만 이러한 현상 이면에 나타나는 그림자도 주의 깊게 살펴봐야 합니다.

요즘 '힐링'과 관련된 문화와 레저, 음식, 건강 상품이 놀라울 정도로 많이 쏟아져 나오고 있습니다. 이 추세는 더욱 다양해지고 보편화될 것입니다. 문제는 그것이 극단적 자본주의를 추구하는 대중매체와 뒤엉켜 본질을 잃고, 단순한 제품과 프로그램으로 상업화된다는 점입니다. 그렇게 되면 힐링은 과거 유행했던 '자기계발'(self-help) 분야의 메시지들처럼, 일시적으로는 위로가 되지만 얼마 가지 않아 더욱 초라해진 현실만 남겨놓는 싸구려 진통제 정도로 취급될지 모릅니다.

가장 안타까운 점은 세상이 추구하는 힐링에는 치유의 근원이신 '하나님'이 빠져 있다는 사실입니다. 잠시 잠깐 감동을 주고 눈물을 흘리게 할 수는 있지만, 근본적으로 세상의 힐링에는 사람을 '변화'시키는 능력이 없습니다. 아버지 하나님의 지극한 사랑과 십자가에서 우리의 옛사람과 함께 못 박히신 예수 그리스도의 한량없는 은혜, 그리고 우리 안에 내주하여 위로해 주시는 보혜

사 성령의 역사가 없는 힐링이란 존재하지 않습니다.

재충전의 필요성

이스라엘이 여리고 성과 아이 성을 점령했다는 소식이 가나안 전역을 휩쓸었습니다. 이에 심각한 위기의식을 느낀 아모리 족속의 다섯 왕은 긴급회의를 소집합니다. 이스라엘을 막고자 연합 전선을 펼치기 위함이었지요. 그래서 제일 먼저 이스라엘 편에 붙은 기브온을 공격합니다(수 10:1-5).

결국 기브온을 도우러 달려온 여호수아와 이스라엘 군대는 아모리 다섯 족속의 연합군과 일대 격전을 벌이게 됩니다. 양편이 사생결단의 각오로 임했기 때문에 이스라엘 군대의 손이 모자랄 수밖에 없습니다. 이에 하나님이 커다란 우박 덩이로 지원사격까지 해주시고, 해와 달의 움직임을 멈추게 하실 정도로 급박하고 치열한 전투가 벌어졌습니다. 그래서 성경에는 이것이 이스라엘 역사상 전무후무한 결전이었다고 기록되어 있습니다.

여호와께서 사람의 목소리를 들으신 이같은 날은 전에도 없었고 후에도 없었나니 이는 여호와께서 이스라엘을 위하여 싸우셨음이라

수 10:14

이토록 치열한 전쟁을 치른 뒤, 지칠 대로 지쳐 녹초가 된 여호수아와 이스라엘은 집으로 돌아옵니다. 그곳의 이름이 바로 '길갈'입니다.

여호수아가 온 이스라엘과 더불어 길갈 진영으로 돌아왔더라 수 10:15

여호수아와 이스라엘 백성은 아모리 족속과 싸우기 전에도 길갈에 있었습니다(수 10:7). 이는 그들이 아이 성 전투를 마친 뒤에 길갈에서 머물렀다는 말입니다. 그래서 기브온 사람들이 그들과 화친을 맺으려고 길갈로 찾아온 것입니다.

또한 나중에 가나안 남부 동맹군과 싸운 뒤에 돌아온 곳도 길갈입니다(수 10:43). 여호수아가 노년에 머물던 곳도 길갈이었습니다(수 14:6). 아이 성을 함락한 다음부터 여호수아에게는 큰 일을 치르고 나면 반드시 길갈로 돌아오는 희한한 습관이 생긴 듯합니다. 마치 비둘기의 회귀본능처럼 말입니다. 그런데 그는 왜 매번 길갈로 돌아왔을까요? 그들은 길갈에서 무엇을 했을까요?

흔히 우리는 독특한 재능이나 뜨거운 열정, 또는 자기만의 기발한 비법을 가진 사람이 성공한다고 생각합니다. 하지만 저명한 행동심리학자 짐 로허(Jim Loehr)와 토니 슈워츠(Tony Schwartz)는 목표 성취자들의 성공 비결이 '지속적인 재충전'이라고 말합니다.

"인간은 신체, 감정, 정신, 영의 4가지 차원으로 구성된 매우 복잡한 에너지 시스템을 갖고 있습니다. 이는 서로 유기적으로 연결되어 있기 때문에, 이 중 하나라도 부족하면 일과 삶에서 좋은 결과를 얻을 수 없습니다."

그들이 말하는 '신체 에너지'는 강인함과 인내력, 유연함과 탄력성을 뜻합니다. 또한 '감정 에너지'는 외부의 자극에 경직되거나 공격적으로 대응하지 않고, 감정의 스펙트럼에 따라 적절하고 자연스럽게 반응할 수 있는 능력을 말합니다. 이 에너지를 많이 가진 사람은 실패나 상실을 겪어도 회복이 빠르다고 합니다. '정신 에너지'는 오랫동안 집중을 유지하는 능력입니다. 또한 자신과 다른 여러 관점을 폭넓게 수용하는 능력이기도 합니다. '영적 에너지'는 현실적 손해가 따르더라도 내면의 가치를 위해 헌신하는 마음의 여유입니다. 이 4가지 에너지가 골고루 충전되지 않으면 어떤 일이든 잘 감당할 수 없다고 합니다.[5]

'에너지'라는 말이 낯설게 들리고 모호하게 느껴질 수도 있을 것입니다. 어쩌면 '기'(氣)나 '명상 훈련'을 떠올리는 분도 있겠지요. 하지만 위기와 치유에 관한 긴 이야기를 마무리하는 이 시점에 우리가 귀담아 들어야 할 내용이 최소한 하나는 있다고 생각합니다. 우리가 늘 결핍의 위험성에 노출되어 있기에 정기적으로 자신을 '재충전'해야 한다는 말입니다. 우리는 리필(refill), 즉 재충전해야 살 수 있는 존재라는 것입니다. 이를 알고 인정하는 삶과 그렇지 않은 삶은 전혀 다른 모습으로 나타나게 되어 있습니다.

정기적인 재충전의 필요성과 중요성을 모르거나 인정하지 않는 사람은 자신의 내면에서 커져 가는 '결핍의 문제'를 인식하지 못합니다. 자신이 지쳐 있고 힘겨운 상태라는 사실을 미처 깨닫지 못하는 것입니다. 그저 계속해서 자신을 혹사시키며, 톱니바퀴가 닳아빠져 튕겨 나올 때까지 밀어붙일 뿐입니다. 자신에게 부족한 부분을 정기적으로 채우지 않으면 온전히 살 수 없다는 사실을 모르기 때문입니다.

그러나 재충전의 필요성을 인식한다고 해서 결핍의 문제가 완전히 해결되는 것은 아닙니다. '무엇으로 어떻게 충전하느냐'에 관해서도 반드시 짚고 넘어가야 합니다. 당신은 자신에게 무엇이 필요한지, 그 필요를 어떻게 채울 수 있는지 알고 있습니까? 또한 실제로 그 필요를 충전하며 살고 있습니까?

그들이 길갈로 돌아가는 이유

여호수아는 왜 매번 이스라엘 백성과 함께 길갈로 돌아갔을까요? 아이 성과의 첫 번째 전투에서 패배했을 때, 여호수아는 자신과 이스라엘 백성의 실체를 알게 되었습니다. 자신들이 언제나 믿음으로 충만하고 하나님의 말씀에 신실하게 순종하는 선한 존재가 아니라는 사실을 뼈저리게 깨달았던 것입니다. 오히려 손쉽게 믿음을 저버리고 고삐 풀린 망아지처럼 제멋대로 행동하는 허점과 결핍투성이라는 사실을 깨달았습니다. 자신의 연약함과 부족함을 날마다 인식하며 하나님에게서 재충전해야만 하는 불완전한 존재임을 깨달았습니다.

그래서 여호수아는 실패했을 때 치유와 회복의 과정을 치르고, 승리했을 때 고갈된 에너지를 다시 채울 장소가 필요했습니다. 피곤하고 지친 심신을 회복하고 다음 단계로 나아갈 지혜와 힘, 용기를 새롭게 장전할 곳 말입니다. 이에 여호수아가 선택한 곳이 바로 '길갈'이었습니다.

여리고 동쪽에 위치한 길갈은 이스라엘 백성이 요단 강을 건넌 뒤 처음으로 캠프를 설치하고 야영한 지역입니다. 이처럼 길갈은 여호수아와 이스라엘 백성에게 여러 가지 추억이 있는 특별한 장소였습니다.

요단 강을 건널 때, 이스라엘 백성은 강바닥에서 돌멩이를 가져다가 이곳에 지파별로 기념비를 세웠습니다. 애굽에서의 마지막 재앙 이후로 지키지 못한 유월절 절기를 이곳에서 처음으로 지켰습니다. 여리고 성을 점령하기 전에 하나님의 백성임을 나타내는 징표로 '할례'를 실시한 장소도 이곳이고, 광야 생활 40년 동안 먹었던 만나가 끊어지고 '땅의 소산'을 먹기 시작한 장소도 이곳입니다. 여호수아가 여리고 성 전투를 앞두고 고민할 때, 여호와의 군대 장관을 만난 곳도 이곳입니다.

학자들의 연구에 따르면 이스라엘 백성은 길갈에서 휴식을 취하고 상처를 치료하고 물자를 보급받으며 새로운 작전을 준비했다고 합니다. 길갈은 바로 이스라엘 백성의 '재충전 장소'였습니다. 그렇기에 큰 전쟁이나 사건을 겪을 때마다 이곳으로 돌아온 것입니다. 길갈이 아니었다면 이스라엘은 필요한 쉼과 새 힘을 공급받을 수 없었을 겁니다. 그 덕분에 여호수아와 이스라엘 백성은 아이 성 전투 이후로 거의 패배하지 않았습니다. 계속해서 그들 자신을 재충전하면서 가나안을 정복해 나갔습니다. 하나님이 맡겨 주시는 일을 기쁨으로 순종하며 나아갈 수 있었습니다. 도대체 길갈에서 경험한 일들이 이스라엘 백성에게 어떤 의미였기에 이토록 놀라운 재충전 효과를 얻을 수 있던 걸까요?

 이스라엘 백성에게는 '요단 강 사건'이 엄청난 의미로 다가왔습니다. 요단 강은 그들의 부모 세대가 가나안 땅에 들어가지 못하도록 가로막고 있던 가장 커다란 '장애물'이었습니다. 40년 동안 아무도 건너지 못한 장애물을 자녀 세대가 뛰어넘어, 그토록 꿈에 그리던 가나안 땅을 밟은 것입니다. 그래서 그들은 기념비까지 세워 놓음으로써 말로 다할 수 없는 기쁨과 감격을 되새겼을 것입니다.

 가나안 정복 전쟁의 첫 대결에서 최강의 적인 여리고와 맞닥뜨리게 된 여호수아는 걱정과 근심에 사로잡혀 있었습니다. 그때 여호와의 군대 장관이 나타났습니다. 이에 그는 이스라엘이 하나님 편에 서 있는 한 어떤 적도 이겨 낼 수 있다는 믿음과 용기를 얻었으며, 하나님이 이곳에 임재하시리라는 확신을 갖게 되었습니다. 또한 이곳에서 애굽의 노예와 광야의 떠돌이였던 사람들이 할례라는 특별한 의식을 시행함으로써 '하나님의 백성'이라는 명확한 정체성을 몸과 마음에 새겼습니다. 만나가 끊어진 것도 단순한 식량 조달의 변화만은 아니었습니다. 이는 40년의 광야 생활이 드디어 끝났다는 하나님의 축하 의식이었습니다. 이제는 방황하는 유랑민이 아니라 자신의 집을 짓고 땅을 일구어 땀과 노동의 결실을 맛보는 정착민이 된 것입니다.

이처럼 길갈은 출애굽과 가나안 여정의 분기점이자 전환점이 되는 장소였습니다. 또한 하나님이 어떤 분이시며, 그분이 어떤 일을 행하셨는지를 기리는 곳이었습니다.

기력이 소진되고 고갈된 사람이 몸과 마음에 안정을 취하고 재충전하는 방법에는 여러 가지가 있습니다. 맛있는 음식을 먹기도 하고, 재미있는 소설이나 영화를 볼 수도 있습니다. 사랑하는 사람들과 대화하며 함께 시간을 보내거나 여행을 다녀올 수도 있습니다. 깊고 오랜 잠을 자거나, 아무것도 하지 않고 그저 빈둥거리는 방법도 있습니다. 하지만 여호수아는 자신과 자신이 이끄는 백성에게 가장 필요한 재충전의 방법은 '하나님 앞에 머무는 것'이라고 믿었습니다.

요단 강 바닥에서 가져온 돌을 쌓아 세운 기념비를 바라보고,

장정들이 모두 할례를 받은 뒤로 이스라엘 진영 전체가 무방비 상태가 되어 버렸던 아찔한 순간을 회상하며, 여리고 성 공격을 앞두고 여호와의 군대 장관이 나타난 곳을 다시 찾아가기도 하고, 이제 더는 맛볼 수 없는 만나를 떠올리며 지난 이야기를 나누기도 합니다. 이런 시간들을 통해 하나님이 행하신 일을 되새기며 그분이 어떤 분이신지 깨닫습니다.

생전에 하나님과 교제하느라 회막 안에서 아예 살다시피 했던 모세처럼, 여호수아도 하나님 앞에 나아가 대화하며 친밀감을 쌓는 시간을 가집니다. 백성은 곁에서 하나도 빠뜨리지 않고 그 모든 모습을 지켜봅니다. 이렇게 길갈을 찾는 횟수가 늘어 감에 따라, 이스라엘 백성은 하나님을 더 가깝고 친근하게 느끼게 되었을 것입니다.

하나님과 동행하려 하지 않는 그리스도인

한국교회가 정체되면서 주일 성수에 대한 의식이 약해지고 있지만, 아직도 대부분 성도는 주일예배 참석을 '절대 의무'로 여기며 지키고 있습니다. 다행스럽고 고무적인 일이긴 합니다. 다만 문제는 주일 오전예배에 한 번 참석하면 성도의 의무를 다한 거라는 의식이 교회 안에 팽배해 있다는 점입니다.

그래서 요즘은 영적 성장을 위한 성경 공부나 기도 모임, 소그룹 활동을 열어 줄 것을 교회나 목회자에게 요청하는 성도가 별로 없습니다. '영적 성장'에 대한 관심 자체가 없기 때문입니다. 오히려 교회에서 이런 모임을 권유하면 부담스러워하며, 예배가 끝나자마자 도망치듯 교회를 떠나 버립니다. 주중에 모임을 갖는 일은 아예 생각할 수도 없습니다.

그런 사람들이 개인적인 경건의 시간을 가질 리 만무합니다. 안타깝게도 수많은 한국교회의 성도가 정기적으로 하나님 앞에 나아가 그분 앞에 머무는 것과는 거리가 먼 신앙생활을 하고 있는 겁니다. 아버지를 슬슬 피하는 자녀, 왕을 떠나 자신들의 삶에만 몰두하는 백성을 떠올려 보십시오. 대화와 소통은 전혀 없고 지켜야 할 의무와 규칙, 감당해야 할 책임에 대해서만 이야기하는 관계의 미래는 어떠할까요? 대체 왜 그리스도인들이 하나님에게서 떠나려고 할까요?

누군가를 좋아하면 상대방을 자주 만나고 오랫동안 함께 있으려고 합니다. 하물며 없는 일도 만들어서 만나려고 하는 것이 인지상정입니다. 그런데 유독 하나님에 대해서만 최대한 시간을 아끼려고 하는 이 현상은 무엇을 의미하는 것일까요?

또한 대부분 사람은 연예인이나 성공한 기업가처럼 유명하고 유력한 사람과 친하게 지내고 싶어 하는 습성을 가지고 있습니다. 자신이 유명 인사와 친하다는 사실을 자랑하기 위함이지요.

"봤지? 나 이 정도 사람이야!"라는 말하고 싶은 것입니다. 그런데 하나님에 대해서 이런 마음이나 욕심이 생기지 않는다면, 이것은 무엇을 의미하는 것일까요?

답은 간단합니다. 하나님을 사랑하는 것은 고사하고, 좋아하지도 않기 때문입니다. 나를 구원해서 천국에 보내 주시는 것 말고는 인생에 별다른 도움이 되지 않는다고 생각하는 겁니다.

이런 사람은 기도하는 시간을 가장 힘들어합니다. 기도할 내용이 별로 없기 때문입니다. 시간 가는 줄 모르고 수다를 떨어 대거나 한 번도 꺼내 놓지 못한 속내를 깊은 대화로 풀어내는 것은 평소에 자주 만나고 이야기를 많이 나누어 본 사람 사이에서나 가능한 일입니다. 눈빛만 보아도 척 하고 알아차릴 만큼 서로 잘 알고 좋아하는 사람 앞에서 마음과 입이 활짝 열리는 법이니까요.

한편으로는 오해와 잘못된 인식에 사로잡혀 하나님께 나아가지 않는 사람도 있습니다. 하나님이 살아 계신 것은 믿지만, 그분이 자신을 사랑하신다는 사실은 믿지 못합니다. 하나님이 자신을 싫어하고 거절하실 것이라고 생각합니다. 그분을 마치 부적합자와 불량품을 태워 버리는 '심판자'로 바라봅니다. 그런 사람이 어찌 그분 앞에 나아갈 수 있겠습니까? 참으로 안타까운 일입니다.

하나님은 우리를 향한 사랑의 편지를 66권의 성경에 기록하신 분입니다. 그분은 에덴동산을 떠나 멀어진 우리와 함께 있고 싶어서 임마누엘로 이 땅에 오셨고, 탕자의 아버지처럼 언제나 두

팔 벌려 기다리시며, 우리에게 미래와 평안을 주실 생각만 하고 계십니다. 어떻게 이토록 좋으신 아버지께 가까이 나아가고 싶어 하지 않을 수 있다는 말입니까?

사랑이 많고 은혜로우며 자비로우신 하나님의 성품을 받아들이지 않더라도, 그분과 교제하며 친밀해지는 것에 대해 가르치고 이야기할 수 있습니다. 큐티나 묵상, 기도하는 시간도 가질 수 있습니다. 그러나 하나님 앞에 머물러 깊은 속내를 열고 교제할 수는 없습니다. 아무리 개인 경건 생활을 꼬박꼬박 지킨다고 해도 나를 향한 하나님의 사랑을 확신하지 않는다면, 그분과의 교제 안에서 친밀감을 나눌 수 없습니다.

하나님 앞에 나아갈 때의 우리 자세와 마음가짐은 어떻습니까? 우리는 자기 기준과 주관으로 똘똘 뭉쳐 흑백논리로 판단하며 거칠고 사나운 태도로 잘못만 추궁하는 재판관을 만나러 가는 것이 아닙니다. 나의 언행과 믿음에 점수를 매겨 그에 따라 표창장을 주거나 손바닥을 때리려고 매서운 눈초리를 한 채 기다리는 감독관에게 나아가는 것이 아닙니다. 언제 실패하는지 지켜보며 기다리다가 실수라도 하게 되면, "그것 봐라. 내가 너 그럴 줄 알았다" 하며 비난과 조롱을 퍼붓는 존재를 만나러 가는 것도 아닙니다. 우리를 위해 자신을 내주신 '무조건적인 사랑'의 존재에게 나아가는 것입니다. 우리가 나아오는 모습을 보며 기뻐 어쩔 줄 모르는 분께 나아가는 것입니다.

너의 하나님 여호와가 너의 가운데에 계시니 그는 구원을 베푸실 전
능자이시라 그가 너로 말미암아 기쁨을 이기지 못하시며 너를 잠잠
히 사랑하시며 너로 말미암아 즐거이 부르며 기뻐하시리라 습 3:17

여기서 '기뻐하다'로 번역된 히브리어는 펄쩍펄쩍 뛸 정도로
자신의 기쁨과 즐거움을 적극적으로 표현한다는 뜻을 갖고 있습
니다. 하나님은 그 정도로 우리를 사랑하며 존귀하게 여기시는
분입니다. 그 멋진 분이 바로 우리가 믿고 따르는 '좋으신 아버지
하나님'이십니다.

작은 자에게 임하는 하나님의 영광

하지만 하나님께 나아가 그 앞에 머무는 일은 여전히 부담스럽고
어려운 일 같습니다. 하나님의 모습은 모세조차도 뒷모습밖에 보
지 못했을 정도입니다. 그만큼 하나님은 거룩하신 분입니다. 그런
데 천방지축 제멋대로인 이스라엘 백성이 그런 하나님 앞에 나아
가 머물 수 있을까요?

전 세계 '모던 워십'의 개척자인 예배 인도자 매트 레드먼(Matt
Redman)이 미국의 기독교 청년 운동 패션 집회를 섬길 때, 흥미
로운 이벤트를 한 적이 있습니다. 어느 날 패션 운동의 설립자인

루이 기글리오(Louie Giglio) 목사가 레드먼에게 예배 때 '미러볼' (Mirror Ball)을 사용하자고 제안했습니다. 아마 이 책을 읽는 대부분 독자는 미러볼이 무엇인지 잘 모르실(!) 겁니다.

미러볼은 젊은이들이 자주 다니는 댄스 클럽에서 휘황찬란한 분위기를 조성하기 위해 사용하는 조명 기구입니다. '디스코 볼'이라고도 불리는 이 기구는 여러 개의 거울 조각이 붙어 있는 작은 구체입니다. 말 그대로 '거울 공'인 셈입니다.

거룩하신 하나님을 예배하는 데 댄스 클럽의 조명 기구를 사용한다고 하니, 탐탁지 않은 마음이 들 수도 있습니다. 레드먼도 그랬던 것 같습니다. 어중간하게 기글리오 목사의 제안을 받아들이긴 했지만, 그 시간을 섬길 예배 인도자였던 레드먼은 미러볼을 사용한다는 것이 계속 마음에 걸렸습니다. 왠지 불경스러운 발상인 것만 같았습니다. 게다가 미러볼이 예배의 흐름을 끊을 것 같아 걱정스러웠습니다. 드디어 예배 리허설 시간이 되었고, 천장에 매달려 있는 미러볼을 보는 순간 레드먼의 마음은 더 심란해졌습니다. 그가 생각했던 것보다 크기가 훨씬 작았기 때문입니다. 수천 명이 모이는 넓은 공간에 저렇게 조그만 공을 매달아 놓고 뭘 하자는 것인지 답답하기까지 했습니다.

어쨌든 예배는 시작되었습니다. 참석한 모든 사람이 영광스러운 하나님의 임재 가운데 깊이 들어갔습니다. 마침내 예정한 순서에 이르자, 천장에 매달아 놓은 미러볼이 천천히 아래로 내려오기 시작합니다. 레드먼은 '드디어 올 것이 왔구나!' 싶어 조마조마한 마음으로 지켜보고 있었습니다. 그런데 바로 그때 놀라운 일이 벌어졌습니다. 한 줄기 빛이 미러볼에 닿자마자 집회장이 온통 찬란한 빛으로 가득 찬 것입니다. 구약 시대에 하나님의 영광이 성전에 임했던 순간이 바로 이렇지 않았을까 싶을 만큼 장관 그 자체였습니다.

레드먼은 미처 상상도 못했지만, 미러볼은 강한 빛을 쏘이면 아무리 넓은 공간도 순식간에 찬란한 빛으로 가득 채울 수 있는 조명 기구였습니다. 중요한 것은 미러볼의 크기가 아니었습니다. 그것에 쏘이는 '빛의 세기'가 관건이었던 것입니다. 미러볼 효과 덕분에 그날 예배에 참석한 모든 그리스도인이 하나님의 영광을 더욱 깊이 체험하며 헌신할 수 있었습니다.[6]

매트 레드먼이 그랬던 것처럼, 하나님께 나아갈 때 우리는 하나님이 아니라 우리 자신에게 초점을 맞추는 경우가 허다합니다. 중요한 것은 '빛의 세기'임에도, 우리는 종종 미러볼의 크기에만 집착합니다.

물론 거룩하신 하나님 앞에 나아갈 때는 마땅히 자신의 삶을 돌아보고 옷매무새라도 고쳐야 합니다. 하지만 거룩하신 하나님의 임재와 영광은 그 앞에 선 사람의 심령과 삶을 변화시킵니다. '나는 누구이며 어떤 존재인가'보다 내가 '누구 앞에 서 있으며 어떤 영향력 가운데 들어가느냐'가 중요하다는 말입니다. 아무리

작고 보잘것없는 존재일지라도 하나님 영광의 빛 가운데 들어가면 온 세상을 찬란하게 밝힐 수 있을 것입니다.

그렇다면 좋으신 아버지 하나님은 즐거이 그 앞에 나아와 머무는 이들에게 어떤 은혜를 베푸실까요? 무슨 일을 만나든 계속해서 길갈로 돌아가 머물던 여호수아와 이스라엘 백성 가운데 하나님은 어떤 일을 행하셨습니까?

성경에는 하나님 앞에 머물러 있다가 말 그대로 미러볼이 된 사람의 이야기가 기록되어 있습니다. 그가 바로 모세입니다.

출애굽기 34장에서 모세는 십계명을 받기 위해 두 번째로 시내 산에 올라갑니다. 첫 번째 십계명 석판은 이스라엘 백성이 벌인 금송아지 사건 때 부서지고 말았습니다. 이번에도 모세는 꼬박 40일 동안 하나님 앞에 머물러 금식하며 '십계명 석판'을 만들었습니다(출 34:28).

드디어 석판을 완성한 그는 이스라엘 백성이 기다리는 산 밑으로 내려왔습니다. 그런데 이게 웬일입니까? 그의 얼굴이 조명기구처럼 빛을 내고 있는 게 아닙니까!

모세가 그 증거의 두 판을 모세의 손에 들고 시내 산에서 내려오니 그 산에서 내려올 때에 모세는 자기가 여호와와 말하였음으로 말미암아 얼굴 피부에 광채가 나나 깨닫지 못하였더라 출 34:29

사람들이 겁을 먹고 다가가지 못했다는 것으로 짐작하건대, 모세의 얼굴에서 굉장히 강렬한 빛이 쏟아져 나온 것 같습니다. 산에서 40일 동안 금식한 사람의 얼굴에서 나올 빛이라고는 '영양실조의 누런' 빛뿐입니다. 그런데 어떻게 이토록 강한 빛을 발할 수 있다는 말입니까?

성경은 모세가 하나님과 대화했기 때문에 이런 일이 일어났다고 설명합니다. 그분의 '거룩한 영광의 빛'이 모세에게 남은 것입니다. 이스라엘 백성이 이런 모세를 얼마나 두려워했을지 눈에 선합니다. 결국 그들은 모세가 수건으로 얼굴을 덮은 뒤에야 가까이 다가갈 수 있었습니다.

이것이 바로 하나님 앞에 머무는 사람에게 부어지는 은혜입니다. 미러볼처럼 하나님의 영광을 반사하며 온 세상을 채우는 존재가 되는 것입니다. 길갈에서 여호수아와 이스라엘 백성이 경험한 은혜가 바로 이것이었습니다.

치유와 회복의 은혜로 우리를 채우신다

하나님의 치유와 회복의 역사는 그저 그분 앞에 머물러 그분을 바라볼 때 주어지는 것입니다. 내면의 응어리를 풀어내는 비법이나 아픈 기억에서 자유로워지는 공식이 따로 있는 게 아닙니다.

우리가 누구인지 정확하게 아시는 '창조자', 격려하며 새 힘을 주시는 '위로자', 우리의 꿈과 미래를 이끄시는 '인도자' 하나님을 만났기에 내면과 삶이 자연스레 치유되고 회복된 것입니다.

유월절을 지키고 할례 의식을 치렀던 길갈에서 이스라엘 백성은 그들의 정체성을 변함없이 붙잡았습니다. 무슨 일이든 계속해서 반복하다 보면, 그 일의 목적과 방향을 쉽게 잃어버립니다. 아무리 기쁘고 즐거운 일도 덤덤해지고 무디어지기 마련입니다. 하물며 피비린내 가득한 정복 전쟁을 계속하다 보면, 자신들이 하나님의 '군대'인지 살육을 일삼는 '도살자'인지 모호하게 느낄 수 있습니다. '대체 왜 이런 전쟁을 계속해야 하지?' '또 전쟁이야? 우린 대체 뭐하는 거야? 왜 허구한 날 싸움박질만 하는 거지?'

우리도 열심히 일만 하며 살다 보면 자신이 누구인지 혼란스러워지는 순간을 맞게 됩니다. 직업이나 직함이 곧 자신이라고 생각하며 전력 질주했는데, 어느 순간 삶이 공허하고 무의미하게 느껴집니다. 진정한 의미는 일이나 소유를 통해 주어지는 것이 아닙니다. 그것은 자신이 누구인지 '아는 것'에서 나옵니다. 즉, 정체성을 가져야 하는 것입니다. 내가 누구인지 아는 사람만이 언제 어디서나 '나다운' 삶을 살 수 있습니다.

중요한 사건에서부터 아무 일도 일어나지 않는 일상에 이르기까지 매 순간 자신의 정체성을 붙잡아야 합니다. 그러므로 우리는 계속해서 자신의 정체성을 확인하고 일깨워야 합니다.

오랫동안 애굽의 노예로 살았던 이스라엘 백성은 출애굽 이후, 갈 곳 없이 떠도는 이름 없는 무리가 되었습니다. 하지만 길갈에서 그들은 비로소 하나님의 '거룩한 백성'이자 그분이 명하신 일을 감당하는 '사명자'로 거듭났습니다. 이 정체성을 붙잡았기에 살인 기계나 전쟁광이 되지 않고 가나안 정복 전쟁을 치를 수 있었습니다.

또한 여호와의 군대 장관을 만난 길갈에서 여호수아는 여리고를 점령할 용기를 얻었습니다. 두렵고 고통스러운 전쟁과도 같은 세상을 살아가는 우리에게는 '격려'가 꼭 필요합니다. "당신은 지금 충분히 잘하고 있으며, 훗날 반드시 건강하고 아름다운 삶을 살게 될 것이다"라는 지지와 위로의 메시지가 필요합니다.

여호수아는 매일 전쟁을 생각해야 하는 입장이었습니다. 아마도 그는 늘 패배에 대한 무거운 부담감을 안고 살았을 것입니다. 끝없이 덤벼 오는 강적들 앞에서 무엇을 어떻게 해야 할지 몰라 헤맬 때, 그가 하나님만 바라보도록 이끌어 줄 만한 '지침'이 필요합니다. 있는 그대로의 모습을 받아 주고 공감해 주는 '격려'가 필요합니다. 장애물에 부딪혀 멈춰 서게 되었을 때, 그것을 뛰어넘을 수 있는 '용기'가 필요합니다. 여호수아는 길갈에서 바로 그러한 경험을 했습니다. 그래서 계속되는 위기와 도전에 맞서려고 끊임없이 길갈로 돌아왔던 것입니다.

격려는 모든 사람에게 반드시 필요합니다. 격려받지 못하면 회복은 물론 새로운 일을 감당할 힘도 얻을 수 없습니다. 그래서 격려받을 수 있는 환경이 필요합니다. 가정도 좋고 교회도 좋습니다. 지지하고 세워 주며 위로해 줌으로써 다시 시작할 수 있도록 인도해 줄 수 있는 자리가 필요합니다. 당신에게도 그런 자리가 있습니까?

또한 이스라엘 백성은 길갈 덕분에 현실에 매몰되지 않고 장차 하나님이 이루실 일들을 바라볼 수 있었습니다. 당장 그들의 눈앞에는 죽고 사는 문제인 '전쟁'이 버티고 있습니다. 상황과 환경, 현실의 문제에 집중해야만 승리할 수 있습니다. 하지만 현실을 들여다보면 볼수록 이스라엘 백성은 그들 자신의 연약함을 깨닫습니다. 감당할 수 없을 만큼 거대하고 불가능한 상황 가운데 처해 있음을 뼈저리게 느끼게 됩니다. 그럴 때 이스라엘은 길갈에서 하나님의 약속을 붙들고 일어설 수 있었습니다.

하나님의 약속의 말씀은 우리 발에 등이 되고 길에 빛이 됩니다. 작은 일에 실족하지 않고 큰일에서 방향을 잃어버리지 않도록 도와줍니다. 약속의 말씀을 기억하지 않고 현실에만 몰두하면 절망과 두려움에 빠질 수밖에 없습니다. 여호수아가 모세의 뒤를 이어 이스라엘의 지도자가 되었을 때, 즉 자신이 감당할 수 없는 현실에 압도당해 절망하고 두려워할 때 하나님이 직접 격려해 주신 말씀을 기억합니까?

오직 강하고 극히 담대하여 나의 종 모세가 네게 명령한 그 율법을 다 지켜 행하고 우로나 좌로나 치우치지 말라 그리하면 어디로 가든지 형통하리니 이 율법책을 네 입에서 떠나지 말게 하며 주야로 그것을 묵상하여 그 안에 기록된 대로 다 지켜 행하라 그리하면 네 길이 평탄하게 될 것이며 네가 형통하리라 수 1:7-8

승리와 형통의 길은 여호수아의 노력과 지혜가 아니라 하나님의 말씀을 떠나지 않고 주야로 묵상하는 데 있다는 말씀입니다. 문제를 해결하러 달려가기 전에 먼저 하나님의 말씀을 심령 가득 채워야 합니다. 바로 그것이 자신에게 주어진 사명과 삶을 복되게 살아가는 '형통의 길'이었습니다. 이 말씀을 받은 날 이후, 여호수아는 일상을 살아갈 때든 전쟁을 치를 때든 빠뜨리지 않고 하나님의 약속을 묵상하며 되새겼을 것입니다.

여호수아는 하나님의 약속을 붙잡을 수 있도록 끊임없이 자극하고 도전하며 기억나게 해줄 대상이 필요했습니다. 그래서 만든 것이 요단 강 바닥의 돌을 거두어 세운 '길갈의 기념비'였습니다. 이것을 볼 때마다 그는 요단 강을 건너기 전 두려움과 절망에 빠져 있었던 자신을 떠올렸을 것입니다. 그리고 바로 그때 하나님이 그를 찾아와 격려해 주셨던 놀라운 '약속의 말씀'을 기억했을 것입니다. 이제 그분의 말씀을 믿고 담대히 순종한 결과가 눈앞에 버젓이 있습니다. 하나님의 약속이 현실로 성취된 것입니다.

우리에게도 하나님 약속의 말씀이 필요합니다. 승리했을 때든 실패하고 좌절했을 때든 그분의 약속을 붙들어야 합니다. 실패와 좌절을 불행으로 끝내지 않고, 승리와 성공을 교만과 방종으로 망가뜨리지 않기 위해서 말입니다.

우리에게는 여호수아처럼 끊임없이 약속의 말씀을 기억하고 되새길 수 있는 '재충전의 장소'가 필요합니다. 그렇기에 우리 인생에도 길갈이 필요합니다. 내가 누구인지 보여 주고 가르쳐 주고 일깨워 주며 격려와 위로로 지친 심령을 세워 줄, 하나님의 약속을 변함없이 붙들 수 있는 그 자리 말입니다. 그곳이 바로 '하나님 앞'입니다.

그래서 주님은 수고하고 무거운 짐 진 자들을 부르십니다(마 11:28). 고속도로 톨게이트를 빠르게 통과하기 위해 요금을 지불하는 카드를 충전하듯, 하나님이 명하신 치유와 회복의 길로 행하려면 늘 자신의 내면을 재충전해야 합니다.

우리는 하나님이 베풀어 주시는 치유와 회복의 은혜를 날마다 받아 누리는 귀하고 특별한 사람들입니다. 그리고 그 복으로 상처받고 고통스러워하는 세상을 치유하고 되살릴 사명을 받은 사람들입니다. 하지만 그렇게 살아가기 위해 반드시 명심해야 할 사실이 하나 있습니다. 치유자이시며 생명의 근원이신 하나님과 지속적으로 튼튼하게 연결되어 있어야 한다는 것입니다.

12장

위기는

깨달음으로 자라 가는
치유의 기회입니다

누구에게나 풋풋한 학창 시절이 있습니다. 세월이 얼마나 흘렀든 당시의 시절을 돌아보면, 친구들의 얼굴이 하나둘 떠오르기 마련입니다. 수업 시간에 수면제를 먹은 것처럼 숙면(?)을 취하다가도 점심시간이 되면 벌떡 일어나 남의 도시락까지 뚝딱 비우던 친구, 수학 시간에는 영어를 공부하고 영어 시간에는 수학을 공부하던 친구, 노트 필기는 전교 1등보다 더 잘하면서도 성적은 늘 고민고민하던 친구 등 개성 넘치는 모습들이 눈에 선합니다.

제 추억의 페이지에도 그러한 친구들이 있습니다. 그 무리 중에는 시험 때마다 매번 같은 유형의 문제를 틀리는 친구가 있었습니다. 시험 때마다 오답을 확인하고 풀어 봤음에도, 희한하게 같은 문제를 반복해서 틀리는 친구였습니다. 본인은 실수로 틀린 것이라고 생각했지만, 우리가 봤을 때 원인은 다른 데 있었습니다. 때때로 그 친구는 자신이 같은 문제를 계속해서 틀리고 있다는 사실조차 모르고 있었습니다.

학습법을 연구하는 사람들은 이렇게 반복해서 같은 문제를 틀리는 경우를 '실수'로 보지 않습니다. 알고 있는 것을 착각하거나 혼동해서 틀린 게 아니라, 문제에서 요구하는 바를 정확하게 파악하지 못했기 때문이라는 것입니다. 예전에 틀렸던 문제와의 공통점과 연관성을 깨닫지 못하는 경우도 마찬가지 이유입니다. 문제의 의도를 파악하지 못하면 출제자가 검증하려는 바가 무엇인지 알 수 없고, 어떤 지식을 동원해야 하는지 깨닫지 못한 채 문제를 접하면 질문의 형태에 따라 동일한 문제가 완전히 다른 것으로 느껴지기 때문입니다. 그래서 이런 친구들은 대부분 좋은 성적을 받기 어렵다고 합니다.

늘 결과가 안 좋은데도 이전과 똑같은 것만 고집하는 사람은 성장하기 어렵습니다. 실패의 악순환을 거듭하면 거듭할수록 더 크고 넓고 높고 깊은 삶을 이해하거나 받아들이기가 힘들어집니다. 어떻게 보면, 노력의 열매와 성취는 끊임없이 과거의 자신에게서 벗어나려 할 때 얻을 수 있는 것 같습니다. 그렇다면 어떻게 해야 이전 일과 옛적 일을 생각하지 않고 늘 새로운 삶을 살아갈 수 있을까요? 역설적으로 들릴지 모르겠습니다만, 저는 인생의 위기에 직면했을 때 그것이 가능해진다고 믿습니다.

많은 사람이 실패와 좌절을 만나면 마음먹었던 목표를 포기합니다. 하지만 어떤 이들은 위기 속에서 힘겨운 시간을 통과하는 가운데 언제 무엇을 어떻게 바꿔야 하는지 깨닫기도 합니다.

느헤미야는 하고, 우리는 못하고

구약성경 느헤미야 7장에는 지도자인 느헤미야와 이스라엘 백성이 무너진 예루살렘 성벽을 재건하는 장면이 기록되어 있습니다.

 하나님의 선민이었던 이스라엘은 기원전 722년 북이스라엘이 앗수르에 점령되고, 기원전 586년에 남유다가 바벨론에 점령되면서 멸망하고 맙니다. 출애굽 이후 40년의 광야 생활과 7년의 가나안 정복 전쟁, 그리고 8년의 영토 분배라는 기나긴 과정을 인내한 끝에 얻은 약속의 땅을 완전히 잃어버린 것입니다. 이때 왕족과 고위 관리는 물론 일반 백성에 이르기까지 대부분 이스라엘 백성이 바벨론에 포로로 끌려가거나 살해되었습니다. 하지만 살아남은 이스라엘 백성은 이방인의 땅에서도 하나님을 향한 신앙을 회복하며 조국을 재건할 때를 기다렸습니다. 결국 그들은 바벨론을 멸망시킨 바사제국의 고레스 왕 원년에 세 차례에 걸쳐서 이스라엘로 돌아올 수 있었습니다. 기원전 538년에는 스룹바벨과 함께 1차 귀환이 이뤄지고, 기원전 458년에는 에스라와 함께 2차 귀환이 이뤄집니다. 이렇게 다시 돌아온 이스라엘 백성은 신앙 회복을 위해 가장 먼저 '성전'을 건축하기 시작합니다.

아무것도 남아 있지 않은 폐허 위에 맨몸으로 성전 재건의 대역사를 이루기란 거의 불가능해 보였습니다. 15년 동안이나 공사를 중단하기도 했지만, 결국 그들은 기원전 516년에 제2성전을 완공해 내고 말았습니다.

그러나 성전을 지었다고 해서 모든 문제가 사라지는 것은 아니었습니다. 성전 건축에 모든 것을 쏟아 부은 이스라엘 백성은 무너진 성벽 때문에 무방비 상태가 되어 버린 예루살렘 성을 그대로 놔둔 채 주저앉고 말았습니다. 이때부터 이스라엘은 환난과 고통 가운데 힘겨운 나날을 보내게 됩니다.

이에 하나님은 바사 왕 아닥사스다의 술 맡은 관원으로 있던 느헤미야를 부르십니다. 위기 가운데 처한 이스라엘 백성을 이끌어 예루살렘 성을 재건하기 위함이었습니다. 안팎으로 말도 많고 탈도 많은 힘든 과정이었지만, 느헤미야는 백성을 성공적으로 독려함으로써 하나님의 사명을 감당할 '새로운 이스라엘'의 기틀을 다시금 마련할 수 있었습니다.

그러나 느헤미야와 달리, 다시 쌓은 성벽을 바라보는 이스라엘 백성의 심경은 복잡했을 것입니다. 지도자를 잘 만나 겨우 살 만한 환경이 조성되었다는 기쁨과 만족감도 있었을 테지만, 눈앞에 서 있는 예루살렘 성벽은 이때껏 그들이 살아온 삶에 문제가 있었음을 보여 주는 증거이기도 했습니다.

느헤미야가 나타나기 전까지 이스라엘 백성은 나름대로 최선을 다하며 살고 있다고 생각했습니다. 바벨론에서 70년 동안 포로로 살면서도 신앙을 지켰고, 이스라엘로 돌아온 뒤에는 80년 동안이나 조국 재건 운동을 벌였습니다. 하지만 성전 건물 하나 지은 것 말고는 이렇다 할 성과나 열매가 없었습니다. 그런데 갑자기 나타난 느헤미야가 다들 불가능하다고 포기해 버린 예루살렘 성벽 재건을 단숨에 이루어 냈습니다. 그토록 바라던 '새 이스라엘의 꿈'을 재가동할 수 있게 된 것입니다.

백성은 고민에 빠질 수밖에 없었습니다. 대부분 사람이 '불가능하다, 해봤자 안 된다'고 결론 내린 일을 느헤미야 한 사람이 해결해 버렸으니 얼마나 허탈하고 불편했을까요? '대체 이유가 뭐지? 느헤미야가 해낸 저 일을 우리는 대체 왜 해내지 못한 걸까?'

어떤 틀로 바라보는가?

인류에게 밝은 빛을 비춰 주는 '백열전구'는 미국의 발명왕 에디슨의 작품입니다. 하지만 '천재 발명가'로 불리는 그 역시 전구를 만들기까지 무려 1,200번이 넘도록 실험을 거듭했습니다. 어떤 것은 몇 초가 지나지 않아 불이 꺼져 버렸고, 어떤 것은 아예 제대로 작동하지도 않았습니다. 원인이 무엇인지 짐작조차 할 수 없는 경우도 많았습니다. 하지만 에디슨은 실패에 굴하지 않았고, 끝까지 연구에 매달려 1879년 10월 21일 마침내 전구 개발에 성공했습니다.

소식을 듣고 몰려온 기자 중 한 사람이 물었습니다. "실험에 성공하기까지 1,200번 넘게 실패했다는 것이 사실입니까?"

그러자 에디슨은 미소를 지으며 이렇게 대답했습니다. "아니요. 실패한 것이 아닙니다. 그저 전구가 켜지지 않는 1,200여 가지 이유를 알아낸 것일 뿐입니다."[7]

실패를 거듭하는 사람들을 자세히 살펴보십시오. 어떤 이들은 실패의 경험을 밑거름 삼아 매번 새롭게 도전하는가 하면, 어떤 이들은 계속해서 같은 실수를 반복합니다. 에디슨의 경우는 전자에 해당될 것입니다. 하지만 포로 생활을 청산하고 돌아온 이스라엘 백성은 후자에 해당되는 사람들입니다.

모든 사람은 사물이나 사건, 사람 같은 외부 대상을 바라보고 분석하는 저마다의 틀과 기준을 가지고 있습니다. 그렇기 때문에 동일한 사건을 놓고서도 제각기 전혀 다른 느낌과 해석으로 반응합니다. 자신과 세상을 바라보는 렌즈나 옳고 그름과 좋고 싫음을 구분하는 기준을 우리는 자아관, 세계관, 가치관 등의 다양한 이름으로 부릅니다. 이러한 내면 사고의 틀을 바꾸면 생활방식이 바뀌고 말과 행동이 달라집니다.

이스라엘 백성도 판단하고 분별하며 선택하는 내면의 틀과 기준을 갖고 있었습니다. 느헤미야가 하나님의 뜻에 순종해 예루살렘을 찾아오기까지 그들이 수십 년 동안 계속해서 실패를 거듭한 것은 바로 틀과 기준이 잘못되어 있었기 때문입니다.

이스라엘 백성이 이방 민족처럼 하나님을 아예 몰랐다거나 믿지 않았다는 말이 아닙니다. 이스라엘 백성은 여러 면에서 하나님의 말씀과 율법의 영향을 받으며 살았습니다. 문제는 그들이 하나님을 따르는 것만큼이나 자기 보기에 좋은 것을 따라 살았다는 점입니다. 우리 식으로 말한다면, 믿음이 좋아 보이는 장로님이나 권사님이 자신에게 조금이라도 이롭고 편안한 것을 추구하며 육신의 충동과 느낌을 좇아 마음대로 사는 것과 같습니다. 대개 이런 사람은 자신에게 도움이 되는 것만 중시하고, 희생이나 헌신 자체는 부담스러워 합니다. 또한 세속적 가치관이나 힘, 권력을 가진 이들을 좇아 기득권을 추구하며 살아갑니다.

안타깝게도 이스라엘 백성은 그런 내적 사고와 가치의 틀을 갖고 있었습니다. 그렇기에 실패하는 인생을 살고 있었지요. 더 심각한 것은 자신들 안에 이런 문제가 있다는 점조차 망각한 채 늘 똑같은 선택과 결론만을 좇았다는 사실입니다. 그러니 같은 실패를 반복할 수밖에요. 그러던 중에 느헤미야와 함께 일하게 되면서 그들은 그동안 자신들이 추구해 온 것들에 대해 문제의식을 갖게 되었습니다.

느헤미야에게는 있고 자신들에게는 없는 것이 무엇일까 고민하던 이스라엘 백성은 결국 하나님 말씀 앞으로 돌아갑니다. 남녀노소를 불문하고 민족 공동체 전체가 하나님의 말씀에 귀와 마음을 연 것입니다.

하나님의 다림줄 앞에 서다

이스라엘 자손이 자기들의 성읍에 거주하였더니 일곱째 달에 이르러 모든 백성이 일제히 수문 앞 광장에 모여 학사 에스라에게 여호와께서 이스라엘에게 명령하신 모세의 율법책을 가져오기를 청하매 일곱째 달 초하루에 제사장 에스라가 율법책을 가지고 회중 앞 곧 남자나 여자나 알아들을 만한 모든 사람 앞에 이르러 수문 앞 광장에서 새벽부터 정오까지 남자나 여자나 알아들을 만한 모든 사람 앞에서 읽으매 뭇 백성이 그 율법책에 귀를 기울였는데 느 8:1-3

국제 예수전도단(YWAM)의 훈련기관인 열방대학(University of the Nations)에서 '성경적 기초 상담학교'(IBC)를 세운 의사 출신 상담가 브루스와 바버라 톰슨(Bruce & Barbara Thompson) 박사 부부에 의하면, 사람이 살아가는 기준은 '마음'에서 나온다고 합니다. 이 마음에 왜곡된 지식이 들어가면 자기도 모르게 잘못된 것을 옳은 것으로 여기게 됩니다. 그렇게 비(非) 진리를 진리로 여긴 채 살아가면, 인생이 불행해질 뿐 아니라 하나님이 태초부터 계획하신 온전하고 성숙한 상태로 자라가지 못하게 됩니다.

이렇게 마음의 틀을 왜곡시키는 것은 우리와의 밀접한 관계 가운데 강력하고 은밀하게 영향력을 미치는 요소들입니다. 부모나 교사, 또래 집단, 정부, 대중매체, 교회와 영적 지도자, 거짓 선지자 등이 주로 그렇지요. 이러한 대상에게서 유발된 비 진리의 영향은 우리의 부패한 죄성과 연결되어, 잘못된 지성과 감정, 태도를 형성합니다. 그렇게 되면 하나님이 원하시는 바와 전혀 상반되는 것을 진리로 알게 되고, 그것을 인생의 기준으로 삼게 된다는 것입니다. 이것을 발견하고 바로잡으려면, '하나님의 다림줄'로 자신의 삶을 측량해 봐야 합니다. 하나님의 진리에 자신의 생각과 느낌을 비춰 봐야 한다는 말입니다.[8]

기원전 8세기 경, 유다는 웃시야 왕의 통치 아래 번영과 평화를 누리며 살고 있었습니다. 하지만 이스라엘 백성은 그들이 가야 할 방향을 잃고, 그들이 누리고 있는 풍요의 의미를 망각한 채 도덕적 타락과 불신 및 불의 가운데 빠져 버렸습니다. 이때 하나님은 뽕나무를 재배하던 목자 아모스를 선지자로 부르십니다. 아모스는 하나님의 뜻에는 일말의 관심도 없이 목적 없는 풍요와 평안에 빠져 있는 백성에게 '삶의 올바른 기준'이 무엇인지 가르치며 선포하기 시작합니다. 바로 이때 하나님의 진리를 설명하기 위해 비유로 사용된 것이 바로 '다림줄'입니다.

또 내게 보이신 것이 이러하니라 다림줄을 가지고 쌓은 담 곁에 주께서 손에 다림줄을 잡고 서셨더니 여호와께서 내게 이르시되 아모스야 네가 무엇을 보느냐 내가 대답하되 다림줄이니이다 주께서 이르시되 내가 다림줄을 내 백성 이스라엘 가운데 두고 다시는 용서하지 아니하리니 암 7:7-8

다림줄은 직경이 동일한 원통형의 나무에 납으로 만든 원추를 거꾸로 붙여 줄에 매단 건축용 측량 도구입니다. 이는 자신들이 세운 벽이 정확하게 수직으로 쌓였는지 확인할 때 사용하는 것입니다. 언제나 지구의 중심을 가리키는 다림줄과 나란히 서 있지 않으면, 아무리 튼튼하게 지은 건물이라 해도 금세 무너져 내릴 수밖에 없습니다. 그렇다면 다림줄 예언에 담긴 의미는 무엇일까요? 부패와 거짓, 죄악이 가득 차 있는 이스라엘 사회가 당장은 풍요하고 아무런 문제가 없어 보일지는 모르지만 결국에는 무너지게 되리라는 예언입니다. 이스라엘 백성은 이미 멸망하기 이전부터 하나님께 이런 경고를 받았던 것입니다.

위기 앞에 선 존재는 자기 자신을 돌아보게 됩니다. 그때 자신의 내면에 하나님의 다림줄을 내리는 사람은 복이 있는 인생입니다. 당신은 어떻습니까? 의식할 수 있는 단계 그 아래에서 자신의 생각과 말과 행동에 영향을 주는 선택의 기준과 삶의 관점이 무엇인지 알고 있습니까? 하나님의 말씀을 다림줄 삼아 자신을 비춰 본 적이 있습니까?

판단하고 선택하는 기준, 옳고 그름을 분별하는 기준에 따라 삶이 달라집니다. 어떤 틀과 기준에 맞춰 살아가느냐에 따라 행복과 불행이 결정됩니다. 그러므로 내 안의 무엇이 상황을 판단하고 사건을 해석하는 데 영향을 끼치는지 깨닫는 것은 매우 중요한 일입니다.

이스라엘 백성도 하나님 앞에 나아와, 그들의 과거와 현재에 '말씀의 다림줄'을 내리기 시작합니다. 그동안 자신들이 옳다고 여기며 추구한 것이 정말 옳았는지, 좋아 보여서 내린 결정이 진정 잘한 일이었는지 살피기 위함입니다. 인간의 도덕이나 선한 양심, 죄책감이 아닌 '하나님의 말씀'에 비추어 바라보는 것입니다.

결론은 하나뿐입니다. 문제의 원인은 자신들에게 있다는 사실입니다. 이스라엘 백성은 자신들이 지나온 삶이 잘못되었음을 인정할 수밖에 없었습니다. 오랜 세월 실패와 절망 가운데 살았지만, 이제라도 무엇이 잘못되었는지 알고 싶었습니다. 더는 같은 잘못을 반복할 수 없기 때문입니다. 이제는 새로워져야 합니다. 그들은 변화와 성숙을 위해 돌아보며 성찰하기 원했습니다. 이는 위기 앞에 서서 자신을 돌아볼 때에만 가능한 일이었습니다.

참된 깨달음은 참된 회개로 이어진다

하나님의 다림줄 앞에서 비뚤어진 삶의 틀과 기준을 깨닫게 된 이스라엘 백성은 이제 애통함으로 가슴을 찢기 시작합니다. 남녀노소 할 것 없이 '모든 사람'이 회개하기 시작했습니다(느 9:1).

회개는 단순히 잘못을 반성하거나 과거의 선택을 후회하는 것이 아닙니다. 잘못된 행동을 고백하는 것도 아닙니다. 하나님의 뜻을 거역하려는 죄성의 뿌리와 그로부터 나오는 '모든 것'을 죄와 잘못으로 인정하고 돌이키는 것입니다(마 3:8-9; 눅 18:10-13). 바로 이것이 이스라엘 백성이 했던 회개였습니다.

> 이 날에 낮 사분의 일은 그 제자리에 서서 그들의 하나님 여호와의 율법책을 낭독하고 낮 사분의 일은 죄를 자복하며 그들의 하나님 여호와께 경배하는데 느 9:3

고대 유대인들은 밤낮을 각각 4개의 시간으로 나눠 하루 여덟 시간으로 계산했습니다. 그러므로 '낮 사분의 일 동안 율법책을 낭독했다'는 것은 오전 6시부터 9시까지 네 시간 동안 말씀을 읽고 들은 것이고 '낮 사분의 일 동안 죄를 자복하며 경배했다'는 것은 오전 9시부터 12시까지 네 시간 동안 회개한 것입니다.

회개에는 감정적인 반응이 수반되지만, 감정적인 반응이 회개인 것은 아닙니다. 회개에는 자신의 잘못을 인정하는 자세가 필요하지만, 자백의 행위가 회개인 것은 아닙니다. 회개하는 사람에게는 양심의 찔림이 일어나지만, 양심의 찔림이 회개인 것은 아닙니다.

회개란 남들에게서 비판을 듣거나 양심에 거리낌이 생기거나 다른 사람에게 피해를 주었을 때 하는 것이 아니라, 자신의 모습과 삶이 하나님의 다림줄에 일치하지 않을 때 하는 것입니다. 그러므로 하나님의 말씀이 선포되지 않고는 진정한 회개가 일어날 수 없습니다.

하나님의 말씀 앞에 선 이스라엘 백성은 자신과 공동체가 범한 죄가 무엇이며, 무엇이 언제부터 어떻게 잘못되었는지 샅샅이 찾아내어 그것을 '죄'로 인정하며 통회합니다. 동일한 죄와 잘못을 두 번 다시 반복하지 않도록 마땅한 과정을 밟는 것입니다. 자신들의 생각과 관점이 아니라 '하나님의 말씀'을 기준으로 삼아 회개합니다. 자신의 죄뿐 아니라 공동체가 범한 죄까지 회개합니다. '내가 잘못한 것이 아니니 상관없다'며 외면하지 않고 자기가 속한 가정과 집단, 민족의 죄까지 자신의 것으로 여기며 자복합니다. 동시대뿐 아니라 오랜 세월 전 조상의 죄까지 회개합니다.

그들은 하나님이 이스라엘 민족의 역사 속에서 회개하고 돌이킬 기회를 주며 기다리셨음에도 자신과 자신의 조상들이 그것을 짓밟고 무시하는 무지한 짓을 저질렀음을 뼈저리게 통감합니다.

하나님의 말씀대로 살도록 징계와 고통에서 건져 자유롭게 해주시면 잠깐 돌이키는 척하다가, 상황이 좋아지면 또 다시 죄에 빠져들었던 모습을 회개합니다.

그들이 이웃과 조상의 죄까지 회개했다는 것은, 자신의 죄와 허물을 이웃이나 조상 탓으로 돌리지 않고 '자기 책임'으로 인정하며 역사와 공동체와 개인의 삶에 그 죄가 두 번 다시 되풀이되지 않도록 결단했다는 말입니다. 이는 이스라엘 백성이 얼마나 철저히 회개했는지 보여 주는 대목입니다.

하나님께 돌아갈 기회를 무시하고 회개를 저버리는 것은 참으로 심각한 죄입니다. 물론 그리스도인인 우리는 죄 때문에 멸망하지 않습니다. 예수 그리스도께서 참혹한 십자가에 못 박혀 보배로운 피를 흘리심으로 우리의 모든 죄와 허물을 용서해 주셨기 때문입니다. 그러나 이 사실을 받아들이지 않으면 멸망할 수밖에 없습니다. 자신이 죄인인 것과 자신을 위한 예수 그리스도의 구원의 역사를 인정하지 않는 것은 용서받고 죄 씻음 받을 기회를 무시하는 것입니다.

참 된 회 개 는 성 숙 의 자 리 로 나 아 가 게 한 다

회개는 새로운 삶을 시작하는 계기가 되지만, 한편으로는 무척이나 고통스럽고 힘든 일입니다. 우리 내면의 죄성은 여러 가지 습관을 만들고 구체적인 죄의 열매를 맺습니다. 그리고 이러한 죄의 열매는 개인과 공동체의 삶 가운데 뒤엉켜 한 몸이 되어 버리고 맙니다. 이와 같이 삶과 관계, 내면 가운데 깊이 뿌리박힌 습관과 행동, 그 결과까지 끊어 내는 것이 참 회개입니다. 그렇기 때문에 회개가 그토록 어렵고 힘든 것입니다. 따라서 참된 회개에는 하나님 대신 믿고 좋아하던 모든 것을 버리고 돌아서는 아픔, 그리고 그것이 주는 유익과 편안함까지 포기하는 실제적 손해가 포함되어 있습니다.

대제사장과 서기관들에게 스승을 팔아넘긴 예수님의 제자 가룟 유다는 자기가 한 짓을 뉘우친 뒤, 대가로 받은 은 삼십을 돌려주며 비참한 한마디를 내뱉습니다. "내가 무죄한 피를 팔고 죄를 범하였도다"(마 27:3).

언뜻 보기에는 가룟 유다가 진정으로 회개한 것처럼 보입니다. 그러나 '가룟 유다가 뉘우쳤다'고 할 때 성경에 사용된 헬라어 '메타멜레데이스'(metameletheis)에는 '후회하다'라는 뜻이 있습니다. 예수님을 판 것에 대한 가룟 유다의 뉘우침은 회개가 아니라 '후회'였다는 말입니다. 성경에서 회개로 번역된 헬라어 '메타노에오'(metanoeo)는 삶과 내면 전체가 완벽히 변화되는 것을 의미합니다. 가룟 유다는 죄를 저지르게 된 본질적 문제를 깨닫고 돌이키는 대신, 자신이 저지른 행위 자체에 대해서만 감정(양심의 찔림, 슬픔, 두려움)적으로 후회한 것입니다. 유다가 자살을 선택한 것을 보면, 이 사실이 더욱 분명해집니다(마 27:5). 목숨을 끊는 것은 잘못을 회피한 것일 뿐입니다. 그는 하나님 앞에 나아가 자신의 '모든 것'이 송두리째 잘못되었음을 인정해야 했습니다. 비록 유다는 자신의 잘못된 행동을 후회했지만, 하나님 앞에서 돌이켜 자기 신념과 방식을 버리는 진정한 회개에는 이르지 못했습니다.

아집과 교만을 포기하지 않은 것은 참된 회개가 아닙니다. 여태껏 믿었던 대상과 해 오던 행동을 버리지 않는 것은 참된 회개가 아닙니다. 잃을 것이 없는 회개는 치유와 회복의 역사와 아무 상관없는 단순한 '후회'일 뿐입니다.

그래서 이스라엘 백성은 새로운 삶을 살기 위해, 어제를 살피고 오늘과 내일을 어떻게 살 것인지 결단하는 과정을 밟기 시작합니다. 가장 먼저 그동안 상부상조하며 살아가던 주변 민족과의 관계를 정리합니다.

> 모든 이방 사람들과 절교하고 서서 느 9:2

이는 자기 자신부터 구체적으로 변화하겠다는 의지적 표현입니다. 그리고 다음의 내용을 기록으로 남겼습니다.

> 우리가 이 모든 일로 말미암아 이제 견고한 언약을 세워 기록하고

> 우리의 방백들과 레위 사람들과 제사장들이 다 인봉하나이다 하였
> 느니라 느 9:38

이스라엘을 대표하는 백성의 지도자들이 직접 죄악에서 떠나 말씀 안에서 살겠다고 결단하고 있습니다. '언약을 세운다'는 말의 기원을 살펴보면, 이것이 얼마나 진지하고 무게 있는 결단인지 알 수 있습니다.

고대 이스라엘은 사람과 사람이 계약을 맺을 때면, 짐승을 잡아 둘로 쪼개 놓고 그 사이를 지나며 엄숙하게 선서했습니다. 계약 당사자들이 계약 내용에 대한 의무를 다짐하고, 이를 어길 경우 '죽음'으로 대가를 치르겠다는 서약이었습니다. 히브리어로 '언약'이라는 말은 바로 이런 계약 체결 관습에서 유래했다고 합니다. 공개적으로 자신의 목숨을 걸고 '약속한 대로 이행하겠습니다. 이렇게 살겠습니다'라고 약속하는 것입니다. 그런데 백성의 지도자들이 하나님과 사람 앞에서 공식적으로 이러한 언약을 한 것입니다. 이는 말씀에 대한 확신, 백성에 대한 헌신과 희생의 의지, 그리고 책임감 없이는 절대로 할 수 없는 일입니다.

오늘도 수많은 사람이 위기를 벗어나 새롭게 시작하기를 꿈꾸며 최선을 다해 살겠노라 결심합니다. 하지만 실제로 성공하는 사람은 그리 많지 않습니다. 그만큼 약속을 붙잡고 살아가기란 무척 어렵습니다. 이스라엘 백성도 마찬가지였습니다. 성경은 하

하나님이 이스라엘 백성에게 주신 언약들이 얼마나 무참하게 지워지고 무시당하며 짓밟혔는지 분명하게 기록합니다. 늘 약속을 깨뜨리는 쪽은 이스라엘이었습니다. 그러나 이제는 배신과 몰락이라는 반복의 고리를 끊어 내야 합니다. 변함없으신 하나님의 말씀과 언약을 붙잡음으로써 구체적인 영역에서 과거의 조상들과 다른 삶을 살기로 결정하는 것입니다.

이스라엘 백성은 나라를 잃고 뿔뿔이 흩어졌던 패배자들이었습니다. 그러나 이제 그들은 기나긴 설움의 시절을 거치며 천신만고 끝에 예루살렘 성전과 성벽을 다시 세웠습니다. 그리고 이제 하나님의 말씀으로 새롭게 되는 기회를 얻었습니다. 만일 또다시 자기중심적인 생각과 마음에 빠져 과거로 돌아간다면, 더는 기회가 주어지지 않을 것 같다는 위기의식이 들었습니다. 또한 오늘의 일을 반드시 기록으로 남겨, 후손들이 어리석은 조상의 전철을 밟지 않도록 해야 할 것 같았습니다. 자신들이 누리고 있는 부흥 혹은 멸망이 어디에서 온 것인지 정확하게 알려 줘야 했던 것입니다. 이와 같은 이유로 그들은 하나님 앞에서 결단하고, 자신에게 약속한 바를 문서로 만듭니다. '인봉했다'는 것은 진흙에 새겨 구워 만든 도장을 언약 문에 찍는 것입니다. 이는 결코 바꿀 수 없고 돌이킬 수 없는 언약을 의미합니다.

느헤미야는 이 언약에 참여한 이들의 명단을 공개합니다(느 10장). 그 명단은 총독인 느헤미야와 부 총독 시드기야를 필두로 제사장 21명과 레위인 17명, 각 가문의 지도자 44명입니다. 느헤미야는 각 사람의 이름을 정확히 기록했습니다. 이들은 이스라엘 백성이 하나님 앞에서 약속한 대로 살겠노라며 역사와 자기 자신을 향해 선포하는 '살아 있는 증거'입니다. 하나님의 계획과 민족의 현실이 어떻게 되든 무관심하게 반응하며, 손해 보지 않으려고 몸을 사리고 눈치만 살피던 이들이 견고한 믿음과 책임감, 결단력을 가진 '성숙한' 지도자로 변화된 것입니다.

깨달음에서 시작되는 치유

"정신 이상이란 계속 같은 행동을 되풀이하면서 다른 결과를 기대하는 것이다"라는 말이 있습니다. 늘 똑같은 행동을 반복하면서 다른 결과가 나오기를 바라는 말도 안 되는 모습을 꼬집어 일컫는 말입니다. 웃기는 일이지만, 가만히 생각해 보면 그리 낯설지 않은 이야기입니다. 실제로 많은 사람이 같은 행동을 되풀이하면서 다른 결과를 기대하기 때문입니다. 그러나 같은 행동을 하면, 그 결과 또한 같을 수밖에 없습니다.

아침마다 지각하는 한 직장인이 있습니다. 그는 늘 한 시간 전에 집에서 출발합니다. 하지만 매번 출근 시간에 10분씩 지각을 합니다. 이유는 딱 하나, 집에서 직장까지 이동하는 데 걸리는 시간을 잘못 계산한 것입니다. 그는 한 시간 거리라고 생각했지만, 사실은 그보다 10분이 더 걸리는 거리였던 것입니다. 매일 아침 허겁지겁 사무실에 뛰어드는 그를 보며 직장 상사와 동료들이 '지각 대장'이라고 놀릴 때마다 그는 심한 스트레스를 받습니다. 그런데도 그는 '길만 막히지 않으면, 차만 제시간에 와 준다면, 지각하지 않을 수 있다'라고 생각하며 늘 같은 시간에 집에서 출발합니다. 어떻게 하면 그는 만년 지각생이라는 오명에서 벗어날 수 있을까요? 이 문제의 해결책은 초등학생도 다 알 만큼 쉽고 간단합니다. 10분만 더 일찍 출발하면 됩니다. 하지만 그는 그렇게 하지 않습니다. 변화에 대한 의지가 약하기 때문입니다.

우리는 늘 습관을 따라 살아가면서도 잦은 지각이나 건망증 같은 실수를 인정하지 않으려 합니다. 자신의 습관이 아닌 다른 데에 그 원인을 돌리기 때문입니다. 차가 제시간에 안 왔다든지, 챙겨야 할 것이 너무 많았다든지, 시간이 없었다는 등의 변명으로 상황을 넘깁니다.

그러나 거의 대부분 문제는 스스로 변화를 선택할 때 해결할 수 있습니다. 차가 제시간에 안 온다면, 더 일찍 출발하면 됩니다. 챙겨야 할 것이 많다면, 미리 여유롭게 준비하거나 체크리스트를 작성해 놓으면 됩니다. '시간이 없다'는 말은 핑계일 뿐입니다. 정말로 필요하고 간절하게 원하는 일이라면, 무슨 수를 내서든 시간을 만들어 낼 것이기 때문입니다. 그런데도 행동의 변화 없이,

그저 두 번 다시 그런 일이 발생하지 않기만을 바라는 사람이 많습니다.

이전과 다른 결과를 기대한다면, 이전과 다르게 행동해야 합니다. 너무나 당연한 말이지만, 그렇게 하지 못하는 가장 큰 이유는 익숙한 것에 길들여져 있기 때문입니다. 너무나 익숙해서 쉽게 바꾸지 못하는 것입니다. 늘 똑같은 오늘을 사는 한 오늘과 다른 내일은 오지 않습니다. 바로 '오늘'을 바꾸려는 시도와 노력을 해야 합니다.[9]

위기와 고난이 인생에서 중요한 의미를 갖는 이유도 그 때문입니다. 우리는 늘 똑같은 방식을 고집하기 때문에 실패와 아쉬움 속에 살고 있습니다. 우리는 이 사실을 인생의 위기 앞에 이르러서야 깨닫습니다. 그것을 깨달은 이후로는 어제와 같은 오늘을 살 수 없게 됩니다. 그렇기 때문에 하나님이 위기를 치유의 도구로 사용하시는 것입니다.

위기 앞에 서면, 보지 못하는 눈이 뜨이고 듣지 못하는 귀가 열립니다. 위기 앞에 서면, 자신의 내면에서 부족한 부분이 무엇인지 드러납니다. 위기 앞에 서면, 자신의 경험이나 지식, 자원이 얼마나 무력하고 부족한지 깨닫습니다. 위기 앞에 서면, 자신이 거짓을 진리로 여기며 살았음을 알게 됩니다. 위기 앞에 서면, 하나님께 인생의 주도권을 온전히 내드려야 한다는 사실을 체험합니다. 즉, 위기가 '깨달음의 시간'이라는 것입니다. 이 진리를 깨달으면 자연스럽게 내적 문제에 직면하여 죄를 회개하고, 이후에는 새로운 회복과 변화의 길로 행할 것을 결단하는 성숙의 단계로 나아가게 됩니다.

자신의 유익과 안락함, 익숙함의 함정에서 벗어나는 것은 눈앞에 닥친 어려움을 해결하는 정도의 일이 아닙니다. 그것은 내면의 결핍을 발견하고 치유하는 것보다 훨씬 더 높고 커다란 목표와 맞닿아 있습니다. 하나님은 '위기'라는 연단의 과정을 통해 우리가 그리스도의 장성한 분량이 충만한 데까지 나아가게 되기를 원하십니다. 그것은 새로운 영적 성장과 성숙의 자리로 자라가는 것이며 위기 앞에서도 요동하지 않고 견고히 서는 것입니다.

위기는 우리가 어떻게 바라보고 반응하느냐에 따라 치유와 회복을 넘어 성장과 성숙에 이르는 출발점이 될 수 있습니다. 위기 의식이 느껴질 때, 절망과 낙담의 감정에 머무르지 말아야 할 이유가 바로 이것입니다. 성장과 성숙의 기회가 주어졌으므로 그것을 통해 무엇을 깨닫고 어떻게 변화할 것인지 선택해야 합니다. 이스라엘의 지도자와 백성들이 느헤미야와 함께 이전 것과 결별하고 새로운 삶을 시작하기로 언약한 것처럼 말입니다.

13장

위기는

축복으로 이어지는
치유의 기회입니다

한 사람을 소개하고 싶습니다. 미국인인 그는 태어나기도 전에 부모에게 버림받았습니다. 미혼모였던 생모는 자기 힘으로 아이를 키울 수 없어서 그를 입양 보냈습니다. 양부모는 대학을 나오지도 부유하지도 않았지만, 심성이 착하고 좋은 분들이었습니다. 열심히 공부한 그는 인문학 분야에서 손꼽히는 일류 대학에 진학했습니다. 남들이 다 가고 싶어 하는 대학이었지만, 그는 입학한 지 17개월 만에 자퇴하고 말았습니다. 그의 양부모가 노동자로 일하면서 평생 쌓은 적금이 모두 학비로 들어간다는 사실을 알았기 때문입니다. 결국 집을 떠난 그는 대학 친구의 방 거실에서 잠을 자며 빈 병을 주워 팔아 끼니를 연명하며 살았습니다. 한 끼를 얻어먹으려고 11km나 걸어간 적도 있었습니다.

천신만고 끝에 시작한 사업이 성공을 거두었지만, 얼마 후 그는 자신이 설립한 회사에서 도리어 쫓겨나고 말았습니다. 희망을 품고 시작한 일이 비참한 실패로 끝나자, 그는 더욱 큰 절망과 좌절 가운데 빠지고 말았습니다. 혹시 당신은 사람이 누구인 줄 아십니까?

바로 애플 사의 전 CEO 스티브 잡스(Steve Jobs)입니다. 좀처럼 회복할 수 없을 것 같은 실패와 절망 속에서 그가 선택한 것은 '3D 애니메이션 사업'이었습니다.

열심히 노력한 끝에 애니메이션 〈토이스토리〉가 흥행하게 되면서, 그의 삶은 전환기를 맞았습니다. 그는 12년 만에 자신을 쫓아낸 애플 사로 복귀하게 되었으며, 아이폰과 아이패드로 세계적인 혁신의 아이콘이 되었습니다.

2005년 6월, 스탠퍼드 대학 졸업식 연설 단상에서 그는 다음과 같이 마지막 말을 맺었습니다.

"만일 제가 애플에서 해고당하지 않았다면, 이런 기쁜 일들을 단 하나도 누릴 수 없었을 겁니다. 때로 인생이 당신의 머리를 벽돌로 내리친다 해도 결코 신념을 잃지 마십시오. 저는 제가 사랑하는 일, 저를 계속 전진하게 하는 그 일을 확신할 수 있었습니다. 여러분도 여러분이 사랑하는 것을 찾아보십시오. 사랑하는 사람이 그렇듯 일도 여러분에게 먼저 다가오지 않습니다."[10)]

살아나는 인생, 망가지는 인생

지금까지 우리는 인생에서 만나게 되는 다양한 위기를 살펴봤습니다. 그중에는 당신이 이미 겪어 본 일도 있고 아직 겪어 보지 못한 일도 있을 것입니다. 하지만 공통적으로 고백하게 되는 것은 인생의 위기 끝에는 언제나 수많은 아픔과 상처가 남는다는 사실입니다. 깊은 상처가 피부에 흉터를 남기듯 소위 '위기'라고 부를 만한 고난과 어려움들은 지나간 뒤에도 우리의 마음과 관계에 아픔의 흔적을 남겨 놓습니다. 그렇지만 또 다른 면에서 보면, 고통과 실패가 치유와 변화의 계기가 된다는 사실도 결코 부인할 수 없습니다.

대부분 사람은 문제의 원인과 해결책을 외부에서 찾습니다. 그러다가 마땅한 답을 찾아내지 못하면, 으레 자기 자신에게로 눈길을 돌립니다. 주어진 고통과 아픔이 크고 오래 지속될수록 사람들은 자신의 내면을 더 깊이 돌아봅니다. 그러는 가운데 두려움을 뛰어넘으며, 포기할 수 없다고 생각했던 사소한 것까지 내려놓으면서 변화의 길을 걷기 시작합니다. 앞서 소개한 스티브 잡스도 그런 인물들 중 한 사람입니다.

물론 위기를 통해 내면을 들여다본다고 해서 다 재기에 성공하고 행복해지는 것은 아닙니다. 그런 사람들 중에도 문제 해결은커녕 더 큰 절망과 좌절을 경험하는 경우가 많습니다. 위기 가운데 드러난 자신의 문제를 올바르게 진단하지 못했기 때문입니다. 위기든 질병이든 바르게 진단하지 못하면 정확한 처방을 내릴 수 없는 법입니다.

70년 동안의 포로 생활을 마치고 폐허가 된 조국에 돌아온 이스라엘 백성은 옳다고 여긴 일을 위해 헌신하고, 정말 필요하다고 생각한 것을 위해 살아왔습니다. 그래서 무너진 예루살렘 성벽을 재건하려고 했지만 도무지 이루어지지 않았습니다. 결국 성벽을 재건하지 못한 채 또다시 수십 년이 흘렀습니다. 나름의 명분과 대의를 품고 온 힘을 다해 위기 상황을 극복하려 애썼지만 아무런 성과도 얻지 못한 것입니다.

자기들이 살 집을 짓겠다는 것이 아닙니다. 하나님의 거룩한 성 '예루살렘'을 회복하겠다는 것입니다. 하나님의 사람들이 하나님을 위해 하려는 일입니다. 그런데 왜 아무 열매도 없는 걸까요?

철학자이자 심리학자인 롤로 메이(Rollo May)라는 사람이 이런 말을 했습니다. "사람은 하나님을 만나기까지 계속해서 방황할 수밖에 없다." 역사 속에서 수많은 개인과 나라의 흥망성쇠를 지켜본 역대기 저자도 위기 속에 담긴 회복과 치유의 의미를 발견하고 변화될 수 있는 이유를 다음과 같이 설명합니다.

내 이름으로 일컫는 내 백성이 그들의 악한 길에서 떠나 스스로 낮추고 기도하여 내 얼굴을 찾으면 내가 하늘에서 듣고 그들의 죄를

사하고 그들의 땅을 고치리라 대하 7:14

하나님께 나아가지 않으면, 어떠한 변화든 진정한 의미에서 축복이 될 수 없음을 증거하는 대목입니다. 이 말씀에 비춰 보면, 이스라엘 백성이 예루살렘 성벽을 재건할 수 없었던 까닭은 그들이 하나님께 나아가지 않았기 때문이라는 이야기가 됩니다. 하나님의 집을 짓는 하나님의 사람들이 하나님께 나아가지 않았다니 의아할 뿐입니다. 어떻게 그럴 수 있을까요?

마음이 있는 곳에 보물이 있다

사람은 가치와 의미를 추구하는 존재입니다. 남녀노소, 지위 고하를 막론하고 모두 그렇습니다. 하지만 가치 있고 의미 있는 것을 판단하는 기준은 저마다 제각각입니다. 가치와 의미를 판단하는 기준이 주관적이라는 말입니다. '평양 감사도 저 싫으면 그만이다'라는 옛 속담은 이러한 개인의 주관성과 가치의 다양성을 잘 표현해 주고 있습니다.

한번 생각해 보십시오. 무언가를 할 때 그것이 '옳은 일'이어서 하는 경우보다는 '하고 싶기' 때문에 하는 경우가 더 많지 않습니까? 자신이 수긍하고 받아들일 수 없는 일에는 좀처럼 적극적으로 나서지 않는 법입니다. 이런 개인의 주관성은 20세기 중반에 시작되어 전 세계의 사회와 문화를 사로잡은 포스트모던 사상의 기저와 맞닿아 있습니다.

하나님을 위한 마음으로 하나님의 일을 하며 헌신적으로 온 힘을 다해 섬기지만, 그 마음속의 동기는 그와 전혀 다른 경우가 많습니다. 자신을 드러내고 인정받으려 헌신하고, 입장이나 상황에 이끌려 어쩔 수 없이 순종합니다. 불이익을 당할까 봐 몸을 사리기도 하고, 누군가에게 잘 보이기 위해 신경 쓰기도 합니다. 그것이 진리이거나 당위성이 있어서가 아니라 내게 '의미 있는 일'이기 때문에 합니다. 내가 보기에 옳은 일이어서 합니다. 내가 즐거워지기 때문에 합니다. 내게 필요하기 때문에 합니다. 내가 원하는 바를 이루기 위해 합니다. 그래서 겉으로만 봐서는 그 사람의 동기가 무엇인지 알 수 없습니다. 그래서 예수님도 '마음이 있는 곳에 보물이 있다'고 말씀하신 것입니다(마 6:21; 눅 12:34).

당신의 마음은 지금 어느 곳에 있습니까? 요즘 너무 바쁘고 정신이 없어서 마음이 어느 구석에 박혀 있는지 잘 모르겠습니까? 마음의 현주소를 아는 방법은 아주 간단합니다. 자신이 어떤 일에 관심이 있는지 살펴보면 됩니다. 관심이 있는 곳에 마음이 있습니다. 그런데 성경은 우리의 관심이 '세상'에 있다고 말합니다. 우리가 하나님을 거역하며 대적하는 세상, 거기에서 비롯된 것을 사랑한다는 것입니다.

이는 세상에 있는 모든 것이 육신의 정욕과 안목의 정욕과 이생의 자랑이니 다 아버지께로부터 온 것이 아니요 세상으로부터 온 것이라 요일 2:16

이 구절은 인류가 범죄하게 된 근원을 정확하게 보여 줍니다. 축복의 동산인 에덴에서 아담과 그의 아내 하와가 하나님의 명령을 어겼던 장면을 기억하십니까? 금지된 것을 바라보며 관심을 갖고 마음에 두기 시작하자, 하나님께 불순종하는 것도 서슴지 않게 되었습니다.

여자가 그 나무를 본즉 먹음직도 하고 보암직도 하고 지혜롭게 할 만큼 탐스럽기도 한 나무인지라 여자가 그 열매를 따먹고 자기와 함께 있는 남편에게도 주매 그도 먹은지라 창 3:6

이는 공생애를 시작하기 전 광야에서 40일 금식 기도를 하신 예수님이 마귀에게 시험받으시는 장면과도 연결됩니다. 마귀는 '하나님의 아들이어든' 돌멩이로 떡을 만들어 먹고 거룩한 성전 꼭대기에서 뛰어내려 보라고 부추기며, '자신에게 경배하면' 지극히 높은 산에서 바라본 천하만국과 그 영광을 주겠다고 예수님을 유혹합니다(마 4:1-11). 이 또한 관심과 마음의 중심에 대한 시험입니다.

열왕기하 5장에는 엘리사 선지자가 아람 왕의 군대 장관 나아만의 문둥병, 즉 한센병을 고쳐 주는 장면이 등장합니다. 좋다는 약은 다 써 보고 용하다는 의사도 샅샅이 찾아서 만나 보았지만 아무런 차도도 나타나지 않습니다. 나아만은 크게 낙담합니다. 그러던 차에 별 기대도 없이 엘리사를 찾아갔다가 기적처럼 나음을 입게 되었고, 이에 뛸 듯이 기뻐합니다. 이윽고 나아만은 엘리사에게 물질적인 감사를 표현하려 합니다. 하지만 엘리사는 극구 사양하며 나아만을 그냥 돌려보냅니다. 엘리사의 관심은 오직 하나님께만 집중되어 있었기 때문입니다. 나아만의 치유 사건을 통해 이스라엘은 물론 이방인들에게까지 여호와 하나님의 살아 계심과 전능하심을 증거하고자 했던 것입니다.

그러나 엘리사의 종 게하시는 다른 것에 관심이 많았습니다. 그의 시선은 나아만 장군이 사례로 내놓은 금과 은, 귀한 의복들에 온통 쏠려 있었습니다. 이 욕심을 이기지 못했던 게하시는 돌아가는 나아만 장군을 쫓아가 붙잡습니다. 나아만을 속여 값진 물건을 가로채고, 그것을 훔친 물건처럼 감춰 놓은 뒤, 스승에게 거짓말까지 합니다. 이 사실을 간파한 엘리사는 게하시에게 이렇게 말합니다.

엘리사가 이르되 한 사람이 수레에서 내려 너를 맞이 할 때에 내 마음이 함께 가지 아니하였느냐 지금이 어찌 은을 받으며 옷을 받으며 감람원이나 포도원이나 양이나 소나 남종이나 여종을 받을 때이냐 그러므로 나아만의 나병이 네게 들어 네 자손에게 미쳐 영원토록 이르리라 하니 게하시가 그 앞에서 물러나오매 나병이 발하여 눈같이 되었더라 왕하 5:26-27

이처럼 관심을 어디에 두느냐에 따라 같은 사건을 전혀 다르게 바라보며 전혀 다르게 행동하고, 결국에는 전혀 다른 결과를 만들게 됩니다.

하나님의 일을 할 때도 마찬가지입니다. 한국교회를 가만히 들여다보십시오. 하나님의 백성이라고 하면서 정작 자신이 인생의 주인 행세를 하려 하는 경우가 얼마나 많습니까? 또 하나님을 위한 일이라고 하면서 자신의 유익을 구하는 경우는 얼마나 많습니까? 이 모든 게 하나님이 아닌 세상과 자기 자신을 향해 관심을 두고 있기 때문입니다.

축복으로 이어지는 선택

고레스 왕의 조서로 맨 처음 이스라엘에 돌아온 유대인들은 하나님 앞에서 신앙을 지키며 신실하게 살려고 노력했습니다. 그들의 가장 큰 결단은 살아갈 기반이 전혀 없는 상황에서도 인근 사마리아인의 도움을 단호하게 거절하기로 한 것이었습니다. 사마리아인은 앗수르 민족과 통혼하여 태어난 혼혈 민족이었습니다. 그들은 혈통뿐 아니라 신앙과 문화까지 뒤섞인 혼합주의적 삶을 살고 있었습니다. 하지만 이렇게 영적 자존심을 지키며 구별된 삶을 추구하던 이들도 시간이 흐르면서 차차 흐트러지기 시작했습니다. 그러다 이스라엘 포로들의 2차 귀환 때는 모두 망가지고 혼탁한 신앙생활에 빠져 있었습니다. 민족의 수치인 예루살렘 멸망과 이방 땅에서의 포로 생활도 까맣게 잊은 채, 그들은 조상의 뒤를 좇아 또다시 엉뚱한 것에 관심과 마음을 쏟았습니다.

신앙 연륜이 많은 성도 중에도 이런 증세를 보이는 이들이 있습니다. 영적 기쁨과 감격이 사라지고 무감각해진 상태로 예배하고 기도하며 찬양하는 것입니다. 신앙생활에 아무런 감동이 없으니, 그 자체가 무의미하고 피곤하게만 느껴집니다. 더욱 신실한 종과 일꾼의 자리로 나아가야 할 성도들이 예배만 참석하는 수준으로 내려앉거나 교회 안에서 슬그머니 자취를 감추는 일이 벌어지고 맙니다. 느헤미야 시대의 이스라엘 백성에서부터 지금 한국 교회의 성도들에 이르기까지, 이런 동일한 패턴이 계속해서 나타나는 이유는 무엇일까요?

포로 생활에서 맨 처음 돌아온 사람들은 불과 몇십 년 사이에 무너지고 주저앉아 버렸습니다. 그들이 그렇게 된 이유는 무엇입니까? 성경은 그들이 주변의 이방 민족과 통혼했기 때문이라고 말합니다. 그토록 사마리아인을 거절하고 거부해 왔으면서, 결국 사마리아인과 똑같이 이방인과 결혼해서 그들을 가족으로 맞아들인 것입니다.

유대인 남편이 여호와를 섬기듯 이방인 아내도 자기 민족의 신이 있습니다. 문제는 그들이 유대인 남자와 결혼하면서도 자기 신과 신앙을 그대로 가지고 온다는 점입니다. 결국에는 남편도 아내의 신앙과 종교 행위를 받아들일 수밖에 없다는 말입니다. 그래서 성경은 이방 여자들과의 혼인을 '우상숭배'와 동일한 의미로 언급합니다. 백성의 지도자인 제사장들과 레위인들, 방백들, 두목들, 지도자들까지 전부 이 문제에 노출되어 있었습니다. 영적으로 어두운 시기에 더욱 깨어 기도해야 할 지도자들이 이 지경이었으니, 일반 백성의 영적 상태는 이루 말할 수 없을 정도로 참담했을 것입니다. 그렇기에 하나님을 위한 성전을 다시 짓고 거룩한 성 예루살렘의 벽을 다시 쌓으면서도, 하나님께 나아가기는커녕 자기 자신의 안전과 유익에만 관심을 두었던 것입니다.

어쩌면 하나님의 일을 감당하려는 사람에게 위기가 찾아오는 것도 바로 이런 모습 때문인지 모릅니다. 이스라엘 백성처럼 위기의 순간을 맞았을 때 '자신의 내면'에 문제가 숨어 있다는 사실을 깨닫는 것이야말로 하나님의 치유와 회복의 은혜입니다.

결국 오랜 위기를 경험한 끝에 정신을 차린 이스라엘 백성은 하나님께 나아가 회개하기 시작합니다(느 9-10장). 하나님이 구별하신 '언약의 백성'답게 하나님의 율법을 좇아 거룩하게 살기로 결단합니다. 그러면서 하나님의 말씀에 관심을 두기 시작합니다. 자기 자신과 세상을 향해 있던 관심이 '하나님'으로 전환된 것입니다. 이처럼 인생의 위기는 우리의 관심을 변화시켜 하나님을 바라보게 합니다. 하나님만 바라보게 합니다.

우리는 보이는 세상이 아닌 보이지 않는 '본질'에 관심을 가져야 합니다. 여기서 말하는 본질이란 믿음의 조상 아브라함 때부터 복 주겠노라 말씀하신 '하나님의 언약'입니다. 그 언약에 관심을 갖고 마음을 쏟아야 복된 인생의 주인공이 될 수 있습니다. 이것이 위기를 통해 경험할 수 있는 진정한 치유와 회복입니다. 자신을 중심으로 돌아가던 인생이 하나님을 중심으로 돌아가는 인생으로 변화되는 것입니다. 자신을 중심에 두었던 신앙이 하나님을 중심에 두는 신앙으로 바뀌는 것입니다. 이제 더는 사라져 버릴 세상의 것에 마음을 두지 않습니다. 언제나 변함없이 개인과 인류 역사의 배후에서 모든 사건과 현상을 주관하시는 하나님께 마음을 드리는 것입니다.

우선순위가 바뀌다

관심의 변화가 복된 인생으로 나아가는 열쇠가 되는 이유는 무엇일까요? 관심이 바뀌어야 우선순위가 바뀌기 때문입니다. 무엇이 가장 중요한가에 대한 기준이 달라지지 않는다면, 아무런 변화도 일어날 수 없습니다. 우선순위가 바뀌어야 삶의 변화도 일어납니다. 이스라엘 백성이 하나님의 말씀을 삶의 기준으로 삼고 하나님께 관심을 갖기 시작할 때 이런 일이 벌어졌습니다. 삶과 신앙에 대한 그들의 우선순위가 달라졌습니다. 그것도 가장 먼저 가정 안에서 변화가 나타났습니다.

> 우리의 딸들을 이 땅 백성에게 주지 아니하고 우리의 아들들을 위하여 그들의 딸들을 데려오지 아니하며 느 10:30

그들은 이제 주변의 이방 민족과 통혼하지 않겠다고 선언했습니다. 당시 이스라엘 백성은 인근의 다른 민족과 상부상조하며 살 수밖에 없는 형편이었습니다. 이제는 그들과 정도 들었고, 다소 좋은 점도 보입니다. 그들과 사돈지간이 되는 것도 그리 나쁘지 않은 듯합니다. 하지만 더는 그렇게 하지 않기로 결정합니다. 가정이 사회의 최소 기본 단위이기 때문입니다. 가정에서 받아야 할 요소를 제대로 채워 주지 않으면, 아무리 성공하고 좋은 조건에서 산다 하더라도, 건강하고 온전한 삶을 살 수 없습니다. 신앙도 마찬가지입니다. 가정 안에서 하나님을 알려 주고 가르쳐 주지 않는데, 어찌 다른 곳에 가서 신앙을 심을 수 있겠습니까? 이는 여간 어려운 일이 아닙니다. 이런 면에서 어머니라는 존재가 갖는 영향력은 실로 엄청난 것입니다. 이스라엘 백성도 이 점을 인식하기 시작했습니다. 분명 쉽지 않은 선택이고 불이익도 따를 테지만, 민족과 공동체의 기본이 되는 가정이 제대로 서야 한다는 점을 먼저 생각하게 되었습니다. 당장 눈앞의 필요와 상황 때문에 가정의 문제를 덮어 버린다면, 이스라엘은 그동안의 숱한 위기 속에서 그 무엇도 얻지 못한 채 복된 언약의 공동체가 될 기회를 영영 잃게 될 것입니다.

그다음에는 시간 사용에서의 우선순위가 달라집니다. 이방 여인들과의 결혼을 포기한 이스라엘 백성이 이번에는 '안식일'을 지키겠다고 언약합니다. 자기 자신이 아니라 하나님을 중심으로 시간을 사용하겠다는 것입니다. 이스라엘의 안식일 의식과 규칙은 매우 까다롭고 피곤합니다. 이방 여인과의 결혼을 포기한 것에 못지않을 만큼 염두에 두고 신경 써야 할 것이 많은 일입니다. 쉽게 엄두를 낼 수 없는 일이지요. 하지만 그들은 이렇게 단호히 선포합니다.

> 혹시 이 땅 백성이 안식일에 물품이나 온갖 곡물을 가져다가 팔려고 할지라도 우리가 안식일이나 성일에는 그들에게서 사지 않겠고 일곱째 해마다 땅을 쉬게 하고 모든 빚을 탕감하리라 하였고 느 10:31

그들은 하고 싶은 일이 있고 필요한 일이 생겨도 안식일을 거룩하게 지키기 위해 그 일을 하지 않겠노라 결단합니다. 다음 해 수확이 없어져 굶을 수도 있는데, 7년째 되는 해에는 농사를 짓지 않고 땅을 쉬게 하겠다고 선언합니다. 또한 자기에게 빚진 자들을 탕감해 주겠다고 합니다. 물질과 시간이라는 가장 중요하고 민감한 삶의 자원을 하나님 중심의 우선순위에 따라 사용하겠다고 결단하는 것입니다.

또 처음 익은 밀의 가루와 거제물과 각종 과목의 열매와 새 포도주와 기름을 제사장들에게로 가져다가 우리 하나님의 전의 여러 방에 두고 또 우리 산물의 십일조를 레위 사람들에게 주리라 하였나니 이 레위 사람들은 우리의 모든 성읍에서 산물의 십일조를 받는 자임이며 레위 사람들이 십일조를 받을 때에는 아론의 자손 제사장 한 사람이 함께 있을 것이요 레위 사람들은 그 십일조의 십분의 일을 가져다가 우리 하나님의 전 곳간의 여러 방에 두되 느 10:37-38

이제 그들은 자신들이 수고해서 얻은 것 중 가장 처음 난 것을 하나님께 드리기로 결정합니다. 이 구절에서 '처음 것' 혹은 '첫 열매'로 번역되는 히브리어 '레쉬트'(Reshith)는 다양한 의미를 갖고 있습니다.

1. '먼저'(first) – 가장 먼저 수확한 것
2. '새로운'(new) – 태를 열고 나오듯 새롭게 선보이는 것
3. '좋은'(good) – 다른 것에 비해 가장 좋은 상태에 있는 최상품
4. '가치 있는'(valuable) – 누구나 탐낼 만한 가치를 가진 것

하나님께 처음 것을 드린다고 할 때 바로 이런 의미가 포함됩니다. 시간상으로 '처음'이라는 의미도 있지만, 가장 새롭고 탁월하며 가치 있다는 의미도 되는 것입니다.

그렇다면 하나님께 처음 것을 드리지 않는다는 의미도 짐작해 볼 수 있습니다. 처음 것을 드리지 않는다는 것은 곧 다음과 같은 것을 하나님께 드린다는 뜻이 됩니다.

1. 쓰고 남은 것
2. 싫증을 느끼는 것
3. 마지막 남은 찌꺼기
4. 버려도 전혀 아깝지 않은 가치 없는 것
5. 다른 것보다 가치가 떨어지는 것
6. 온전하지 않고 흠이 있는 것

진정으로 기분 좋은 선물은 주는 사람의 '마음'이 가득 담긴 선물입니다. 하나님도 마찬가지이십니다. 하나님이 기뻐하시는 것

은 제물이나 헌금 자체가 아니라, 그 안에 담긴 우리의 '중심'입니다. 주님은 우리의 중심을 원하십니다.

위기, 본질을 회복하는 열쇠

그래서 이스라엘 백성은 '십일조' 문제를 언급하기 시작합니다. 하기도 부담스럽고 안 하기도 부담스러운 십일조의 명령이지만, 자신에게 주어진 모든 것이 하나님에게서 왔음을 고백하고 감사하는 증거로 순종하겠다는 것입니다.

자신의 모든 것이 하나님에게서 왔다고 생각하기는 쉽습니다. 자신의 모든 것을 하나님이 주셨다고 말하기도 쉽습니다. 하지만 그것을 '십일조'라는 실제 행동으로 표현하는 것은 완전히 다른 차원의 일입니다.

자기 소유의 주인이 하나님이라는 사실을 말이 아닌 행위로 인정하게 되면, 우리의 질문이 "하나님께 얼마를 드려야 하는가?"에서 "내가 살아가는 데 얼마면 적당할까?"로 바뀝니다. 그때부터 십일조가 부담스럽게 느껴지지 않습니다. 오히려 하나님의 은혜를 되새기고 감사를 표현할 수 있는 통로가 됩니다.

예수님은 '돈'이 우리의 마음을 놓고 하나님과 경쟁할 만큼 강력한 힘을 가졌다고 말씀하셨습니다(마 6:24). 그렇기에 돈과 물질을 다루는 영역에서 하나님의 뜻에 순종하는 것은 웬만한 믿음과 결단이 서지 않으면 불가능한 일입니다. 먹고살아야 하는 우리네 삶의 현실에서 가장 중요하고 민감한 이슈이기 때문입니다. 그런데 지금 이스라엘 백성이 그 장벽을 넘어선 것입니다.

예전 같으면 눈앞의 힘든 상황에서 벗어나는 일에만 관심이 있었을 것입니다. 하지만 위기 속에서 느헤미야와 함께 성벽을 쌓아 가는 동안 자신이 누구인지 깨닫게 된 그들은 하나님이 자신에게 허락하신 일의 가치를 알게 되었습니다. 그저 잘 쌓은 성 안에 들어앉아 잘 먹고 잘사는 것보다 훨씬 놀랍고 거대한 축복의 역사임을 깨닫게 된 것입니다. 이제 그들은 자신들이 처한 위기 상황만을 바라보지 않습니다. 성벽도 바라보지 않습니다. 튼튼한 성벽이 보장해 주는 안전과 경제적 부요도 바라보지 않습니다. 그들은 지금 예루살렘 성 재건과 이스라엘의 '정체성 회복'을 통해 하나님이 약속하신 복된 인생, 열방을 치유하고 축복하는 하나님의 도구로 쓰임 받는 삶을 바라보고 있습니다.

보이는 모든 것이 깨지고 무너졌습니다. 하지만 가만히 들여다보면, 이스라엘 백성의 손으로 이룬 것들만 파괴되었을 뿐입니다. 그들을 향한 하나님의 복된 계획은 조금도 중단되거나 망가지지 않았습니다.

하나님은 변치 않고 흔들리지 않을 본질을 영원케 하시려고 비본질적인 것들을 사정없이 흔드시는 분입니다(히 12:27). 비록 우리 눈에는 그것이 위기처럼 보이지만, 무너질 수밖에 없거나 무너져야 할 것들이 사라지고 나면 영원히 변하지 않는 하나님의 뜻과 마음이 선명히 드러나게 됩니다. 이스라엘 백성은 바로 그것을 보았습니다. 그리고 지금 위기 앞에 서 있는 우리도 그것을 보게 될 것입니다. 실패와 절망을 안겨 주면서까지 우리를 이끌어 가기 원하시는 축복된 삶이 얼마나 크고 놀라운 것인지 곧 깨닫게 될 것입니다.

"위기는 축복이며 치유입니다"

인생의 위기와 고난은 누구에게나 찾아옵니다. 그리고 거의 대부분 예상하지 못하고 준비하지 않았을 때 들이닥칩니다. 그래서 우리는 언제 어디서 변덕스러운 인생과 험한 세상에게 뒤통수를 맞을지 알 수 없다는 불안감과 두려움을 안고 살아갑니다. 그렇기에 인생과 미래를 바라보는 우리의 시선에는 늘 걱정과 염려가 서려 있습니다. 건강하고 행복하게 살기를 바라며 애쓰는 모습에서, 역설적으로 상처받고 아파하며 불행에 시달리는 자신의 내면을 보게 되는 것입니다.

　인생의 위기 덕분에 자신의 상처와 아픔을 발견할 수 있었다면, 자연스레 "고난당한 것이 내게 유익이라"(시 119:71)는 고백으로 귀결될 수 있을 것입니다. 위기가 없었다면 자신이 얼마나 많은 상처를 입었고, 또 주변 사람에게 얼마나 많은 상처를 주며 살고 있었는지 절대로 몰랐을 것입니다.

이 책을 읽었다고 해서, 인생의 위기를 아무렇지도 않게 맞이할 수 있는 사람은 없을 것입니다. 그러나 적어도 이제 우리는 인생의 위기에 어떤 의미가 담겨 있는지를 깨닫게 되었습니다. 그것은 흔히 생각하는 것처럼 박복한 팔자나 운명 때문이 아닙니다. 물론 하나님이 벌을 내리신 것도 아닙니다. 다만 명확한 진실이 있습니다. 인생의 위기는 하나님의 손에서 가장 효과적인 '치유의 도구'가 된다는 것입니다. 하나님은 위기를 통해 우리의 상처와 연약함을 드러내시며, 각자에게 적합한 최적의 방편으로 싸매고 고치십니다.

이 사실을 깨닫는다면, 위기가 닥쳐올지라도 그 시기를 통해 한층 더 성숙하고 건강해지리라는 소망을 품을 수 있습니다. 내면의 상처를 다루지 않고서는 행복하게 살 수 없음을 알기 때문입니다. 위기 속에서 상처를 치유하면, 더는 안 좋은 일에 얽매이지 않습니다. 위기 앞에서도 주저앉지 않고 훌훌 털고 일어나 우리 앞에 놓인 길을 걸어갈 수 있습니다.

무엇보다 기쁜 소식이 있습니다. 좋은 일이 생기든 슬픈 일이 생기든 이제는 하나님을 바라보는 마음과 태도가 한결같을 것이라는 사실입니다. 전에는 내가 하는 일이 잘되고 성공해야 '좋으신 하나님'이라고 고백할 수 있었습니다. 실패하고 고난이 닥치면 자기도 모르게 '나쁘신 하나님, 나를 사랑하지 않으시는 하나님, 나만 미워하시는 하나님'이라는 원망을 쏟아 냈습니다. 하지만 이제는 내 삶에 일어나는 일과 상관없이 하나님을 '좋으신 아버지'로 고백하게 될 것입니다. 최소한 그렇게 살고 싶다는 간절한 바람과 기대를 품게 될 것입니다.

비록 인내하는 과정이 힘들고 고달프긴 하지만, 분명 위기는 치유에 이르는 가장 올바르고 정확한 길입니다. 그래서 눈물 나고 가슴 저린 날에도 하나님이 우리를 고치고 새롭게 하심을 신뢰하며, 자기 자신과 다른 사람을 다독일 수 있습니다. 위기의 순간에 믿음으로 반응하지 못하는 자신이 한없이 밉고 한심하게 느껴질 때면 자신에게 이렇게 속삭이십시오. "치유는 나의 어떠함 때문이 아니라 하나님이 그렇게 하겠다고 말씀하셨기 때문에 완성되는 것이다!"라고 말입니다.

주

1. 헤럴드 쿠쉬너,《왜 착한 사람에게 나쁜 일이 일어날까?》, 김하범 역, 창, 2000년

2. 이동원,《주께서 친히 아신 사람 모세》, 나침반, 1999년

3. 롭 브렌들,《꿈을 기다리는 연습》, 이혜림 역, 예수전도단, 2008년

4. 하워드 슐츠,《스타벅스 커피 한 잔에 담긴 성공신화》, 홍순명 역, 김영사, 2005년

5. 짐 로허·토니 슈워츠,《몸과 영혼의 에너지 발전소》, 유영만 역, 한언, 2004년

6. 매트 레드먼,《매트 레드먼의 세상을 비추는 예배자》, 안정임 역, 예수전도단, 2012년

7. 명로진,《질문 속에 답이 있다》, 토토북, 2011년

8. 브루스&바버라 톰슨,《내 마음의 벽》, 정소영 역, 예수전도단, 2011년

9. 이영권,《오래 멋지게 행복하게》, 살림, 2011년

10. 진희정,《운명을 바꾸는 작은 습관》, 토네이도, 2010년

위기는 치유입니다

지은이　김형준

2013년 1월 17일 1판 1쇄 펴냄
2014년 10월 27일 1판 3쇄 펴냄

펴낸곳　도서출판 예수전도단
출판 등록　1989년 2월 24일(제2-761호)
주소　경기도 고양시 일산동구 호수로 340-1 301호 (백석동)
전화　031-901-9812 · **팩스** 031-908-9986
전자우편　publ@ywam.co.kr
홈페이지　www.ywam.kr
주문　전화 031-908-9987 · 팩스 031-908-9986

ISBN 978-89-5536-417-0

책값은 뒤표지에 있습니다.
잘못된 책은 바꾸어 드립니다.